"휴먼+머신은 AI와 4차 산업혁명의 기회를 포착하려는 글로벌 리더들이 반드시 읽어야 할 상세한 가이드북이다. 업무 방식을 재창조하고 인간에게 융합 스킬을 가르쳐야 한다는 도허티와 윌슨의 이야기에 귀를 기울인다면 우리 모두를 위한 밝은 미래가 반드시 펼쳐질 것이다.

– **클라우스 슈밥(Klaus Schwab)**, 세계 경제 포럼 창립자 겸 회장, 제 4차 산업혁명 저자

"정보화시대 이후 현재 세계 경제의 전 부문을 이끄는 것은 기술이다. 결국 어떤 부문에서든 기술이 혼란의 원인이자 새로운 부의 원천이 되는 것이다. 이런 흐름에 일원이 되고자 하는 사람이라면 휴먼+머신을 읽어봐야 한다."

– **마크 앤더슨(Mark Anderson)**, 스트레티직 뉴스 서비스 창립자 겸 CEO

"휴먼+머신에서, 도허티와 윌슨은 AI 시대를 맞이하여 다양한 산업의 기업들이 비즈니스와 조직의 개념을 어떻게 재정의하고 있는지 실제 사례를 통해 탁월하게 조명했다. 이것은 인간과 기계가 상상할 수 없었던 방식으로 함께 일하는 역사상 가장 큰 비즈니스 트랜스포메이션의 시작일 뿐이다. 저자들이 지적하듯이 우리는 미래의 직업을 위해 수백만 명의 사람들을 훈련시키는데 투자해야 하고, AI가 진화함에 따라, 모든 인류에게 혜택이 돌아갈 수 있도록 가드레일을 구축해야 한다. 휴먼+머신은 미래로 가는 로드맵이다. AI의 영향력과 이를 통해 성장을 드라이브하는 방법을 이해하고 싶다면 이 책을 꼭 읽어야 한다."

– **마크 베니오프(Marc Benioff)**, 세일즈포스의 회장 겸 CEO

"휴먼+머신은 충분한 연구에 기반한 훌륭한 책이다. AI의 소외된 중간지대를 다루고 있는 이 책은 인간과 기계의 협업이 어떻게 서로를

대체하지 않고 인간의 스킬을 증강시킬 수 있는지를 알려준다. 도허티와 윌슨은 공장과 백오피스, 그리고 개인에 이르기까지 여러 곳에서 변화 중인 일의 본질에 대하여 대단히 이해하기 쉽고 실천 가능한 통찰력을 제공한다."

– 그래디 부치(Grady Booch), IBM 리서치 소프트웨어 엔지니어링 부문 수석 사이언티스트 겸 IBM 펠로우

"휴먼+머신은 일하는 방식의 거의 전부를 재창조해야 하는 우리의 시급한 비즈니스 필요성을 재조명한다. 이러한 변화를 직접 선도한 도허티와 윌슨의 경험 덕에 이 책은 유례없을 정도로 우수한 공신력과 통찰력을 가지고 있다. 독자 여러분은 그 어떤 경쟁사보다 먼저 이 책을 팀원과 공유해야 할 것이다!"

– 에릭 브린욜프슨(Erik Brynjolfsson), MIT 디지털 경제 이니셔티브 연구소 소장, 제2의 기계시대 및 기계, 플랫폼, 크라우드 공동 저자

"AI가 핵심적인 업무 비중을 차지해야 한다는 점은 알면서도 AI를 두렵고 어렵게 느끼는 비즈니스 관리자가 있다면 이 책을 꼭 읽어야 한다."

– 미시 커밍스(Missy Cummings), 듀크 프랫 공과대학 교수 겸 인간과 자율성 연구소 소장

"우리는 기술이 비즈니스의 적응 속도보다 빠르게 진화하는 디지털 다원주의 시대에 살고 있다. 소외된 중간지대와 MELDS를 기본으로 한 도허티와 윌슨의 접근방식은 최단시간 내 기하급수적인 성과 개선이라는 목표 하에 기회, 프로세스, 그리고 결과를 재고할 수 있는 공식을 제공한다."

– 체탄 듀브(Chetan Dube), 아이피소프트 CEO

“휴먼+머신에서 도허티와 윌슨이 제공하는 청사진은 AI가 인간을 증강하는 미래를 보여준다. 사례와 교훈, 그리고 영감을 주는 지식으로 가득한 이 책은 AI를 이해하기 위한 실용서이다. 이 책을 통해 AI가 우리 삶에 가지는 함의와 적절한 AI 활용법을 알 수 있다.”

– 아리아나 허핑턴(Arianna Huffington), 스라이브 글로벌 창립자 겸 CEO

“도허티와 윌슨은 인류가 AI시대로 전환될 수 있도록 우리가 어떠한 노력을 기울여야 하는지에 관한 근본적인 질문에 답을 제시한다. 의심할 여지 없이 휴먼+머신은 독자가 AI 시대에 앞으로 나아가기 위한 필수 지침서이다.”

– 헤닝 카거만(Henning Kagermann), 독일 공학 한림원 총장, SAP 전 회장 겸 CEO

“AI 혁명은 이미 시작되었으므로 절대 뒤쳐지지 말아야 한다. 휴먼+머신를 완독하면 앞으로 10년간 독자 여러분이 세상에 미칠 영향을 정의하고 최적화할 수 있도록, 기하급수적인 인텔리전트와 속도 활용 능력을 얻게 된다.”

– 데이비드 케니(David Kenny), IBM 왓슨과 IBM 크라우드의 전무

“휴먼+머신은 앞을 내다보는 리더들이 기업 운영 시스템에 잠재된 기회를 살려 인간과 기계의 지능을 최적화할 수 있도록 기본 토대를 제공한다. 또한 내부 운영을 향상하고 기술에 기반한 장기적 성장 전략을 개발하기 위하여 AI를 어떻게 도입해야 하는지를 깊이 분석한다.”

– 아론 리비(Aaron Levie), 박스 CEO

“AI는 인간과 사회를 돕는다는 위대한 전망뿐만 아니라 새로운 도전 과제와 위험도 제시한다. 휴먼+머신에서 도허티와 윌슨은 일의 미래에 관한 핵심적 전망을 소개하고 인간과 기계의 관계를 제시함으로써

AI가 가져올 미래를 보다 잘 이해하고 논의하며 구체화 할 수 있게 해준다."

– 테라 라이언스(Terah Lyons), AI 파트너십 설립 및 전무이사, 전 백악관 과학기술 정책 고문

"우리는 기술 전문가가 아닌 이상 늘 호기심을 가지고 배워야 한다. 그리고 배운 것을 AI 세상의 일자리 창출에 적용해야 한다. 휴먼+머신은 어떻게 하면 일과 업무를 새롭게 생각하고 설계하여 인간과 기계가 보다 효과적이고 효율적인 결과를 가져오게 할 수 있는지를 알려준다. 이 책의 실용적이고 귀중한 사례를 보다 보면 어느새 미래는 가까이 다가온 현실처럼 느껴진다."

– 더그 맥밀런(Doug Mcmillon), 월마트 회장 겸 CEO

"휴먼+머신은 자신의 비즈니스에 AI가 어떠한 함의를 갖게 될지를 고민하는 모든 이들이 읽어야 할 지정 도서이다. 이 책은 인간의 창의력을 기반으로 우리가 어떻게 거대한 변화를 일으킬 수 있는지 그 과정을 명확히 보여준다."

– 비비안 밍(Vivienne Ming), 소코스 공동창립자 겸 매니징 파트너

"도허티와 윌슨은 '소외된 중간지대' 가설 같은 구체적인 도구와 연구 기반 조직론을 바탕으로 컴퓨터와 인간이 협업하는 미래를 보다 구체적으로 진전시키고 있다. 저자들이 실제 사례에 기반한 스킬 및 열정을 갖고 만들어낸 로드맵은 우리를 보다 생산적인 미래로 인도한다."

– 사티아 나델라(Satya Nadella), 마이크로소프트 CEO

"산업 전체가 머신러닝과 인공지능으로 인해 혼란을 겪게 될 미래를 잘 대비하기 위해서는 이들 기술의 작동 원리와 긍정적 · 부정적 영향

을 반드시 파악해야 한다. 머신러닝과 인공지능은 개인용 컴퓨터, 인터넷, 스마트폰의 발명과 맞먹는 수준의 엄청난 영향을 가져올 것이다. 휴먼+머신은 이러한 미래에 대비할 수 있도록 도와주는 훌륭한 입문서이다. 어떠한 비즈니스 리더도 이러한 흐름을 무시하고 지나갈 수는 없다."

– 하디 파르토비(Hadi Partovi), 코드닷오알지 창립자 겸 CEO

"도허티와 윌슨은 디지털 기업으로 변신해 승승장구하고자 하는 조직이라면 반드시 알아야하는 통찰력과 실행지침을 제공한다."

– 빌 러(Bill Ruh), GE 수석부회장 겸 최고디지털책임자, GE 디지털 CEO

"AI가 비즈니스를 크게 혁신시키고 있다는 사실에는 의심의 여지가 없다. 휴먼+머신은 이러한 변화에 대처하기 위해 어디에서, 어떻게, 그리고 무엇을 해야 하는지에 관해 기초적인 직관력을 가질 수 있게 해준다. 연구 대상인 실무자 1,500명을 통해 제시되는 사례는 단순히 개인적인 일화를 뛰어 넘어선 통찰력을 제공한다. 오늘날의 관리자들이 꼭 읽어야 할 책이다!"

– 레오나르도 슐레진저(Len Schlesinger), 하버드경영대학원 베이커재단 교수, 리미티드 브랜즈(현재 L Brands) 前 부회장 겸 최고운영책임자

"도허티와 윌슨은 이 통찰력 넘치는 책을 통해 인간과 기계가 적이 아닌 동지로 어울려 일하는 미래를 그리고 있다. 저자들은 이제 막 싹 트고 있는 휴먼-머신 관계가 가져올 유례 없는 결과에 대해 생각해 볼 수 있는 기본 틀을 제공하고, 인간과 기계가 인류의 진전을 위해 협업하는 새로운 시대에서 어떻게 하면 성공할 수 있는지에 관해 실용적인 가이드를 제공한다."

– 도브 사이드먼(Dov Seidman), LRN 창립자 겸 CEO, How: Why HOW We Do Anything Means Everything 저자

“AI의 발전은 굉장한 기회인 동시에 그보다 더한 어려움을 예고한다. 휴먼+머신은 매우 시의적절하고 다양한 아이디어가 담긴 책으로, 기업이 AI의 영향에 대비할 수 있도록 많은 사례와 전략을 제공한다.”

– 비샬 시카 박사(Dr. Vishal Sikka)

“AI는 사회와 경제 양 쪽에 엄청난 영향을 미칠 것이다. 따라서 모든 비즈니스 리더는 AI와 이 기술이 시장, 프로포지션, 밸류 체인의 핵심 부문에 미칠 영향을 잘 알고 있어야 한다. 이 책은 비즈니스 영역에서 AI의 역할을 포괄적으로 분석한 최초의 책이다. 비즈니스에 혁신이 필수적이라고 생각하는 리더가 있다면 이 책을 반드시 읽어야 한다.”

– 지론 타스(Jeroen Tas), 필립스 부사장 겸 최고혁신전략책임자

“빠르게 변화하는 오늘날의 디지털 혁신은 끊임없는 재혁신, 지속적 재교육, 그리고 무엇이 가능할 것인가에 대한 지속적인 재상상을 요구한다. 도허티와 윌슨의 휴먼+머신은 이러한 미래를 안내하는 최고의 지침서다.”

– 아소크바스와니(Ashok Vaswani), 영국 바클레이 은행 CEO

“오늘날의 승자 독식 세계에서 AI를 통해 혁신을 이루고자 하는 리더에게 휴먼+머신은 최고의 잠재력 있는 안내서이다.”

– ‘레이’ 왕(R ‘Ray’ Wang), 컨스텔레이션 리서치 수석 애널리스트 겸 창립자, 회장

휴먼+머신

HUMAN + MACHINE

AI 시대의 업무를 새롭게 상상하다

Metanet Global

글로벌 컨설팅사 액센츄어 AI대가들이 제시하는
인공지능과 인간의 공존 사례와 로드맵

HUMAN + MACHINE

휴먼+머신 AI 시대의 업무를 새롭게 상상하다

폴 도허티 | 제임스 윌슨 지음

Harvard Business Review Press

HUMAN + MACHINE: Reimagining Work in the Age of AI
by Paul R. Daugherty, H. James Wilson

HUMAN + MACHINE 휴먼+머신
AI 시대의 업무를 새롭게 상상하다

발 행 일 / 2019년 7월 4일 초판 발행
2020년 7월 15일 3쇄
지 은 이 / Paul R. Daugherty & H. James Wilson
옮 긴 이 / 메타넷글로벌 | 이혜진
발 행 처 / 맥그로힐에듀케이션코리아 유한회사
주 소 / 서울특별시 마포구 양화로 45, 8층 801호(서교동, 메세나폴리스)
전 화 / (02)325-2351
발 행 인 / 총텍멩(CHONG TECK MENG)
등록번호 / 제2013-000122호(2012.12.28)
공 급 사 / 자 유 아 카 데 미
전자우편 / main@freeaca.com (대 표) crm@freeaca.com (영 업)
전 화 / (031)955-1321
정 가 / 17,500원

차 례

제2부
소외된 중간지대
AI를 통한 프로세스의 재상상

아무것도 아니라고 생각했던 사람이,
아무도 생각할 수 없는 일을 해낸다.

– 앨런 튜링(Alan Turing)

보라, 세상은 우리보다 더 강력한 것들로 가득 차 있다.
그러나 당신이 어떻게 가는지를 알면,
당신은 그곳을 갈수 있다.

– 닐 스티븐슨, 스노우 크래쉬
(Neal Stephenson, Snow Crash)

회사소개

액센츄어

액센츄어는 전략, 컨설팅, 디지털, 기술 및 운영 분야에서 광범위한 서비스와 솔루션을 전 세계에서 제공하는 선도적인 전문 서비스 회사입니다. 액센츄어는 세계 최대의 딜리버리 네트워크를 기반으로, 40개 이상의 업계 및 모든 비즈니스 기능에서 필적할 수 없는 경험과 전문 기술로 고객이 성과를 개선하고, 고객의 이해 관계자를 위해 지속 가능한 가치를 창출할 수 있도록 비즈니스와 기술의 교차점에서 지원하고 있습니다. 액센츄어는 120개국 이상에서 약 435,000명의 직원이 고객사에게 서비스를 제공하며 일과 삶의 방식을 개선하는 혁신을 이끌고 있습니다. www.accenture.com에 방문해 보십시오.

메타넷글로벌

메타넷글로벌은 액센츄어 코리아의 새로운 이름이며, 액센츄어 코리아의 지식 자산, 전문 인력, 경험을 국내 고객사에게 독점적으로 제공하고 있습니다.

메타넷글로벌은 특화된 기술력과 검증된 경험을 바탕으로 전자, 통신, 첨단기술, 금융, 제조, 유통, 중공업, 자동차, 에너지, 소재, 화학 등 40여 개 산업의 비즈니스와 기술 접점에서 고객사의 고성과를 창출하고, 글로벌 네트워크를 활용하여 한국 기업들의 디지털 혁신을 견인하고 있습니다. www.metanet.co.kr에 방문해 보십시오.

저자소개

•
•
•

폴 도허티 Paul Daugherty와 **제임스 윌슨**H. James(Jim) Wilson은 액센츄어의 *시니어 이그제큐티브*senior executives로, 오랜 기간 협업을 통해 기술이 비즈니스와 사회에 미치는 영향을 연구 및 저술해왔다. 또한 지난 30여년 간 인공지능의 진화 과정을 연구해 왔다.

최근 AI 기술이 일반 대중들에게 쏟아지고 여러 헤드라인을 장식하며 화제가 되는 상황에서 도허티와 윌슨은 오늘날 AI에 대한 논의가 주로 의견에 기반한 매우 주관적인 토론에 그치고 있으며, AI가 *어떻게* 변화를 이끌고 현재와 미래에 *어떠한* 변화가 필요한지에 대한 연구나 데이터는 부재하다는 점을 알게 되었다. 더욱 심각한 점은 기업, 정부, 교육 부분에 지금 바로 AI를 적용할 방법을 결정해야 하는 사람들을 위한 객관적인 지침서가 거의 없다는 사실이었다. 이러한 배경에서 *휴먼+머신*의 핵심이 되는 연구 프로그램이 탄생했다.

기술을 통한 조직의 대규모 변화를 이끈 도허티의 풍부한 컨설팅 경험과 윌슨의 기술 전략 및 연구 전문성을 바탕으로 'AI 시대'가 가져올 변화를 집중조명 해 보기로 결심하였고 둘이 함께 *휴먼+머신: AI 시대의 업무를 새롭게 상상하다*를 저술하게 되었다.

폴 도허티는 액센츄어의 최고기술혁신책임자Chief Technology and Innovation Officer이다. 그는 전세계 수천 명의 비즈니스 리더 및 정부 지도자와 일하면서 이들이 기술을 통해 조직을 변혁시킬 수 있도록 지원했다. 또한 폭발적인 기술 변화에 맞춰 액센츄어의 비즈니스가 발전할 수 있도록 핵심적인 역할을 담당했다.

도허티는 액센츄어의 기술 전략 및 혁신 조직technology strategy and innovation architecture을 관장하면서, 액센츄어의 R&D, 벤처, 첨단 기술 및 에코시스템 그룹을 이끌고 있다. 최근에는 액센츄어의 인공지능 비즈니스를 창설하였고, 지난 수년간 액센츄어의 인공지능 연구를 진두지휘했다.

도허티는 1980년대 초 미시간 대학에서 컴퓨터공학을 전공하던 중 즉흥적으로 더글러스 호프스태터Douglas Hofstadter의 인지과학 및 심리학 과목을 수강했다. 이러한 과목에 매혹된 그는 이후 커리어 내내 AI를 연구해왔다.

산업 및 기술 이슈와 관련하여 연사 및 저술가로 자주 활동하는 도허티는 파이낸셜 타임즈Financial Times, MIT 슬론 매니지먼트 리뷰MIT Sloan Management Review, 포브스Forbes, 패스트 컴퍼니Fast Company, USA 투데이USA Today, 포츈Fortune, 하버드 비즈니스 리뷰Harvard Business Review, 체더 파이낸셜 뉴스 네트워크Cheddar, 블룸버그 텔레비전Bloomberg Television, CNBC 등의 다양한 미디어에 등장했다. 최근에는 기술 부문의 뛰어난 리더십을 인정받아 컴퓨터월드Computerworld의 2017년 최고 기술 리더 100인Premier 100 Technology Leaders for 2017에 선정되었다.

도허티는 기술 및 컴퓨터 공학에 누구나 평등한 기회와 접근권을 가져야 한다고 강력히 주장하는 인물이다. 그는 걸스후코드Girls Who Code

의 이사회 위원이며, 코드닷오알지Code.org의 강력한 지지자이자 스폰서이다. 또한 직장내 다양성 및 여성 진출을 도모한 비즈니스 리더에게 수여되는 여성리더십연구소Institute for Women's Leadership의 상을 받았다.

뿐만 아니라 도허티는 아바나드Avanade 이사회 회장이자 컴퓨터 역사 박물관Computer History Museum 이사회 위원을 역임하고 있다. 세계경제 포럼 산하 인공지능 및 로봇의 미래에 관한 글로벌 미래 위원회Global Future Council on the Future of Artificial Intelligence and Robotics 위원이며, 미시건 대학 산하 컴퓨터 공학 대학의 자문위원이다.

도허티는 아내인 베스와 함께 뉴저지 메이플우드Maplewood에 살고 있다. 슬하에 엠마, 제시, 조니, 루시를 두고 있으며, 네 아이 모두 휴먼+머신 미래를 향해 자신만의 길을 걷고 있다.

제임스 윌슨은 액센츄어의 IT 및 비즈니스 리서치 부문Information Technology and Business Research을 이끌고 있다. 그는 커리어를 시작한 이후 줄곧 연구 및 혁신에 매진해 왔으며, 뱁슨 임원 및 기업가 교육Babson Executive and Enterprise Education, 베인앤컴퍼니Bain & Company 및 기타 비즈니스 싱크탱크에서 여러 프로그램을 주도했다. 윌슨은 뱁슨 대학교Babson College에서 그와 전문가 팀이 개발한 새로운 접근방식인 기업가적 리더십을 소개하기 위하여 새로운 기업가적 리더The New Entrepreneurial Leader를 공동 저술하기도 했다.

오랫동안 하버드 비즈니스 리뷰, MIT 슬론 매니지먼트 리뷰, 월스트리트 저널Wall Street Journal에 기고해 온 윌슨은 개인별 데이터 분석, 소셜 IT, 웨어러블, 내추럴 사용자 인터페이스에 관한 최초의 HBR 기고문 등 어떻게 하면 스마트 기기가 직원의 성과를 향상시킬 수 있을

지에 관하여 집중적으로 글을 써왔다.

월슨은 이러한 기술을 통해 NASA에서부터 NFL 선수협회NFL Players Association에 이르기까지 소속 구성원의 능력을 강화 및 증강시키기 위하여 정부, 정책 입안자, 대학 담당자 및 비즈니스 리더와 협업했다.

열정적인 트라이애슬론 선수인 윌슨은 자전거의 파워 계량기, 심박수 모니터, GPS 거리 및 속도 추적기 등을 이용하여 건강을 증진시킬 수 있는 자신만의 괴짜 같은 기술을 가족과 친구들에게 전파하는 것을 즐긴다. 그는 아내 수잔, 그리고 아이들인 벤, 브룩과 함께 샌프란시스코에서 살고 있다.

서문

AI의 시대에 우리의 역할은 무엇인가?

독일 딩골핑Dingolfing에 위치한 BMW 조립 공장 한 켠에서는 인간과 로봇이 협업하여 트랜스미션을 제작하고 있다. 직원이 기어 케이싱을 준비하는 동안, 주변환경을 민감하게 인지하는 경량 로봇 팔은 5.4kg에 달하는 기어를 들어올린다. 이제 직원이 다음 작업으로 넘어가면 로봇은 기어를 케이싱 안에 정확히 넣은 후 방향을 바꿔 다른 기어를 들어올린다.

LP의 '로스트 온 유Lost on You'가 울려 퍼지는 또 다른 한 켠에서는 다른 경량 로봇 팔이 소형차 창문 가장자리에 검은색 접착제를 골고루 두껍게 펴 바르고 있다. 직원은 로봇들 사이를 지나 접착제 노즐을 닦아내고 새 유리를 끼우며 완성된 창문을 가져간다. 로봇와 인간은 마치 안무가 잘 짜여진 춤의 일부처럼 움직인다.[1]

인공지능AI, artificial intelligence의 최근 발전에 힘입어 오늘날 우리는 비즈니스 대변혁의 정점을 맞이하고 있다. 이러한 새로운 시대에서는 조직 운영에 근간이 되는 원칙이 매일 새롭게 쓰여진다. AI 시스템은 단지 많은 프로세스를 자동화하여 효율성을 높이는 데에 그치지 않는다.

AI 시스템은 사람과 기계가 새로운 방식으로 협업할 수 있게 한다. 그 결과 AI 시스템은 업무의 성격을 근본적으로 변화시켜 비즈니스 운영과 직원 관리에 완전히 새로운 방식으로 접근할 필요성을 야기하고 있다.

지난 수십년 간 로봇은 전형적인 큰 기계 덩어리로서 사람과 격리된 장소에서 정해진 업무만(예를 들면, 스템핑 프레스를 하역하는 일)을 수행했다. 이러한 로봇의 업무는 일반적으로 인간이 이미 사전에 정의해 놓은 업무 체인의 일부로서, 예를 들어 결함을 제거하기 위해 스템핑된 금속 부품을 검사하는 업무와 같이 주로 경직되고 고정된 업무로 한정되어 있었다.

이러한 전통적인 조립라인을 가진 공장과 보다 작아지고 유연해진 로봇이 인간과 함께 일할 수 있는 공장을 비교해 보자. 이러한 공장에서는 로봇과 기계류에 임베디드 센서와 첨단 AI 알고리즘이 적용되어 있다. 이전 세대의 산업용 로봇은 대개 부피가 크고 지능이 없으며 어느 정도 위험한 기계였지만, 새롭게 등장한 협업 로봇은 머신러닝 소프트웨어와 관련 AI 기술이 장착된 덕에 주변 환경을 감지하고 이해하며, 그에 따라 작동한 후 학습할 수 있는 능력을 가지고 있다. 그 결과 업무 프로세스는 스스로 학습 후 적용할 수 있게 되었고, 전통적인 의미의 고정된 조립라인은 필요에 따라 유연하게 협업할 수 있는 휴먼-머신 팀에 자리를 내주게 되었다. 이제 직원은 개인맞춤형 주문을 이행하고 수요 변동에 대응하기 위하여 로봇과 함께 새로운 업무를 수행할 수 있다. 이 때 프로세스나 제조 단계를 수동으로 직접 뜯어고칠 필요가 전혀 없다. 변동사항이 시스템에 반영되어 자동 이행되기 때문이다.

이러한 발전은 비단 제조부문에만 국한되지 않는다. AI 시스템은 영업과 마케팅부터 고객서비스와 제품 R&D에 이르기까지 기업의 전 영역에 통합되고 있다.

오토데스크Autodesk에서 드론을 제작하려는 디자이너를 예로 들어보자. 디자이너는 무게와 추진력 등 다양한 제약조건에 맞게 기존 컨셉을 수정하고 조정하는 대신, 이러한 매개변수를 오토데스크의 AI 기반 소프트웨어에 입력한다. 소프트웨어의 유전 알고리즘은 여태껏 그 누구도 보지 못한 새로운 디자인을 엄청난 규모로 생성한다. 디자인 중에는 특히 기이해 보이는 몇몇 디자인이 있을 수도 있지만 모든 디자인은 초기 제약조건을 충족한다. 디자이너는 드론을 차별화시킬 디자인 하나를 고른 후 자신의 심미적, 공학적 목표에 맞게 디자인을 약간 수정한다.

기계적인 생산라인에서 유기적인 팀 조직으로

비즈니스를 탈바꿈시킬 AI의 잠재력은 전례없는 규모로 확장되고 있으나, 이에 따라 기업이 풀어야 할 숙제 또한 규모와 시급성 측면에서 커지고 있다. *감지, 이해, 작동, 그리고 학습을 통하여 인간의 능력을 확장시켜 줄 수 있는 시스템을 AI라고 정의한다면,* 이제 *AI*를 사용하는 기업들은 새로운 갈림길에 서 있다. 머신러닝부터 컴퓨터 비전 및 딥러닝에 이르기까지 AI 시스템을 사용하는 기업 중 일부는 단기적으로는 계속해서 약간의 생산성 향상을 경험하겠지만 기업의 전반적인 성과에는 영향을 미치지 못 할 것이다. 반면 기업들 중 일부는 시장판도를 바꾸는 혁신적인 제품을 개발하여 획기적인 성과 개선을 이루어낼 것이다. 무엇이 이러한 차이를 만들어낼까?

이러한 차이는 AI가 미칠 영향을 그 속성부터 근본적으로 이해하는 것에서 비롯된다. 과거에 기업의 경영진은 특정 업무 흐름을 자동화하기 위하여 머신을 사용했다. 이러한 업무는 전통적으로 직선적, 단계적, 순차적, 표준적이며 반복가능하고 측정가능한 특징을 갖고 있으며, 수 년간 다양한 시간-동작 분석을 통해 최적화되었다(제조업 조립라인을 생각해보면 이러한 흐름을 알 수 있다). 그러나 최근 이러한 접근방식에 기초한 성과 개선은 기업들이 기계식 자동화를 통해 마지막 남은 효율성까지 모두 짜내면서 미미해지기 시작했다.

이제 많은 선도기업들은 계속 AI 기술의 잠재력을 십분 활용하기 위하여 비즈니스 프로세스를 보다 유동적이고 적응시킬 수 있다고 보는 새로운 견해를 받아들이기 시작했다. 즉, 인간이 경직된 조립라인에서 벗어나 첨단 AI 시스템과 협업하는 유기적인 팀 형태로 이동하고 있는 것이다. 직원과 스마트 머신의 협업은 다수의 전통적인 프로세스를 재창조하고 있다. BMW와 메르세데스 벤츠Mercedes-Benz 사례에서도 알 수 있듯이 경직된 조립라인은 직원과 로봇이 밀접하게 협업하는 유연한 팀 형태로 대체되고 있다. 이처럼 새로운 형태의 팀 조직은 새로운 데이터와 시장 상황에 따라 계속해서 조정할 수 있다. 그 결과 기업은 다양한 업무 프로세스를 사실상 *새롭게 상상*할 수 있게 된다.

세번째 물결

현재와 미래에 AI가 미칠 영향력을 알기 위해서는 AI에 의한 비즈니스 프로세스의 대전환을 이해하는 것이 우선이다.

많은 사람들이 갖고 있는 오해 중 하나는 한 산업부문에서 첨단 로봇과 디지털 봇 등 AI 시스템이 점차 인간을 대체한 후 이 현상이 다른 산업에까지 확대될 것이라는 예측이다. 일례로 자율주행 자동차는 언젠가 택시, 배송 차량과 트럭 기사를 대체할 것이라는 오해가 있다. 물론 특정 일자리에 대해서는 이러한 예측이 현실이 될 수 있으나 우리의 연구 결과에 따르면 특정 기능을 자동화하기 위하여 AI를 사용하는 것은 사실이지만, AI의 진정한 능력은 인간의 역량을 보완하고 증강시키는 데 있다. 예를 들어 고객의 불만 처리 과정에서 AI는 인간을 대체하지 않는다. 대신 AI는 데이터를 수집하고 사전 분석을 실시하는 등 지루하고 따분한 업무를 담당함으로써 불만 처리 담당자가 복잡한 사례를 해결하는 데에 보다 집중할 수 있도록 한다. 즉, 기계는 반복적 업무 수행, 대용량 데이터 분석 및 단순반복적 문제 해결 등 기계가 가장 잘 하는 일을 수행한다. 또한 인간은 애매모호한 정보 처리, 어려운 사례 해결을 위한 판단력 발휘 및 불만족 고객 응대 등 인간이 가장 잘 하는 일을 수행한다. 이렇게 휴먼과 머신의 공생 관계는 우리가 *비즈니스 대전환의 세번째 물결*the third wave of business transformation이라고 부르는 세상을 열고 있다.

세번째 물결에 도달하게 된 과정을 알기 위해서는 역사적 맥락을 이해해야 한다. 비즈니스 대전환의 첫번째 물결은 *표준화* 프로세스와 관련이 있었다. 이 시대를 연 헨리 포드Henry Ford는 자동차 제조 과정을 해체하여 자동차가 조립라인에서 생산되도록 했다. 전체 프로세스를 구성하는 각 단계는 측정, 최적화 및 표준화가 가능해져 효율성이 크게 향상되었다.

두번째 물결은 *자동화* 프로세스로 이루어졌다. 1970년대에 등장한 두번째 물결은 비즈니스 프로세스 재설계BPR, business process reengineering가 소개된 1990년대에 황금기를 맞았다. 데스크탑 컴퓨터, 대형 데이터베이스 및 소프트웨어 등 IT 발전을 통해 백오피스 업무가 자동화되면서 BPR이 시작되었다. 특히 월마트Walmart와 같이 성공적으로 재탄생한 기업 중 소매업체가 두번째 물결을 타고 세계적인 기업이 되었다. 또, UPS는 소포 운송 서비스 기업에서 글로벌 물류 기업으로 변신했다.

세번째 물결은 *적응형* 프로세스와 관련이 있다. 첫번째 물결과 두번째 물결에 기반한 세번째 물결은 조립라인과 디지털 컴퓨터가 가져온 앞선 혁명보다 더 극적인 결과를 가져올 것이며, 완전히 새롭고 혁신적인 비즈니스 방식을 불러올 것이다. 이 책 전체를 통해 알 수 있듯이, 오늘날 다양한 업계의 선도기업들은 프로세스가 직원의 행동, 선호도 및 니즈에 보다 유연하고 신속하게 적응할 수 있도록 이를 새롭게 상상하고 있다. 이러한 적응 능력은 연역적이고 순차적인 단계에 의해서라기 보다는 실시간 데이터에 의해 가능해진다. 여기서 역설적인 사실은 이렇게 재편된 프로세스가 통상적이거나 표준적이 아님에도 불구하고 반복적으로 더 나은 결과를 제시한다는 점이다. 실제로 선도기업들은 과거의 대량생산 제품과 반대 개념의 개인맞춤형 제품과 서비스를 시장에 출시하면서 동시에 보다 수익성 높은 결과를 거둘 수 있었다.

웨이즈처럼 생각하라

프로세스에 관한 구시대적인 발상과 참신한 발상이 얼마나 크게 다른지를 알아보기 위해 GPS 내비게이션의 변천사를 살펴보자. 최초의 온라인 지도는 단지 종이 지도의 디지털 버전과 다름없었다. 그러나 이내 GPS 내비게이션 장비는 도착지를 입력하면 방향을 알려줌으로써 우리가 지도를 사용하는 방식 자체를 바꾸어 놓았다. 그러나 사실은 이조차도 여전히 꽤 정적인 프로세스였다. 오늘날 웨이즈Waze와 같은 모바일 지도 애플리케이션은 운전자의 위치와 속도뿐 아니라 크라우드 소싱을 통해 얻은 도로 정체, 사고 현황 및 여타 통행 제한 관련 정보 등 실시간 사용자 데이터를 이용하여 실시간으로 완벽한 지도를 생성한다. 이러한 모든 데이터를 통해 시스템은 이동 중에도 방향을 업데이트하여, 필요한 경우 이동 중인 운전자에게 새로운 길을 안내하고 연착을 최소화한다. 구시대적인 GPS 접근방식은 정적인 종이 지도를 그저 디지털화하는 데에 그쳤지만, 웨이즈는 AI 알고리즘과 실시간 데이터를 결합하여 운전자가 목적지에 최대한 신속히 도착할 수 있도록 도와주는 역동적이고 최적화된 실시간 지도를 만들어 냈다. 오직 기존의 정적인 프로세스를 자동화하기 위한 목적으로만 AI를 사용하려는 비즈니스 접근방식은 초기의 GPS 내비게이션 장비와 유사하다. 반면 휴먼과 머신의 공생 협력이 이루어지는 현 시기는 기존의 프로세스가 완전히 새롭게 상상된다는 점에서 웨이즈와 유사하다.

'소외된 중간지대'를 채우다

불행히도 대중 문화는 오랫동안 인간 대 기계의 대결구도를 조장해왔다. *2001: 스페이스 오디세이*2001: A Space Odyssey나 *터미네이터*Terminator 시리즈를 생각해보라. 지능을 가진 기계가 인류에 잠재적 위협이 되는 이야기는 오래전부터 있어 왔으며, 많은 경영진들도 비슷한 관점에서 기계가 인간을 대체할 위협을 내포하고 있다는 생각을 갖게 되었다. 그러나 이러한 관점은 한심할 정도로 오해일 뿐만 아니라 위험할 정도로 근시안적인 생각이다.

간단히 말해 기계는 세상을 점령하지도 않고 일터에서 인간을 필요없는 존재로 전락시키지도 않는다. 비즈니스 프로세스가 대전환을 맞이하는 오늘날, AI 시스템은 인간을 전체 대체하기 보다는 인간의 스킬을 강화하고, 인간과 협업하여 과거에는 불가능했던 생산성을 내고 있다.

앞으로 이 책에서 다루겠지만, 비즈니스 대전환의 세번째 물결은 거대하고 역동적이며 다양성 있는 하나의 공존영역을 탄생시켰으며, 그 영역에서 인간과 기계는 협업을 통해 엄청난 사업 성과를 거둔다. 우리는 이를 '소외된 중간지대missing middle'라고 부른다. '소외된' 이라는 표현을 쓰는 이유는 거의 누구도 이 영역에 대해 이야기하지 않기 때문이며 아주 소수의 기업만이 이 중요한 영역을 메우기 위하여 노력하고 있기 때문이다(그림 I-1 참고).

[그림 I-1] 소외된 중간지대

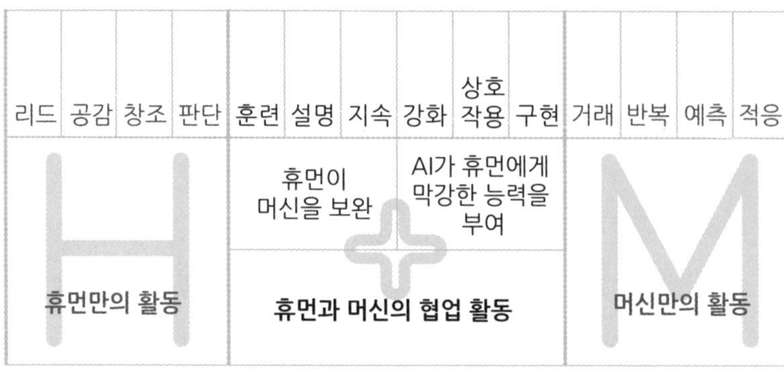

소외된 중간지대에서 인간은 인간과 기계가 각자 잘하는 능력을 활용하기 위하여 스마트 머신과 협업한다. 예를 들어 다양한 AI 어플리케이션을 개발, 훈련 및 관리하기 위해서는 인간이 필요하다. 인간의 이러한 활동은 AI 시스템이 실질적인 협업 파트너로 기능하는 것을 *가능하게 한다*. 한편 소외된 중간지대에서 기계는 무수히 많은 데이터 출처로부터 방대한 데이터를 처리 및 분석할 수 있는 능력과 같은 막강한 능력을 인간에게 부여하여 인간이 한계를 넘어설 수 있도록 돕는다. 즉, 기계는 인간의 능력을 *증강시킨다*.

소외된 중간지대에서 인간과 기계는 서로의 일자리를 놓고 싸우는 적대관계가 아니다. 오히려 상대방이 더 높은 수준의 성과를 달성할 수 있도록 도와주는 공생 관계의 파트너이다. 더 나아가 소외된 중간지대에서 기업은 휴먼과 머신의 협업 관계를 충분히 활용하기 위하여 비즈니스 프로세스를 새롭게 상상할 수 있다. 이렇게 소외된 중간지대를 활용하는 것은 디지털 기업에 국한되지 않는다. 글로벌 광산 대기업인 리오 틴토Rio Tinto가 바로 그 예이다. 리오 틴토는 AI를 이용하여 자동화 드릴, 굴삭기, 휠로더 등 방대한 범위의 건설기계류를 중앙 컨트롤 시설에서 관리한다. 이를 통해 인간 운전자는 위험한 광산 환경에서 해방되었고, 리오 틴토의 데이터 분석팀은 원거리에 위치한 기계의 센서로부터 얻은 정보를 분석하여 회사가 보유한 기계를 보다 효율적이고 안전하게 관리할 수 있도록 귀중한 통찰력을 얻었다.[2]

승자와 패자를 결정짓는 열쇠, 그리고 이 책에서 다룰 내용

앞서 언급했듯이, 현재의 적응형 프로세스 시대에서는 조직의 근본적인 운영 원칙이 매일 새롭게 정의되어진다. 어떠한 종류의 기업이든 비즈니스 프로세스를 재창조하고 직원과 기계의 기본적인 관계 설정을 재고하려는 리더와 관리자는 매일 바뀌는 조직 운영 원칙을 이해하고 이행해야 한다. 우리가 이 책을 저술한 이유도 바로 여기에 있다. 자신의 조직, 팀 혹은 커리어에 대해 고민하는 독자들에게 필요한 지식을 전달하는 것이며, 바로 이 지식이 새로운 AI 시대에서 승자와 패자를 결정지을 것이다.

제1부에서 우리는 현재 AI가 기업에서 어떻게 활용되고 있는지를 소개하고 설명할 것이다. 우선 공장에서의 활용 사례를 알아본 후 이어지는 장들에서는 기업이 백오피스, R&D, 마케팅 및 영업 등 다양한 부서에서 AI를 활용하는 모습을 살펴볼 것이다. 제1부의 핵심 교훈은 기초를 먼저 제대로 다지지 않은 기업이라면 휴먼-머신 협업을 통한 이익을 기대할 수 없다는 점이다. 다시 이야기하지만, 단지 인간을 대체하기 위해 기계를 이용하는 기업은 결국 막다른 골목에 다다르게 된다. 반면 기계가 인간을 증강시킬 수 있도록 혁신적인 방안을 고민하는 기업은 업계의 리더로 자리매김할 수 있을 것이다.

제1장에서는 인간과 기계로 구성된 팀 조직이 BMW나 메르세데스 벤츠의 공장뿐 아니라 다른 많은 대규모 제조업체의 공장을 어떻게 변모시키고 있는지 살펴본다. 예를 들어 제너럴 일렉트릭General Electric은 제트 엔진의 터빈 날개 등 자사가 판매한 제품에 대한 '디지털 트윈digital twins'를 제작한다. 실제 기계의 현재 상태를 기초로 제작된 이 가상 모델은 실제 기계의 작동 성능을 향상시킬 뿐만 아니라 고장 발생을 미리 예측한다. 그 결과 상업용 기계류의 유지보수 방식을 근본적으로 변화시킨다.

제2장의 초점은 백오피스 운영이다. 백오피스에서 AI 기술은 다양한 출처에서 발생하는 정보의 흐름을 여과 및 분석할 수 있도록 지원하고, 지루하고 반복적인 업무를 자동화할 뿐만 아니라 인간의 스킬과 전문성을 증강한다. 예를 들어 캐나다의 한 보험 및 금융 서비스 회사에서 AI 시스템은 신문 기사, 보고서 및 이메일로부터 비구조화 금융 데이터를 처리하여 제안사항을 권고한다. 또한 이 시스템은 개별 애널리스트의 선호도에 맞는 통찰력을 제시할 수 있도록 훈련될 수 있다.

제3장은 연구개발R&D 영역에서 기업이 AI를 사용하고 있는 현황

을 기술한다. 관찰, 가설 설정, 실험 설계 및 결과 분석으로 이루어진 R&D 프로세스의 주요 단계마다 AI 기술은 효율성을 증대하고 성과를 확연히 개선한다. GNS 헬스케어GNS Healthcare에서 첨단 머신러닝 소프트웨어는 환자의 의료기록에서 패턴을 발견하여 자동적으로 가설을 생성한다. 이 시스템은 메디케어Medicare 가입자 노년층을 대상으로 약물의 혼합 복용이 야기하는 부작용을 조사한 2년 동안의 연구 결과를 단 3개월 만에 내놓았다.

제4장에서는 마케팅 및 영업 부서로 넘어가 이 두 부서가 다른 부서들이 AI를 통해 얻은 성과만큼이나 훌륭한 성과를 어떻게 달성하였는지 알아본다. 아마존Amazon의 알렉사Alexa, 애플Apple의 시리Siri, 마이크로소프트Microsoft의 코타나Cortana 등 머신러닝 기술은 유명 기업 브랜드가 디지털상에서 구현된 버전인 것이다. 즉, AI가 기업 브랜드로 자리매김한 것이다.

제2부에서는 '소외된 중간지대'에 대해 알아본 후, 전통적인 업무의 개념을 완전히 수정하고 '재창조'하기 위한 경영진을 위한 가이드를 제시한다. AI의 잠재력을 십분 활용하기 위해서 기업은 직원의 새로운 역할을 고민하고, 인간과 기계의 업무 관계를 새롭게 설정하고, 경영 관리의 전통적 개념에서 탈피하여, 업무의 개념 자체를 완전히 수정함으로써 중간지대의 빈 공간을 채워야 한다.

제5장은 머신러닝이 비즈니스 프로세스에 통합되었을 때 다양하고 새로운 직무가 만들어지는 과정을 살펴본다. 직원들은 알고리즘을 설계 및 훈련하고, 사용된 알고리즘을 설명하며, 그 과정에서 프로세스 내의 알고리즘을 지속시키는 역할을 수행해야 한다. 이러한 새로운 역할의 담당자는 *기계 관계 관리자*machine relations manager로서, 기계 관계 관리자는 인적 자원 관리자와 유사한 점이 있지만 직원이 아닌 AI 시

스템을 관리한다는 점에서 다르다. 기계 관계 관리자의 역할은 기업 내 AI 시스템의 성과를 정기적으로 검토하는 것으로, 이들은 성과가 좋은 시스템을 승진시킨다. 즉, 이러한 시스템의 변수를 복제하여 조직의 다른 부분에도 배치한다. 성과가 나쁜 시스템은 좌천되어 해체의 길을 겪게 될 가능성이 크다.

제6장에서는 인간이 자신의 역량을 크게 강화시키는 AI 기술과 협력하여 엄청난 성과 개선을 달성하는 모습을 살펴본다. AI 기술은 인간의 새로운 잠재력을 강화하고 상호작용하며 구현한다(어떤 면에서 보면 제6장은 제5장의 뒷면이나 마찬가지이다. 제5장에서는 인간이 기계의 능력을 확장 및 강화하는 과정을 살펴보았기 때문이다). 이렇게 새로운 형태의 휴먼-머신 관계는 직원의 지루한 업무 부담을 덜어낼 뿐만 아니라 AI 시스템의 전문가적 지도, 조언 및 지원을 통해 직원이 업무를 보다 신속하고 효과적으로 수행할 수 있도록 함으로써 인간이 '자신의 한계를 뛰어넘을 수 있도록' 한다.

제7장은 AI가 가져온 관리상의 과제로서 경영진과 리더가 지금까지와는 다른 새로운 방식으로 대응해야 하는 문제들을 면밀히 살펴본다. 여기에서 가장 큰 질문은 바로 프로세스가 보다 용이하게 재편될 수 있도록 하기 위해 경영진이 어떠한 조치를 취해야 하는 가이다. 경영진은 특히 시행착오가 수반되는 *실험*experimentation을 독려하고 AI를 위한 *데이터 공급망*data supply chain을 설계하는 등 다섯 개의 핵심적인 활동을 지원하여야 한다.

마지막으로 제8장에서는 업무의 미래 그 자체를 생각해본다. 특히 휴먼-머신 협업이 보다 보편적인 현상이 되면서 기업들은 여덟 가지 '융합 스킬fusion skill'을 기준으로 인력을 고용하고 개발시켜야 할 것이다. 이러한 융합 스킬은 *지능적 질의*intelligent interrogation(AI 에이전트에게 질문의 추상적인 정도를 넘나들면서 가장 효과적으로 질문을 던져 필요한 통찰력을 획득), *봇에 기반한 권한 위임*bot-based empowerment(지능형 에이전트와 협업하여 스스로의 한계를 넘어선 업무 수행), *상호 연수*reciprocal apprenticing(AI에이전트에게 새로운 스킬을 가르치는 동시에 AI에 의해 개선된 프로세스 내에서 업무 능력을 개선하기 위해 인간도 직무 훈련을 수행), *완전한 일체화*holistic melding(협업 성과를 개선시키는 AI 에이전트에 관한 멘탈 모델 개발), 인간성 회복의 시간 rehumanizing time(인간만이 할 수 있는 업무 수행과 학습에 할애할 수 있는 시간을 확대하기 위하여 비즈니스 프로세스를 재창조), *책임 있는 정규화*responsible normalizing(개인, 비즈니스, 그리고 사회 전체와 관련이 있는 휴먼-머신 협업에 대한 목적과 인식을 형성), *판단 통합*judgment integration(기계의 판단이 불확실할 때 개입하기 위한 행동 단계를 선택), *끊임없는 재상상*relentless reimagining(기하급수적 개선을 이루기 위하여 업무, 프로세스 및 비즈니스 모델을 완전히 수정할 수 있는 새로운 방법을 제고)으로 이루어진다.

다섯 가지 핵심 원칙

우리는 연구를 통해 여러 업계의 선도기업, 즉 1,500명이 넘는 연구 대상 실무자 중 9%가 이미 비즈니스 대전환의 세번째 물결을 타고 있다는 사실을 밝혀냈다. 이들은 자동화를 극대화한 후 현재 차세대 프로세스 및 스킬을 개발하여 휴먼과 머신의 협업을 충분히 이용하고 있다. 이들은 웨이즈처럼 사고한다. 인간과 집단의 입력 정보 및 실시간 데이터를 이용하여 프로세스를 살아 숨쉬는 적응형 프로세스로 재편하고 있기 때문이다. 이들은 정적인 옛날식 지도를 단순히 디지털화하려는 전통적인 사고방식을 넘어서고 있다.

이러한 선도기업들은 어떻게 이러한 결과를 이루어 냈을까? 연구 결과 이들 기업은 조직의 사고방식, 실험, 리더십, 데이터 및 스킬(모두 합해 MELDS)이라는 다섯 가지 핵심 원칙을 성공적으로 받아들인 기업이었다.

- **사고방식Mindset:** *인간은 AI를 개선하고 스마트 머신은 인간에게 막강한 능력을 부여하는 소외된 중간지대에서 업무를 새롭게 상상함으로써 극히 차별화된 방식으로 비즈니스에 접근한다.* 과거에는 주어진 업무 흐름 중 특정 단계를 자동화하기 위한 머신 활용에 초점을 맞췄다. 그러나 이제는 휴먼-머신의 협업 가능성에 초점을 맞춰 기존의 많은 프로세스가 재편되고 있다. 전통적인 경직된 조립라인은 능력이 증강된 인간과 스마트 머신으로 이루어진 유연한 팀 조직에 자리를 내주고 있다. 이러한 팀 조직은 새로운 데이터 및 다양한 인간의 해석으로 만들어낸 변화에 계속해서 즉각 적응한다. 관련 업무 프로세스는 마치 살아 숨쉬는 유기체와 같기 때문에 이 팀은 진정한 의미의 유기적 조직이다. 기업이 시장에 더욱 밀착된 업무 수행 방식을 통해 소비자의 요구에 보다 적절히 반응하기 위해서는 AI 기술의 사용이 필수적일 것으로 예상된다. 그러나 이 책에서 계속 논의하듯이 이를 달성하려면 경영진이 먼저 실행 중심의 사고방식을 받아들여 기업 운영방식을 재창조해야 한다. 이 때 소외된 중간지대를 성급하게 채우기 보다는 우선 기본 토대를 닦아야 한다는 점도 유념해야 한다. 특히 단순반복적 업무를 자동화하여 직원의 잠재력을 완전히 개발하는 데에 우선 힘써야 한다. 그렇게 할 때 휴먼-머신의 협업 단계로 나아갈 수 있다.

- **실험**Experimentation**:** *AI를 시험 적용할 수 있는 지점을 발견하기 위하여 프로세스를 적극적으로 관찰하고, 시험을 통해 교훈을 얻으며, 소외된 중간지대의 관점에서 재창조된 프로세스를 조정한다.* 표준화된 비즈니스 프로세스의 시대는 막을 내리고 있으며, 기업들은 더 이상 선도기업의 베스트 프랙티스를 복제하는 전략에 의존할 수 없다. 경영진은 기업의 고유한 상황에 가장 잘 적용될 만한 비즈니스 프로세스를 계속해서 실험해야 한다. 이러한 시도의 대부분은 어떤 업무를 인간이 수행하고 어떤 업무를 인간과 기계가 협업하여 수행할지(소외된 중간지대의 업무) 결정하기 위한 시행착오에 할애될 것이다.
- **리더십**Leadership**:** *처음부터 의지를 갖고 AI를 책임감 있게 사용할 수 있도록 약속한다.* 경영진은 늘 기업에서 활용되는 AI 기술의 윤리적, 도덕적, 법적 영향을 고려해야 한다. AI 시스템은 야기한 결과에 대해 설명할 수 있어야 하고, 알고리즘의 책임성을 강화하며 편향bias을 제거해야 한다. 기업도 면밀한 주의를 기울여 직원이 AI 시스템과 일하는 동안 주체의식을 잃지 않고 의사결정 과정에서 자신의 역량이 강화되었다는 고양된 의식을 느낄 수 있도록 해야 한다. 또한 직원에게 필요한 직무훈련과 재교육을 실시하여 직원이 소외된 중간지대에서 새로운 역할을 맡을 준비가 될 수 있도록 지원해야 한다. 사실 사람에 대한 투자가 기업의 AI 전략의 가장 핵심적인 부분이 되어야 한다.
- **데이터**Data**:** *지능형 시스템의 연료가 되는 데이터 '공급망'을 구성한다. AI는 양적인 면과 다양성 면에서 모두 막대한 데이터를 필요로 한다.* 이러한 데이터에는 고객의 웹 탐색으로 발생한 쿠키

등 다른 프로세스의 부산물로서 탄생한 '간접 데이터exhaust data'가 포함된다. 이러한 정보를 축적하여 추후에 사용할 수 있도록 준비하는 일은 AI 시스템을 활용하는 기업들에게 가장 어려운 과제 중 하나이다. 또한 한 조직의 데이터는 부서간 장벽에 가로막히지 않고 자유로운 흐름이 보장되어야 한다. 그렇게 되어야 기업은 데이터를 적용할 때 그 데이터를 충분히 활용할 수 있으며 그 결과 소외된 중간지대에서 AI와 인간의 성과를 지원, 유지 및 개선할 수 있다.

- **스킬Skills:** *소외된 중간지대에서 프로세스를 재창조하기 위해 필요한 여덟 가지 '융합 스킬'을 적극적으로 개발한다.* AI의 능력이 성장하면서 휴먼-머신의 관계가 근본적으로 변화하고 있다. 두번째 물결에서 기계는 일반적으로 인간을 대체하기 위하여 사용되었다. 자동화로 인해 공장 노동자, 비서, 경리, 은행 창구 직원, 여행사 직원 등의 일자리가 얼마나 사라졌는지 생각해 보면 알 수 있다. 그러나 세번째 물결에서는 그 어느 때보다 인간의 능력이 필수적이다. 비즈니스 프로세스가 개선되는 지금 시대에서 인간의 역할이 핵심적이기 때문이다. 특히 적응형 프로세스 시대에는 프로세스를 구성하는 인간이 AI 시스템을 설계, 개발, 훈련할 뿐만 아니라 AI 시스템과 협업하여 소외된 중간지대를 채우고 성과를 한 단계 개선해야 한다.

앞으로 이 책에서 알 수 있듯이 MELDS 프레임워크는 이 책의 거의 모든 사례에 적용되며, 그럴 때마다 우리는 MELDS 프레임워크를 여러 번 상기할 것이다. 특히 제7장은 'MELD'를, 제8장은 'S'를 보다 중점적으로 다룰 예정이다.

AI 혁명은 지금 도래하고 있는 중이 아니라 이미 도래해 있다. AI 혁명은 인간의 역량을 증강시키는 AI 기술로부터 최대한의 이익을 얻고자 기업의 모든 부서에 걸쳐 프로세스를 재창조하고 있다. 이 책은 이러한 새로운 AI 혁명의 지형을 이해하고 항해하기 위한 여러분의 로드맵이다. 이제 본격적으로 휴먼+머신의 세계로 들어가 보자.

제 1 부

지금,
휴먼+머신의
미래를
상상하다

제 1 장

자가인식 공장

제조, 공급망, 유통에서의 AI

지난 수세기 동안 공장은 자동화의 전형적인 본보기였다. 이에 따라 공장 직원은 종종 기계를 기준으로 평가되기도 했다. 이런 상황에서 공장 직원들은 기계로 대체되는 자동화에 대한 불안감이 고조되었다. 직원들이 그렇게 느끼는 근거는 충분했다. 2000년 이래 미국에서는 제조업 일자리가 5백만 개나 사라졌으며 그 중 절반 정도는 효율성 향상과 자동화에 기인했다.[1]

그러나 이러한 변화를 명쾌하게 규정하기는 보기보다 어렵다. 지난 장에서 언급했듯이, 비즈니스에 대전환을 가져온 두번째 물결은 오로지 *기존 프로세스의 자동화*에 초점을 두고 있었기 때문에 상당수의 공장내 업무가 기계로 대체되었다. 그러나 반대로 세번째 물결은 완전히 새롭게 구상된 *적응형* 프로세스를 기반으로 휴먼+머신의 공생Human + Machines을 목표로 한다. 세번째 물결에서 공장은 AI에 힘입어 조금 더 인간성을 띄게 된다. 제조라인 일자리의 경우 업무의 성격 자체가 변해 일자리 수가 오히려 증가한다. 이는 비단 제조부문에 국한되지 않는다. AI는 엔지니어와 관리감독자의 가치도 제고한다. AI가 등장하면서 산업내 밸류 체인에 속한 모든 사람들에게 완전히 새로운 역할과 기회가 창출되고 있는 것이다.

AI를 기반으로 한 프로세스의 재창조 시기에 발견되는 아이러니는 공장과 여타 산업 현장 등 자동화가 가장 진전된 환경에서 오히려 인간의 노동력이 르네상스를 맞이하고 있다는 사실이다. AI는 조립라인 직원과 유지보수 전문가부터 로봇 엔지니어와 운영 관리감독자에 이르기까지 모든 영역에서 업무의 개념을 다시금 뒤흔들고 있다. 여러 사례에서 볼 수 있듯이 AI는 시간, 창조력 그리고 인적 자본을 해방시켜 결국 인간이 보다 인간답게 그리고 덜 로봇처럼 일할 수 있게 한다. 인간이 AI를 통해 업무를 전과 다른 방식으로 더 잘 수행할 수 있게 되면 일단 기업은 효율성을 제고하고 비용을 절감할 수 있다. 그러나 장기적인 관점에서 보다 중요한 결과는 기업이 자사의 비즈니스 프로세스를 재고하기 시작한다는 점이다. 그 결과 기업은 새로운 종류의 직무와 완전히 새로운 사업 방식을 발굴할 필요성을 깨닫게 되며, 이것이 바로 제2장의 주제이다.

그러나 너무 앞서가지는 말자. 이것은 매우 복잡한 여정이다(본 장 말미의 별지 섹션 '간략한 AI 역사'를 보면 역사적 흐름을 파악할 수 있다). 비즈니스 프로세스, 직무 기술서 및 비즈니스 모델을 고쳐 쓰기 전에 우리는 인간이 가장 잘하는 일과 기계가 가장 잘하는 일은 무엇인지에 먼저 답해야 한다. 몇몇 일자리와 업무는 반복 수행과 데이터 처리 능력에서 비교 우위를 점하고 있는 로봇의 영역으로 계속 이동할 것이다. 그러나 후술하겠지만 일자리 이동은 일방통행으로만 이루어지지는 않는다. 본 장에서는 제조, 유지보수, 물류창고 관리 및 농업 분야에서 이 질문에 대한 답을 이미 찾은 다수의 기업을 조사해볼 것이다. 이러한 선발주자들은 인간과 AI 기계를 적재적소에 배치하였으며, 그에 따른 결실을 거두고 있다.

스스로 학습하는 로봇 팔

도쿄에 위치한 어느 한 공장의 제3교대 시간은 하룻밤 사이에 새로운 요령을 익혀버리는 신흥 계급, 즉 로봇의 독무대이다. 카메라와 머신러닝 소프트웨어가 장착된 경첩식 회전 로봇 팔은 부품을 가장 효율적으로 집어 올리는 방법을 스스로 알아낸 다음 집어 올린 부품을 다른 곳에 내려 놓는다. 여기에는 어떠한 특별한 프로그래밍이 필요하지 않다.[2]

로봇 팔이 공장에서 주로 하는 일은 소형 장치에 고온 접착제 바르기, 자동차 앞유리 설치하기, 울퉁불퉁한 금속 모서리 고르게 펴기 등이다. 엔지니어들은 이러한 작업을 위해 전통적으로 로봇 팔을 프로그래밍했다. 그러다가 로봇의 업무가 변경되면 로봇 팔을 재프로그래밍했다. 그러나 화낙Fanuc이 소프트웨어 제조업체인 프리퍼드 네트웍스Preferred Networks(양 사 모두 일본에 소재)와 공동 개발한 신형 로봇 팔은 스스로 적응한다. 이 때 심화 강화 학습deep reinforcement learning이라는 AI 기술이 사용되는데, 성공적인 결과를 나타내는 그림이 로봇에게 주어지면 로봇은 시행착오를 통해 스스로 해법을 찾아내는 방식이다.

프리퍼드 네트웍스의 쇼헤이 히도Shohei Hido 최고연구책임자에 따르면 신형 로봇 팔이 이러한 종류의 작업에 90% 이상의 정확도를 얻는 데에는 여덟 시간이 걸린다. 이는 사실상 전문가가 프로그래밍할 때의 시간 및 정확도와 동일하지만, 로봇 팔은 이제 스스로 학습하기 때문에 인간 전문가는 인간의 판단력을 요하는 보다 복잡한 일에 자유롭게 몰두할 수 있다. 게다가 로봇은 일단 어떠한 업무를 학습하면 그 지식을 네트워크 상의 다른 로봇과 공유할 수 있다. 즉, 로봇 팔 여덟 대가 한 시간 동안 함께 과업을 수행하면 한 대가 여덟 시간 동안 일한 분량만큼 동일하게 학습할 수 있다는 뜻이다. 쇼헤이 히도 최고연구책임자는 이 과정을 '분산 학습distributed learning'이라고 부르면서, "공장에 있는 수백 대의 로봇이 정보를 공유한다고 상상해 보라"고 역설했다.[3]

이제 이들 로봇과 나란히 일하는 사람의 모습을 상상해보자. 로봇 팔은 고도의 반복 업무나 중량 화물 인양 업무에 효과적이지만, 공장에는 수많은 소형 전선을 배치하거나 다루기에 까다로운 동적 물체를 처리하는 등 로봇에게 맡기기에는 너무 복잡한 하위 업무도 존재한다. 전체 과정에 있어서 인간의 관여가 여전히 필요한 것이다.

그렇다면 로봇과 인간은 어떻게 함께 일할까? 역사적으로 보면 썩 훌륭한 공존은 아니었다. 로봇의 신속하고 결단력 있는 움직임은 유용하고 효율적이었지만, 동시에 인간에게는 위험했다. 따라서 로봇은 종종 보호 장벽으로 차단된 장소에 위치하고는 했다. 하지만 그러한 일반적 분리 정책이 변화하고 있다. 로봇 공학 및 AI 분야의 선구자인 로드니 브룩스Rodney Brooks가 창립한 리씽크 로보틱스Rethink Robotics 등의 기업이 탄생시킨 소위 협동 로봇은 센서를 장착하고 있어 다양한 대상을 인식한 후 주변에 있는 인간을 해치지 않는다. 로봇이 너무 서툴지만 않는다면 인간과 잘 협업할 수 있다. 리씽크 로보틱스 제품이 적용된 공장에서는 종종 로봇이 할 업무와 인간이 할 업무가 구분되며, 로

공장에서의 AI

지난 한 세기 동안 공장은 로봇 자동화의 최첨단에 있었다. 컨베이어 벨트에서부터 로봇 팔과 AI 기반 운영 시스템에 이르기까지 공장은 날로 지능화되고 있다.

- 히타치Hitachi는 AI를 이용하여 빅 데이터와 노동자의 업무 루틴을 분석한다. 분석 결과를 로봇에게 제공하면 로봇은 직원에게 지시를 전달하여 실시간으로 유동적 수요와 현장의 카이젠Kaizen 목표를 충족한다. 히타치는 AI 기술을 물류 업무에 시험 적용한 결과 8%의 생산성 개선을 경험했다.[a]
- 뉴저지 프린스턴에 위치한 지멘스Siemens 연구소에서는 거미 모양의 3D 프린팅 로봇들이 AI를 통해 의사소통 및 협업하여 물건을 제작한다. 각 로봇에는 시각 센서와 레이저 스캐너가 장착되어 있다. 이 로봇들은 함께 힘을 모아 끊임없이 물건을 제조해낸다.[b]
- 이너시아 스위치Inertia Switch에서는 로봇 지능과 센서 퓨전을 통해 로봇–휴먼의 협업이 이루어진다. 이 제조회사가 사용하는 유니버설 로보틱스Universal Robotics의 로봇은 끊임없이 업무를 학습하고 업무간 유연한 변경이 가능하기 때문에 공장 직원이 손쉽게 활용할 수 있다.[c]

a. Dave Gershgorn, "Hitachi Hires Artificially Intelligent Bosses for Their Warehouses," *Popular Science*, September 8, 2015, www.popsci.com/hitachi-hires-artificial-intelligence-bosses-for-their-warehouses.

b. Mike Murphy, "Siemens is building a swarm of robot spiders to 3D-print objects together," *Quartz*, April 29, 2016, https://qz.com/672708/siemens-is-building-a-swarm-of-robot-spiders-to-3d-print-objects-together/.

c. Robotiq, "Inertia Switch Case Study – Robotiq 2-Finger Adaptive Gripper – ROBOTIQ," YouTube video, 1:32 minutes, posted July 28, 2014, https://www.youtube.com/watch?v=iJftrfiGyfs.

봇과 인간은 자신의 능력에 가장 걸맞는 업무를 나란히 수행한다(별지 섹션 '공장에서의 AI'를 보면 인공지능체embodied AI의 다양한 사례를 확인할 수 있다).

사려 깊고 부드러운 로봇

AI가 두번째 '겨울'을 맞이했을 때, 로드니 브룩스Rodney Brooks는 기존 AI 연구의 주축을 이루었던 근본적인 아이디어, 즉 미리 정의된 기호와 그러한 기호 간 관계에 기초하여 컴퓨터가 세상을 이해할 수 있도록 한다는 아이디어에 대해 이의를 제기했다(별지 섹션 "두 번의 AI 겨울" 참조). 그는 보다 강력한 접근방식을 주장했다. 세상을 미리 목록화하여 기호로 나타내는 대신 센서를 통해 탐색하면 어떨까? 그는 1990년에 펴낸 유명 논문 '코끼리는 체스를 두지 않는다Elephants Don't Play Chess'에서 "세상은 그 자체가 가장 훌륭한 모델"이라고 주장했다(훗날 그는 로봇청소기 룸바Roomba의 제조업체인 아이로봇iRobot뿐 아니라 리씽크 로보틱스를 설립했다. 아이로봇은 현재까지 세계에서 가장 많은 자동화 로봇을 판매한 기업이다. 2002년부터 2013년까지 1천만 대 이상의 자동화 로봇을 판매했다[4]).

브룩스의 AI 철학은 지금도 학계와 산업계 양쪽에서 살아 숨쉬고 있다. 특히 리씽크 로보틱스는 임베디드 센서와 모션 컨트롤 알고리즘을 탑재한 로봇 팔이 자신의 움직임을 '느끼면서' 수정해 나가는 강력한 힘을 보여주고 있다. 이 로봇 팔에는 탄성 액추에이터와 역구동 관절이 포함되어 있어 다른 물체와 접촉하면 에너지를 흡수하기 위해 구부러진다. 그 결과 이 로봇은 다른 물체 혹은 다른 사람과 부딪히더라도 전통적인 로봇 팔이 가진 힘을 거의 가지고 있지 않게 된다.

화낙의 로봇처럼 로봇 팔이 스스로 학습할 수 있다면 어떤 일이 가능해질까? 아니면 리씽크 로보틱스의 로봇처럼 로봇 팔이 보다 사려 깊고 부드럽게 작동한다면 어떻게 될까?

두 번의 AI 겨울

프로세스 개선을 위한 세번째 물결을 상징하는 휴먼-머신의 협업이 가능해지기까지 결코 쉬운 과정은 아니었다. AI를 둘러싼 초기의 열광은 그 인기에 미치지 못하는 결과로 인해 사그라졌고, 이후 약간의 진전이 보이면 또 다시 반짝 인기와 실망으로 이어졌다. 이렇게 관심이 시들해진 기간을 AI가 맞이한 두 번의 '겨울'이라고 일컫는다.

AI 연구는 1950년대에 시작되었으며, 이후 몇 십년 간은 간헐적으로 연구의 진전이 있는 정도였다. 1970년대까지 관련 재원이 상당 부분 흩어져버려 이 기간을 AI의 첫번째 겨울이라고 부른다. 그러다 1980년대 몇 년 간은 소위 전문가 시스템 분야의 연구가 진전을 보였다. 전문가 시스템이란 기계가 사전에 정해진 엄격한 알고리즘을 따르기보다는 '이프덴if-then' 규칙을 바탕으로 기초적 추론을 수행하게 하는 코드로 구성된 컴퓨터 시스템을 의미한다. 그러나 당시에는 데스크탑 컴퓨터 혁명도 진행 중이었다. 따라서 관심은 일반인이 구입하기에 합리적인 가격과 실용성을 겸비한 개인용 컴퓨터로 쏠렸다. AI 연구 재원은 다시 한 번 고갈되었고 AI의 두번째 겨울이 닥쳤다. 2000년대가 되어서야 AI는 다시 대규모 투자를 유치할 수 있었다.

조립 라인에서는 현장 직원들이 자가 학습형 로봇 팔과 협업할 수 있게 된다. 자동차를 조립하는 한 직원이 자동차 문 한 쪽에 내부 패널을 부착해야 한다고 가정해보자. 이 때 로봇이 패널을 들어올려 이를 올바른 위치에 설치하면 그동안 직원은 투박한 기계 덩어리가 자기 머리를 내리칠 것이라는 두려움 없이 패널 위치를 미세하게 조정하고 체결시킬 수 있다. AI는 로봇과 인간이 역량을 최대한 발휘할 수 있도록 도우며, 그 과정에서 조립라인의 모습이 변화한다.

조립라인을 재구성할 수 있는 한 가지 방법은 바로 AI를 통해서다. 프라운호퍼 자재 흐름 및 물류 연구소IML, Fraunhofer Institute for Material Flow and Logistics 엔지니어들은 자동차 제조공장의 자가적응형 조립라인을 개발하기 위해 임베디드 센서를 테스트했다. 즉, 조립라인은 스스로 프로세스 단계를 수정하여 고도의 주문형 자동차에 탑재되는 다양한 특징 및 애드온 기능에 대한 수요를 충족한다. 따라서 과거에는 엔지니어가 단일 종류의 자동차를 한 번에 생산하는 조립라인을 설계했지만, 이제는 조립라인이 스스로 필요에 따라 적응해 나간다. 더 나아가 "조립라인의 한 작업대에서 불량이나 고장이 발생하는 경우, 다른 작업대가 대신 일을 처리할 수도 있을 것"이라고 IML에서 전략 이니셔티브를 맡고 있는 안드레아스 넷스트라터Andreas Nettsträter는 강조한다.[5]

그 결과 조립라인 직원은 덜 로봇스럽고(로봇스러운 일은 로봇을 위해 남겨둔다) 더 복잡미묘한 업무를 담당한다. 동시에 프로세스 엔지니어는 수요 변화가 있거나 기계 고장이 발생할 때마다 조립라인을 재구성하지 않아도 된다. 대신 그 시간에 효율성을 조금이라도 더 높이기 위해 보다 창조적인 업무에 매진할 수 있다.

데이터를 따르다

AI의 영향력은 스마트 로봇 팔에서 시작하여 공장의 전체 제조라인과 그 이상까지 뻗어나간다. 제조 및 산업 환경 전반에 걸친 AI 기반 프로세스는 다양한 관점에서 인간의 잠재력을 해방시키고 있다. 예를 들어 AI는 유지보수 업무를 완전히 뒤엎어 놓았다. 첨단 AI 시스템은 기계 고장이 발생하기 이전에 미리 고장 발생 여부를 예측하기 때문에 유지보수 인력은 단순반복적인 점검 및 진단에 시간을 덜 쓰고 기계

신속한 기계도입을 위한 AI 기술

샌프란시스코에 위치한 스타트업 기업인 사이트 머신(Sight Machine)은 고객이 공장에 기계를 도입할 때 가동 중지 시간을 감축할 수 있도록 머신러닝 분석법을 활용한다. 실제로 머신러닝 분석법을 통해 고객은 새 로봇 시스템을 도입할 때 일반적으로 수반되는 가동 중지 시간을 50% 감축할 수 있었다. 뿐만 아니라 모든 기계자산이 가동 중인 경우에는 실적이 25% 증가하는 순이익이 발생했다. 이 기술은 공장의 효율성 향상을 가져올 뿐 아니라 엔지니어 및 유지보수 인력으로 하여금 보다 부가가치가 높은 다른 업무에 시간을 할애할 수 있도록 한다.[a]

a. "Jump Capital, GE Ventures, and Two Roads Join $13.5 Million Series B Investment in Sight Machine," Sight Machine, March 22, 2016, http://sightmachine.com/resources/analytics-news-and-press/jump-capital-ge-ventures-and-two-roads-join-13-5-million-series-b-investment-in-sight-machine/.

자산 보수에 보다 많은 시간을 할애할 수 있다(별지 섹션 '신속한 기계도입을 위한 AI 기술' 및 '현장 속의 AI – 무인 운송수단'을 보면 다양한 AI 적용 사례를 확인할 수 있다).

일례로 제너럴 일렉트릭은 프리딕스Predix라는 AI 기반 시스템을 통해 현장 배치된 모든 제품의 현황을 계속 파악한다. 프리딕스의 기본 컨셉은 볼트부터 컨베이어 벨트 및 터빈 날개에 이르기까지 공장과 그 외에 위치한 모든 자산을 컴퓨터 상에서 모니터링 및 모델링한다는 '디지털 트윈digital twin' 개념이다. 프리딕스가 수집 및 관리하는 방대한 데이터는 다음과 같은 세가지 방식으로 비즈니스 프로세스를 재창조하는 데 사용된다.

현장 속의 AI - 무인 운송수단

인간은 AI 기술에 힘입어 마치 제2의 눈처럼 하늘 위와 바닷속을 누비는 드론을 통해 잠재적 위험 지역을 원격 탐험할 수 있게 되어 위험으로부터 벗어날 수 있다.

- 크라우드브레이크Cloudbreak에서 철광석 광산을 운영하는 포테스큐 메탈 그룹Fortescue Metals Group은 광산의 공간 정보를 수집하기 위해 드론을 사용한다. 이 비행 로봇은 고위험 지역 작업자의 안전 리스크를 획기적으로 감축했다.[a]
- BHP 빌리턴BHP Billiton Ltd.이 활용하는 무인 항공기는 적외선 센서와 망원경 줌 기능을 장착하고 있어 안전 센서에 문제가 있거나 공사 중인 도로를 표시한다. 또한 폭발 지역을 점검하여 폭파 전 해당 지역에 아무도 없는지를 확인한다.[b]
- 보잉Boeing의 '에코 보이저Echo Voyager'는 무인 심해 로봇으로서 심해 인프라 점검, 해양 샘플 채취, 해저 지도 제작, 석유 및 가스 탐사 지원을 담당한다.[c]

a. Allie Coyne, "Fortescue deploys survey drones at Cloudbreak mine," *IT News*, August 31, 2015, https://www.itnews.com.au/news/fortescue-deploys-survey-drones-at-cloudbreak-mine-408550.

b. Rhiannon Hoyle, "Drones, Robots Offer Vision of Mining's Future," *Wall Street Journal*, July 28, 2016, http://www.wsj.com/articles/drones-robots-offer-vision-of-minings-future-1469757666.

c. "Boeing's Monstrous Underwater Robot Can Wander the Ocean for 6 Months," *Wired*, March 21, 2016, https://www.wired.com/2016/03/boeings-monstrous-underwater-robot-can-wander-ocean-6-months/.

- 새롭게 상상된 유지보수 업무. GE는 다양한 고객이 GE의 제품을 설치하는 순간부터 통계를 작성하여 머신러닝 기술을 통해 특정 부품이 현재와 같은 조건 하에서 언제 고장나게 될지를 예측한다. 예전에는 유지보수 전문가들이 정해진 스케줄에 따라 특정 부품을 점검 혹은 교체했다. 자동차가 7만5천 마일 주행할 때마다 점화 플러그를 교체하는 것처럼 말이다. 그러나 이제는 필요할 때만 점검과 교체를 실시한다. 고도화된 AI 예측 기술을 통해 시간과 돈이 절감되며 유지보수 인력은 본연의 업무에 보다 집중할 수 있게 된다.[6]

- 새롭된 구상된 제품 개발. 데이터가 많을수록 R&D 역량이 향상된다. 현재 GE는 터빈의 온도가 가장 높은 부품에 센서를 부착하여 물리적 변화를 추적한다. 터빈이 가동되는 온도에서는 센서가 말 그대로 소각되어 버리지만, 터빈의 온도가 저점에서 고점으로 전환될 때의 데이터는 센서 소각 전에 수집된다. 이러한 정보를 통해 엔지니어는 터빈 기초재료의 열역학을 보다 깊이 이해하고 터빈의 가동 환경을 개선할 수 있다. AI 덕분에 엔지니어는 그 어느때보다 방대한 데이터를 활용하여 시스템 작동 양상을 파악하고 있다.[7]

- 새롭된 상상된 제품 운영. GE는 수집된 필드 데이터를 통해 제트 엔진 등 이미 배치된 자사 제품에 대한 디지털 트윈을 제작한다. 그 결과 엔지니어는 항공기가 추위, 열, 먼지, 강우 및 심지어는 한 무리의 새와 맞닥뜨릴 경우를 가상하여 운행을 테스트할 수 있다.[8] 또한 GE는 만 여대의 풍력 터빈을 모니터링하고 있으며 터빈은 각자의 디지털 트윈을 통해 실시간으로 적응한다. 이

> 러한 데이터를 분석하면 주요 터빈의 가동 속도를 엔지니어가 예상했던 것보다 낮출 것인지를 풍향에 기초하여 판단하여, 가치있는 통찰력을 얻을 수 있다. 전면에 위치한 터빈이 에너지를 덜 흡수하고 있다면 후면 터빈들이 최적 수준에 가깝게 작동하여 전체 발전용량을 증대시킬 수 있을 것이다. 이러한 적용 사례를 통해 우리는 디지털 트윈 기술이 단일 제품 하나에만 적용되는 것이 아니라 풍력 발전 단지 전체의 가동 수준을 최적화하기 위해 전체적으로 활용될 수 있다는 사실을 알 수 있다. GE에 따르면 이 기술은 풍력 발전 단지의 발전량을 20% 끌어올리고 100메가와트급 풍력 발전 단지의 사용연한에 걸쳐 1억 달러의 가치를 창출한다.[9]

이러한 세 가지 방식으로 프리딕스를 활용한 결과, 인간 직원은 단순 반복 업무에서 벗어나 보다 흥미로운 업무에 집중할 수 있게 되었다. 유지보수 인력은 까다로운 보수 작업에 시간을 보다 더 할애하면서도 단순반복적인 모니터링에 드는 시간을 줄일 수 있었다. 엔지니어에게는 시스템 작동 및 오작동을 파악할 수 있는 데이터가 많아져서 보다 창조적인 솔루션 개발에 매진할 수 있었다. 마지막으로 디지털 트윈 모델은 엔지니어가 이리저리 궁리해볼 수 있는 광활한 실험의 장을 제공한다. 이 모델을 통해 엔지니어는 자신이 던진 질문에 보다 창의적인 방안을 내놓을 수 있고 예전에 미처 발견하지 못했던 비효율성을 발견할 수 있다. 따라서 비용과 시간을 눈에 띄게 절감할 가능성이 높아진다.

물류창고의 변화

현대식 물류창고나 물류센터에 가보면 현장을 누비고 다니는 로봇을 쉽게 볼 수 있다(별지 섹션 '물류창고 및 물류에서의 AI 활용'을 보면 공급망 및 물류창고 관리 부문에서 더욱 스마트해진 로봇의 활약 사례를 확인할 수 있다).

대개 이러한 로봇들은 자신이 어디로 향하고 있는지, 그리고 현재 어떠한 일을 하고 있는지 잘 알고 있을 정도로 기술 수준이 높은 편이다. 그러나 여기에도 한계는 있다. 시리얼 포장 상자 한 쪽이 찌그러지면서 다른 한 쪽이 부풀어 올라있다고 해보자. 대부분의 로봇은 이러한 상황에 맞추어 적응하지 못한다. 이 상자를 지나쳐 다른 시리얼 상자로 이동한다. 그러나 심보틱Symbotic이 개발한 로봇은 머신 비전 알고리즘을 적용하고 있기 때문에 이상하게 생긴 포장 용기를 보고 판단하여 일단 집어 들어올린다. 게다가 선반 공간을 신속히 측정하여 특정 상자가 선반에 맞게 들어갈 수 있는지를 확인한다. 공간이 여의치 않다면 로봇은 중앙 통제 시스템에 그 사실을 알리며, 중앙 통제 시스템은 그 상자가 잘 들어갈 선반을 자동적으로 다시 안내한다. 이 로봇은 시속 40킬로미터로 물류창고를 돌아다니면서 물건을 옮기고 감지하며 실시간으로 적응한다.

물류창고 및 물류에서의 AI 활용

AI가 물류창고 네비게이션 및 재고관리 임무를 맡게 되면서, 물류창고 설계에 대한 인식이 변하고 있다.

- 아마존Amazon은 지난 2012년 키바 로봇Kiva Robots을 인수하면서, 아마존이 주문처리 면에서 우위를 차지할 수 있는 핵심 요인이 물류창고를 돌아다니는 모바일 봇에게 있다는 사실을 시사했다. 아마존 로봇은 다양한 상품으로 채워진 플라스틱 바구니를 들어올려 적재할 뿐만 아니라 물류창고 상품을 스스로 운반하여 인간 '피커picker'에 전달하는 역할도 수행한다. 피커는 그 중 정확하게 맞는 상품을 골라내어 다양한 주문을 처리한다. 아마존이 당일배송 서비스를 제공할 수 있었던 것도 바로 이러한 효율성 증대 덕분이다.[a]
- 로레알L'Oreal은 무선 주파수 식별RFID 기술과 머신러닝을 이용하여 이탈리아에 위치한 자사 물류창고에서 발생할 수 있는 지게차 사고를 방지한다. 이 추적 시스템은 지게차 운전자와 보행자에게 주변의 다른 차량에 대한 경고를 보내 충돌을 미연에 방지한다.[b]

a. Nick Wingfield, "As Amazon Pushes Forward with Robots, Workers Find New Roles," *New York Times*, September 10, 2017, https://www.nytimes.com/2017/09/10/technology/amazon-robots-workers.html.

b. Claire Swedberg, "L'Oréal Italia Prevents Warehouse Collisions via RTLS," *RFID Journal*, August 18, 2014, http://www.rfidjournal.com/articles/view?12083/2.

전통적 물류창고와 심보틱 로봇이 존재하는 물류창고는 극명한 차이를 보여준다. 전통적인 경우 트럭은 상품이 담긴 화물운반대를 하역장에 내려놓는다. 사람이 화물운반대에서 상품을 꺼내기 전까지는 이 운반대를 보관할 공간이 필요하다. 화물운반대에서 상품이 내려지면 컨베이어 벨트는 상품 상자를 물류창고 이곳 저곳에 이동시킨다. 그러나 심보틱 로봇은 화물운반대에서 상품을 즉각 꺼내어 신반에 수납하기 때문에 운반대 보관에 필요한 공간을 따로 마련할 필요가 없다. 컨베이어 벨트도 필요가 없어진다. 따라서 심보틱 로봇이 존재하는 물류창고는 선반을 위한 공간을 더 많이 확보할 수 있다. 그 결과는 눈에 띄게 다르다. 심보틱의 비즈니스 개발 부문을 이끄는 조 카라캅바Joe Caracappa 부사장이 제시한 최상의 시나리오에 따르면 이전보다 물류창고의 적재 용량이 두 배 많아지거나 물류창고 규모가 절반으로 줄어든다. 게다가 물류창고 규모가 작아질수록 기존 인근지역에 쉽게 들어설 수 있기 때문에 부패성 화물을 판매 지점과 보다 가까운 곳에 보관할 수 있게 된다.

인간이 물류창고에 보관된 상품과 직접 접촉하는 순간은 상품을 트럭에 적재하거나 트럭에서 하역 할 때뿐이다. 따라서 우리는 물류창고 내의 직원에게 어떠한 일이 발생할지를 자문해 보아야 한다. 카라캅바 부사장은 이들 중 상당수를 재교육한다고 답한다. 예를 들어 컨베이어 벨트의 유지보수를 담당했던 직원도 로봇 유지보수 교육을 받는다. 또한, 새로운 역할도 탄생한다. 카라캅바 부사장은 시스템 운영자가 로봇의 전반적인 흐름을 감독하는 역할도 담당한다고 언급하면서, “보통 이러한 역할은 물류창고 자동화가 이루어지기 전에는 존재하지 않았다. 그러나 이제 우리는 이러한 역할을 담당할 인력을 물류창고 인근 지역에서 고용할 것이며 고객사가 그 과정에 참여할 것이다."라고 설명했다[10](소외된 중간지대를 상세히 살펴보는 제2장에서 이러한 새로운 형태의 일자리를 보다 깊이 알아보도록 하겠다).

사고하는 공급망

스마트 물류창고는 시작에 불과하다. AI는 공장을 크게 개선시켰던 것처럼 이제는 공급망 전체를 보다 지능적으로 변신시키고 있다. 기업들은 공급망 상류에 발생할 수 있는 공급 차질을 최소화하고자 하는데, 이러한 차질은 공급업체의 제조 품질 이슈, 특정 지역의 정치적 불안정, 파업, 기상 문제 등 다양한 원인에 기인할 수 있다. 이를 방지하기 위하여 AI는 공급업체 관련 데이터를 수집 및 분석하고, 공급망에 존재하는 변수에 대한 이해를 돕거나 향후 시나리오를 예측하는 등 다양한 업무를 담당할 수 있다. 한편 기업은 공급망 하류의 불확실성도 최소화하고자 한다. 이 때 AI를 활용하면 기업은 수요 계획을 최적화하고, 예측 정확도를 높이며, 재고를 보다 잘 관리할 수 있다. 그 결과 보다 민첩해진 공급망은 역동적인 비즈니스 환경에 있을 수 있는 기복을 잘 예측하고 그에 맞게 대응할 수 있다.

공급 프로세스의 한 부분을 차지하는 수요 계획을 생각해보자. 많은 기업이 최적의 수요 계획에 어려움을 겪지만 신경망, 머신러닝 알고리즘 등 다양한 AI 기술을 사용하면 그 어려움을 극복할 수 있다. 예를 들어 건강식품 산업의 한 선두 기업은 프로모션 기간 동안 머신러닝 역량을 바탕으로 수요 다양성 및 트렌드를 분석했다. 이 분석을 통해 얻은 모델은 신뢰성이 높고 상세했기 때문에 프로모션의 예상 결과를 정확히 예측했다. 그 결과 예측 오류가 20%, 유실 판매가 30% 감소

했다.

거대 소비재 기업인 프록터앤갬블Procter & Gamble도 이러한 종류의 개선 효과를 노리고 있다. 최근 이 기업의 CEO는 공급망 비용을 연간 10억 달러씩 감축하겠다는 목표를 내놓았다. 이러한 막대한 절감은 단기적으로는 AI 및 사물인터넷IoT 활용 등의 노력을 통해 물류창고와 물류센터를 자동화함으로써 이루어질 것이다. 장기적으로는 7천여 개의 재고 유지 단위stock-keeping units에 대해 제품 배송을 맞춤형으로 자동화하는 프로젝트를 통해 절감이 이루어질 것이다. 이러한 다방면의 이니셔티브를 통해 과연 P&G가 공급망 비용을 연간 10억 달러씩 절감할 수 있을지는 아직 미지수이나, 이 과정에서 AI가 중추적인 역할을 담당할 것이라는 점만은 분명하다.

피드백 주는 농장

AI 기술은 공급망이나 소비재 및 산업기계 제조업에만 지대한 영향을 미치는 것이 아니라 식품 생산업에서도 큰 역할을 담당하고 있다. 세계적으로 농업의 효율성을 증대시켜야 할 당위성은 대단히 크다. 여러 통계치에 따르면 7억 9,500만 명의 인구가 충분한 음식을 섭취하지 못하고 있으며, 인구 증가 속도에 맞춰 음식을 공급하기 위하여 향후 50년간 필요한 음식의 양은 과거 1만년 동안 생산된 음식의 양보다 많다. 또한 역사적으로 담수와 경작지를 농업용으로 확보하거나 유지하기는 어려웠다. 이러한 상황에서 작물 상태에 관한 매우 상세한 데이터와 AI 기술을 적용하는 정밀 농업은 현저한 수확량 증대, 용수 및 비료 등의 자원 낭비 감축, 그리고 전반적인 효율성 향상을 약속한다.

정밀 농업이 효과를 거두려면 다양한 사물 인터넷 IoT 센서로 이루어진 방대한 네트워크가 낱알처럼 세세한 데이터를 수집해야 한다. 이러한 데이터 정보에는 지상에서 작물 재해가 보이기 전에 이를 미리 감지하기 위하여 위성이나 드론이 포착한 상공 이미지, 농지의 환경 감지 센서가 관찰한 토양의 화학적 구성 정보, 농기구에 부착된 센서가 감지한 정보, 기상 예측 데이터 및 토양 데이터베이스 등이 있다.

이렇게 다양한 데이터 스트림에 대한 이해를 돕고자 액센츄어Accenture는 정밀 농업 서비스Precision Agriculture Service를 개시했다. 이 서비스는 AI를 활용하여 병충해 관리, 비료 사용 등에 관한 의사결정이 제대로 이루어질 수 있도록 한다. 즉, IoT 센서가 수집한 데이터를 머신러닝 엔진을 통해 처리하여 피드백을 제공하며, 이 피드백은 다음 중 하나의 방식으로 이용된다. 첫번째 방식에서는 피드백이 농부에게 직접 전달되고, 농부는 권고사항이 담긴 솔루션을 이행한다. 두번째 방식에서는 피드백이 농장의 디지털 농작 관리 시스템에 전달되고, 이 시스템이 권고사항을 자동 실행한다. 시스템에서는 이 피드백 순환에 최신 센서 데이터와 실시간 분석결과가 반영되기 때문에 일종의 자가 치유 농장이 탄생한다. 농부는 시스템의 권고사항을 승인함으로써 직접 이 순환의 한 축을 담당할 수도 있지만, 시간이 지나면서 시스템 신뢰도가 높아지면 농부는 자동화되기 어려운 다른 일에 시간을 할애하게 된다.

AI 기술은 '수직농장vertical farm' 같은 완전히 새로운 농업 모델을 가능하게 한다. 물류창고 등 도심 시설에 조성된 수직농장은 약 9미터까지 쌓아 올린 선반 더미에서 식물을 재배한다. 에어로팜AeroFarms이 운영하는 뉴저지주 뉴왁Newark 수직농장은 기온, 습도, 이산화탄소 양 및 기타 변수에 관한 데이터를 지속적으로 수집하는데, 이 정보는 머신러닝 소프트웨어에 의한 실시간 분석을 거쳐 케일, 루꼴라, 경수채 등의 작물을 최대한 효율적으로 재배하는 데 크게 기여한다. 에어로팜에 따르면 뉴왁 수직농장은 전통적인 농장보다 용수 사용량이 95%, 비료 사용량이 50% 정도 적을 것으로 예상되며, 작물이 실내에서 자라기 때문에 농약이 필요하지 않다. 에어로팜은 맨하탄에서 단 24킬로미터 떨어진 뉴왁 수직농장에서 연간 90톤 가량의 농산물을 생산할 것으로 기대한다.[11]

정밀 농업의 인지도는 아직 광범위하지 않지만, 위성 데이터 분석 등 정밀 농업 기술 중 일부는 이미 수년간 사용되고 있었다. 다만 지금 달라진 것은 센서 데이터가 앱과 대화하고 앱이 머신러닝 시스템과 대화할 수 있게 하는 IoT 기술이 널리 퍼져 있다는 점이다. 정밀 농업의 궁극적 목표는 이질적인 시스템들이 한 데 모여 함께 권고사항을 제시하고 농부가 이를 실시간으로 실행하는 것이다. 그 결과 농업 생산 과정에서 폐기물은 줄어들고 수확량은 늘어난다. 정밀 농업 서비스 시장이 2020년까지 45억 5천만 달러 규모로 성장하리라는 예측은 어찌 보면 당연하다.[12] 정밀 농업 기술이 보다 광범위하게 확대되면 토지에 혜택이 돌아가고, 농부에게 혜택이 돌아가며, 건강하고 저렴한 먹거리를 필요로 하는 수억 명의 사람들에게도 혜택이 돌아가게 된다(별지 섹션 '착한 AI: 아크샤야 파트라'를 참고해 보자).

착한 AI: 아크샤야 파트라

아크샤야 파트라Akshaya Patra는 "인도에서는 기아로 인해 교육의 기회를 박탈당하는 어린이가 없어야 한다."는 비전을 가지고 창립된 인도의 비영리단체이다. 이 단체는 AI가 가진 능력을 블록체인(분산된 디지털 공공 거래장부) 및 IoT 기술과 결합하고 있다. 아크샤야 파트라는 비전 달성의 일환으로 점심 프로그램을 제공하는데, 건강한 점심 식단을 제공받은 어린이는 신체적으로나 정신적으로 충분한 영양 상태에서 중단 없이 교육받을 힘을 기르게 된다. 이 프로그램은 1,500명의 아이들에게 식사를 제공했던 2000년 이래 지속적으로 확대되어 2017년에는 연간 160만명의 아이들이 혜택을 입었다. 2016년에는 20억 번째 식사를 제공하는 기록을 올리기도 했다. 현재까지 아크샤야 파트라는 조사 대상 주방에서 효율성이 20% 개선된 것을 확인했다. 예전에는 수기로 입력되었던 피드백이 이제는 디지털화 되었으며 블록체인은 감사, 출결 기록 및 인보이스 처리 등에 있어서 효율성을 보다 증대시키고 있다. AI가 정확한 수요 예측을 실시하는 동안 IoT 센서는 조리 과정을 감시하고 순차적으로 연결하여 쓰레기를 최소화하고 음식 품질이 일정하게 유지되도록 한다. 이처럼 다른 기술과 결합된 AI는 아크샤야 파트라의 운영 효율성을 개선하여 보다 많은 어린이가 제대로 영양을 섭취하고 학업을 이어갈 수 있게 한다.[a]

a. "About us," Akshaya Patra, hpps://www.akshayapatra.org/about-us, accessed October 23, 2017.

제조부문에서의 세번째 물결

제1장에서 우리는 AI가 비즈니스 프로세스의 본질을 어떻게 변화시킬 수 있는지 깨닫기 시작했다. 공장과 산업 현장은 고도로 자동화된 환경을 유지할 것이다. 여기에는 다양한 이유가 있겠지만 안전성과 효율성이 가장 큰 요인이다. 그리고 새로운 자동화 기술이 인간 노동력 일부를 대체하겠지만, 기업 경영진이 단순한 일자리 대체를 넘어서 업무에 대한 새로운 관점을 갖게 된다면 새로운 일자리를 창출할 것이다. 이는 우리가 서론에서 자세히 서술한 MELDS 프레임워크의 *리더십*에 해당하는 부분으로, 경영진은 소외된 중간지대에 있는 직원을 위해 프로세스와 역할을 새롭게 상상해야 한다(이에 대해서는 제2장에서 자세히 논의하도록 한다). 또한 이번 장에서 보았듯이 특정 스킬에 대한 수요는 높아지고 있고 완전히 새로운 범주의 스킬도 필요해질 것이다. 예를 들어 제8장의 사례처럼 유지보수 인력에 대한 수요를 꾸준히 가지고 있을 GE와 GE 장비 구매자는 유지보수 인력이 자신의 업무 스킬과 선진 기술을 새로운 방식으로 융합할 수 있는 새로운 시스템과 공존하면서 일하기를 희망할 것이다. 이는 MELDS의 *스킬* 부분이다. 이러한 직종 종사자들은 인간이 잘 하는 일, 즉 새로운 환경에 적응하고 새로운 과제를 해결하기 위해 창의적이고 새로운 해결책을 찾는 일에 매진해야 할 것이다. 힘든 일, 감시하는 일, 그리고 단조로운 일은 기계가 하도록 맡겨두자.

AI 시스템이 제공하는 데이터와 분석 결과는 연구원, 엔지니어와 농부 등에게 제3의 눈과 같은 역할을 한다. 바로 이러한 이유 때문에 MELDS의 *데이터* 부분이 매우 중요하다. AI를 통해 우리는 매우 복잡한 산업 시스템이나 생태학적 시스템을 이해할 수 있게 되었다. 엔지니어와 관리자는 예전에는 몰랐던 비효율성을 제거하고 프로세스의 여러 측면 중 일부를 자신 있게 변경할 수 있게 되었다. 한편 휴먼과 머신의 장점을 파악하고 이 둘의 협력을 통해 잘 할 수 있는 일을 냉정히 평가할 때 비즈니스 운영과 프로세스 설계에 완전히 새로운 가능성이 열린다. 바로 이것이 MELDS의 *사고방식* 부분이다. 기업은 이러한 가능성을 모색함으로써 수직 농장 같은 새로운 비즈니스를 개발할 수 있다. 이러한 MELDS의 *실험*을 통해 경영진은 업계 전반은 아니더라도 해당 기업 전체를 탈바꿈시킬 수 있을 정도로 획기적 혁신을 일으킬 수 있다.

다음 장에서 우리는 AI를 백오피스로 데려가 본다. '두번째 물결'을 통한 자동화가 바로 이 곳에서 뿌리를 내렸으며, '세번째 물결'을 통한 AI는 어설픈 AI 툴이나 비효율적인 프로세스로 씨름하던 사람들에게 오래 기다렸던 안도감을 선사했다. 다음 장에서도 우리는 AI와 인간의 상상력이 일견 단순반복적 프로세스를 변화시키고 그를 통해 휴먼-머신 협업이 효율성 증대와 성장 가능성을 이끄는 과정을 살펴볼 것이다.

간략한 AI 역사

적응형 프로세스라는 현 시대에 도달하기까지 그 과정을 이끈 기술은 AI이며, 이 기술은 지난 수십년 간 진화를 거듭해 왔다. 따라서 AI 기술의 역사를 간략히 이해하면 AI가 현재의 진보된 수준에 이르게 된 배경을 파악할 수 있다.

인공 지능이라는 분야가 공식적으로 탄생한 것은 1956년으로, 존 매카시John McCarthy가 주도한 다트머스 대학Dartmouth College의 한 컨퍼런스에서 클로드 섀넌Claude Shannon, 마빈 민스키Marvin Minsky 등 컴퓨터 및 연구 과학자들은 기계 지능이 인간의 두뇌를 흉내 낼 수 있는가를 최초로 토론했다.[a]

사실상 브레인스토밍 회의가 연장된 형태의 이 컨퍼런스는 학습과정과 창의성의 모든 면을 정확히 설명하는 것이 가능하기 때문에 이 둘을 수학적으로 본 뜬 모형을 만들면 기계로 복제할 수 있다는 가정에 기초했다. 목표는 높았다. 컨퍼런스 계획서는 "어떻게 하면 기계가 언어, 형태, 추상적 표현 및 개념을 이용하고 인간만이 풀 수 있는 문제를 해결하며 스스로 진화할 수 있을지를 알고자 시도할 것"이라고 서술하고 있다. 물론 이는 시작에 불과했다.

컨퍼런스는 거의 즉시 해당 분야를 정의하고 인공 지능을 둘러싼 여러 수학적 아이디어를 통합했다. 또한 향후 수십년 간 완전히 새로운 연구 영역에 불을 지폈다. 예를 들어 민스키는 시모어 페퍼트Seymour Papert와 함께 생물학적 신경세포를 모델로 하는 일종의 AI인 신경 네트워크의 범위 및 한계에 관한 기본서라고 할 만한 책을 펴냈다. 컴퓨터에 건축이나 의료 진단 등 특수 분야에 관한 '지식'을 저장시키는 전문가 시스템, 자연어 처리, 컴퓨터 비전, 모바일 로봇 등의 개념들을 거슬러 올라가도 그 시초는 다트머스 대학에서 있었던 컨퍼런스이다.

a. "Artificial Intelligence and Life in 2030," Stanford One Hundred Year Study on Artificial Intelligence(AI100), September 2016, https://ai100.stanford.edu/sites/default/files/ai_100_report_0831fnl.pdf.

이 컨퍼런스의 참석자였던 IBM 엔지니어 아서 새뮤얼Arthur Samuel은 당시 체커 게임을 하는 컴퓨터 프로그램을 제작 중이었다. 그 프로그램은 체커 판의 현재 상황을 평가한 후 말을 특정 위치에 두었을 때의 성공 확률을 계산하는 프로그램이었다. 1959년 새뮤얼은 컴퓨터에게 어떠한 프로그래밍 없이도 학습할 수 있는 능력을 부여하려는 연구 분야에 '머신러닝'이라는 용어를 처음으로 붙였다. 1961년 그가 개발한 학습 프로그램이 미국 내 4위 체커 선수를 이겼다. 그러나 새뮤얼은 겸손한 성격에 자기 PR을 즐기지 않았기 때문에 그가 IBM에서 은퇴한 1966년 이후가 되어서야 그가 수행한 머신러닝 작업의 중요성이 널리 알려지게 되었다.[b]

컨퍼런스 이후 수십년 동안은 AI의 다른 분야가 무대 중앙에 서게 되면서 머신러닝에 대해서는 거의 알려진 바가 없었다. 특히 1970년대와 1980년대의 연구자들은 물리적 기호에 기초해 있으면서 논리적 규칙에 의해 조작되는 지능 개념에 초점을 맞추었다. 그러나 이러한 기호학적 시스템은 당시 이렇다 할 실질적 성과를 거두지 못했기 때문에 'AI의 겨울'이라는 시기가 도래하게 되었다.

그러나 1990년대에 들어서자 머신러닝 개발자들이 통계학 및 확률 이론을 적용한 접근방식을 채택하면서 머신러닝이 발전하기 시작하였다. 동시에 개인용 컴퓨터 혁명도 시작되었다. 또한 다음 10년 동안 디지털 시스템, 센서, 인터넷 및 휴대전화가 상용화되면서 머신러닝 전문가는 적응형 시스템을 훈련시키는 데 필요한 모든 종류의 데이터를 확보할 수 있게 되었다.

오늘날 우리가 생각하는 머신러닝 애플리케이션은 엔지니어나 전문가가 시스템을 훈련시키기 위해 사용하는 데이터 세트에 기초하여 모델을 제작하는 애플리케이션이다. 이는 전통적인 의미의 컴퓨터 프로그래밍과 뚜렷한 대조를 이룬다. 표준 알고리즘이라면 프로그래머가 작성한 정적

b. John McCarthy and Ed Feigenbaum, "Arthur Samuel: Pioneer in Machine Learning," Stanford Infolab, http://infolab.stanford.edu/pub/voy/museum/samuel.html, accessed October 23, 2017.

인 명령이나 코드에 따라 미리 정해진 경로를 따를 것이다. 이와 반대로 머신러닝 시스템은 시스템이 작동하는 과정에서 학습한다. 매번 새로운 데이터가 설정될 때마다 시스템은 모델을 업데이트하고 세계를 '보는' 방식을 수정한다. 기계가 자신의 경험과 데이터에 기초하여 학습하고 변화하는 시대에 프로그래머의 역할은 규칙 설정자나 독재자가 아닌 교사나 트레이너(훈련 담당자)이다.

오늘날 우리는 머신러닝을 활용하는 AI 시스템을 어디에서나 쉽게 찾아볼 수 있다. 은행은 사기 거래 발견을 위해, 데이팅 사이트는 잘 맞는 매칭 상대를 추천하기 위해, 마케팅 종사자는 광고에 호의적인 반응을 보일 소비자를 예측하기 위해, 사진 공유 사이트는 자동 안면 인식을 수행하기 위해 머신러닝 기반 AI 시스템을 사용한다. 즉, 머신러닝은 체커 게임에 처음 적용된 이래 획기적 진전을 이루었다. 2016년 구글의 알파고(AlphaGo)가 이를 증명했다. 컴퓨터가 체커나 체스보다 훨씬 복잡한 바둑의 챔피언에게 최초로 승리를 거둔 것이다. 시대상을 반영이라도 하듯 알파고는 너무도 예상치 못한 수를 두었고 이 경기를 본 일부 관중은 알파고의 수가 정말로 창의적이고 심지어는 '아름답다'고 까지 평가했다.[c]

AI와 머신러닝은 지난 수십년 동안 부침을 겪으며 성장했지만, 최근 이들 기술이 제품 및 비즈니스 운영에 미치는 영향을 보면 이제 곧 전성기가 도래할 것이라는 점을 알 수 있다. 우버Uber의 전 머신러닝 책임자 대니 레인지Danny Lange는 AI와 머신러닝이 마침내 연구실 벽을 부수고 나와 빠르게 '비즈니스 파괴의 토대'로 변모하고 있다고 주장했다.[d]

c. Cade Metz, "How Google's AI Viewed the Move No Human Could Understand," *Wired*, March 14, 2016, https://www.wired.com/2016/03/googles-ai -viewed-move-no-human-understand/.

d. Daniel Lange, "Making Uber Smarter with Machine Learning," presentation at Machine Learning Innovation Summit, San Francisco, June 8–9, 2016.

제2장

로봇이 어떻게 활용되고 있나

기업의 부서별 AI 활용 사례

자금 세탁은 적발 시 벌금이 무겁고 법적제재가 엄격하기 때문에 금융기관의 주요 관심사이다. 이에 어느 한 대형 글로벌 은행에서는 만여 명에 이르는 직원이 자금 세탁, 테러단체 자금 지원 및 기타 불법 활동의 가능성이 있는 미심쩍은 거래와 계좌를 식별하는 작업에 관여하고 있었다. 미국 법무부의 엄격한 요구수준을 충족하기 위해서는 철저한 감시감독이 필요했기 때문에 이와 관련한 비용이 막대했고 은행이 조사에 착수해야 했던 거짓 경보의 수도 과도할 만큼 많았다.

이에 대응하여 은행은 자금 세탁 방지AML, anti-money-laundering 적발에 필요한 다양한 첨단 애널리틱스 도구를 모두 활용하였다. 그 중에서도 머신러닝 알고리즘은 거래와 계좌를 보다 잘 분류하고, 조사 담당자에게 수상한 활동에 대한 경고를 보내는 최적의 임계값을 설정하였다. 이 모든 과정은 가장 최신의 데이터와 결과값을 가지고 그때 그때 상황에 따라 즉시 시스템에 반영된다. 게다가 네트워크 분석을 통해 가치 있는 패턴이 새롭게 발견되기도 한다. 예를 들어 은행 고객 중 두 고객의 사업 관계가 밀접하다는 점이 밝혀졌을 때, 그 중 한 명이 불법 활동에 연루되어 있다면 나머지 한 명 또한 연루되었을 가능성이 높다.

현재까지의 결과는 인상적이었다. AML 시스템은 거짓 경보 수를 30%나 감축했으며, 그 결과 직원들은 인간의 판단력과 준법 전문가가 필요한 사례 조사에 더 많은 시간을 할애할 수 있었다. 이 시스템은 또한 각 경보를 조사하는 데 필요한 시간을 줄였고, 이로 인해 비용이 40%나 절감되었다.

인간을 보다 인간적이게

매일 반복적이거나 로봇이 할 만한 업무를 즐겨 하는 사람은 거의 없다. 단순반복적 업무 단계로 이뤄진 공정에서 일하는 사람과 이야기를 나눠보면 이들이 일상성을 깨는 예외적인 상황을 얼마나 즐기는지 알 수 있다. 일상성이 깨져 오히려 어려운 문제를 해결할 수 있는 새로운 기회가 생겼다면 이들은 자신이 조직이나 심지어는 누군가의 삶에 변화를 일으킨 것처럼 느끼게 된다. 듀크 대학Duke University의 조던 엣킨Jordan Etkin 교수와 와튼 스쿨Wharton School의 캐시 모길너Cassie Mogilner교수가 실시한 연구에 따르면 업무 일과에 다양성이 존재하는 경우 행복감이 증가하며, 아마도 그 원인은 동기부여와 생산성 증가에 기인한 것이라고 한다.[1] 여기서 질문을 하지 않을 수 없다. 그렇다면 우리는 왜 계속 인간을 로봇처럼 일하도록 훈련시키는 것인가? 왜 인간에게 인간다운 일을 시키지 않는가? 앞서 살펴본 글로벌 은행의 경우에서처럼 왜 직원들이 판단력, 경험, 전문성을 요하는 고부가가치 업무에 집중할 수 있도록 하지 않는가?

우리의 여러 연구 사례를 보아도 AI가 직원을 보다 인간적으로 일할 수 있게 한다는 점이 입증되었다. 애초에 인보이스 처리, 장부 기입, 회계, 불만 처리, 문서 양식 처리 및 일정 관리 등 일부 관리 행정적인 업무가 단순반복적 속성을 가지게 된 것도 1990년대 및 2000년대에 이러한 업무에 일률적인 IT 기술을 사용하여 인간이 그 기술의 한계에 맞추도록 했기 때문이다. 인사, IT 보안, 금융 준법감시 부서들이 사용하는 프로세스는 모두 미리 정의된 반복적인 업무로 구성되어 있었다. 이것이 바로 비즈니스 프로세스 개선의 "두번째 물결"이었다.

이번 장에서는 기업 프로세스의 혁신적 발전을 살펴보고자 한다. 이러한 트렌드는 수년간 확대되다가 최근 들어서야 기술이 진보하면서 대부분의 기업에게 실현 가능한 옵션이 되었다. 이제 우리가 제시하는 사례들은 기업의 전반적인 프로세스에 AI를 적용하고자 하는 사람이라면 누구나 관심을 가질 만한 기본적인 질문에 대한 답이 될 것이다. 비즈니스 프로세스가 대전환을 맞이하는 새로운 시대에서 AI는 어떠한 모습으로 활용되어야 할까? 인간과 기계 각자에게 가장 적합한 업무는 어떤 업무일까? 물론 기존 인력에 더해 AI까지 활용하면 즉각 상당한 이익을 거둘 수 있겠지만, 최첨단 스마트 시스템을 통해 프로세스를 완전히 새롭게 설계한다면 어떠한 결과가 발생할까? 이를 통해 어떠한 종류의 서비스와 제품이 어떠한 모습으로 성장할 것인가?

사무실 속의 로봇

위의 질문에 답하기 위해 고객 불만을 분류하고 해결하는 익숙한 프로세스 하나를 생각해 보자. 고객 불만 분류 업무의 대부분을 인간이 직접 처리해야 했던 과거에는 업무의 지루한 속성 때문에 담당자의 업무 만족도가 낮았다. 예를 들어 영국의 철도업체 버진 트레인Virgin Train의 고객서비스 팀은 고객 불만사항을 손수 확인, 분류 및 전달했다. 업무의 반복적 속성은 직원의 시간과 집중력을 분산시켰고 직원의 피로도는 고객 대면 상담을 포함한 다른 어떤 업무보다도 극심했다.

읽고 분류한 후 전달하는 업무로 이루어진 프로세스는 명확하게 정의될 수 있기 때문에 어떤 측면에서는 자동화가 가장 완벽하게 준비된 프로세스일 것이다. 그러나 수집되는 고객 불만 정보는 텍스트에 기초하고 있고 소프트웨어 시스템은 이 정보를 '비구조적'이라고 판단하기 때문에, 후진적 시스템은 이 정보를 분류하기 어렵다. 이 때 AI가 등장한다. 이제 버진 트레인은 머신러닝 플랫폼인 인스트림inSTREAM을 활용하기 시작했다. 이 플랫폼의 자연어 처리 기능은 유사한 사례, 즉 유사한 불만사항의 문장을 분석하고 고객서비스 담당자가 신규 텍스트에 어떻게 대응하는지를 추적함으로써 비구조화 데이터의 패턴을 인식해 낸다.

이제 버진 트레인에 불만사항이 접수되면 이 불만사항은 자동적으로 확인 및 분류 과정을 거친 후 하나의 파일로 묶이기 때문에 직원은 이를 간단하게 검토 및 처리하기만 하면 된다. 가장 흔히 접수되는 불만사항에는 적절한 자동 응답 메일이 전송된다. 만약 소프트웨어가 확신을 가지고 판단할 수 없는 불만사항이 있다면 소프트웨어는 이를 예외로 플래그flag해서 직원의 검토 대상으로 넘기는데, 해당 직원의 응답 결과에 따라 소프트웨어의 모델이 효과적으로 업데이트된다. 시간이 지나면서 이러한 방식의 피드백은 다양한 시나리오에 대한 알고리즘의 신뢰도를 향상시킨다. 시스템은 불만사항이 짧든 장황하든, 일반적이든 특수성이 있든, 혹은 영어든 기타 다른 언어이든 모두 처리할 수 있다.

비즈니스 프로세스에서의 AI

어떠한 회사나 사업부 혹은 사업유닛이든 전면에서는 눈에 잘 띄지 않는 업무가 많다. 이 때 AI를 도입하면 반복적이고 눈에 잘 띄지 않는 업무에 대한 부담을 줄이고 직원으로 하여금 보다 고부가가치 업무에 집중하도록 할 수 있다.

- 골드만삭스Goldman Sachs에서 AI는 최대 1백만 개의 애널리스트 보고서를 검토한 후 주가에 가장 영향을 미치는 요인을 밝혀낸다.[a]
- 우드사이드 페트롤륨Woodside Petroleum은 HR, 법무, 탐사 담당 부서가 알게 된 정보를 IBM의 왓슨Watson을 통해 공유한다.[b]
- 허핑턴포스트Huffington Post는 댓글 관리자뿐 아니라 AI도 활용하여 부적절한 댓글, 광고성 문구, 욕설 등을 걸러낸다.[c]
- 아리조나 주립 대학Arizona State University은 머신러닝에 기반한 적응형 학습 도구를 통해 입문 강의 학생들에게 개인 교사를 제공한다.[d]

a. Nathaniel Popper, "The Robots Are Coming for Wall Street," *New York Times*, February 25, 2016, https://www.nytimes.com/2016/02/28/magazine/the-robots-are-coming-for-wall-street.html.

b. Daniel Russo, "Hiring Heroes: How Woodside Energy Works with IBM Watson," IBM Watson blog, September 11, 2017, https://www.ibm.com/blogs/watson/2017/09/hiring-heroes-woodside-energy-works-ibm-watson/.

c. Mike Masnick, "HuffPost Moderates Comments to Please Advertisers [Updated: Or Not]," *Tech Dirt*, October 30, 2012, https://www.techdirt.com/articles/20121022/12562620788/huffpost-moderates-comments-to-please-advertisers.shtml.

d. Seth Fletcher, "How Big Data Is Taking Teachers Out of the Lecturing Business," *Scientific American*, August 1, 2013, https://www.scientificamerican.com/article/how-big-data-taking-teachers-out-lecturing-business.

기술 도입 이후 버진 트레인의 고객 불만 담당부서에서는 수작업이 85%나 줄어들었다. 또한 새로운 역량을 바탕으로 고객과 보다 적극적으로 교감하게 되자 고객과의 연락건수가 20% 증가했다. 이전까지 버진 트레인은 오직 홈페이지를 통해서만 불만사항을 접수 받았다. 그러나 이제는 이메일, 팩스, 일반 우편 및 소셜 미디어 등 어떤 형태로든 문의 사항을 접수받고 처리한다[2](버진 트레인은 백오피스에 자동화 지능을 적용한 기업 중 하나의 사례일 뿐이다. 별지 섹션 '비즈니스 프로세스에서의 AI'를 보면 다양한 사례를 접할 수 있다).

RPA 수준을 완전히 뛰어넘다

비구조화 데이터뿐 아니라 갑자기 유입되는 대량 데이터 또한 분석하고 적응하는 버진 트레인의 시스템은 비교적 선진적인 백오피스 자동화 시스템이다. 우리는 이러한 애플리케이션을 '로보틱 프로세스 자동화RPA, Robotic Process Automation'라고 부른다. 간단히 말해 RPA는 작업흐름 내에서 행정적이고 반복적이며 주로 거래와 관련된 디지털 사무업무를 수행하는 소프트웨어이다. 즉, RPA는 기존 프로세스를 *자동화*한다. 그러나 프로세스를 새롭게 상상하려는 기업들은 보다 진보된 첨단 기술인 AI를 사용해야 한다(본 장 말미의 별지 섹션 'AI 기술과 애플리케이션의 대응 관계'를 참고해 보자).

여기서 말하는 AI 시스템은 컴퓨터 비전같은 AI 기술을 활용한 시스템 혹은 비구조화 정보나 복잡한 정보를 분석하기 위해 머신러닝 툴을 활용하는 시스템이다. 이러한 시스템은 인보이스, 계약서, 문서 등 다양한 종류의 문서를 판독할 수 있다. 그런 다음 문서의 형식에 상관없이 문서를 처리하고 해당 문서 양식과 데이터베이스에 정확한 값을 기입하여 다음 단계로 넘어간다. 여기에서 보다 진화된 시스템은 프로그래밍된 업무만 수행하는 것이 아니라 첨단 머신러닝 알고리즘을 활용하여 업무와 프로세스를 평가하고 필요한 경우 그에 맞게 수정 적용한다. 이 시스템은 직원의 '어깨 너머로' 관찰하고 배워 시간이 지날수록 성과를 개선한다. 다시 말해 이 AI 시스템은 서론에서 논의했던 비즈니스 프로세스 개선을 위한 세번째 물결, 즉 적응형 프로세스를 실현시키는 바로 그 기술이다. 이러한 보다 혁신직인 애플리케이션은 직원들로 하여금 설명하기 어렵거나 모델화하기 어려운 암묵적 · 전문적 지식을 업무에 적용하면서 적극적으로 동참하도록 요구한다. 앞서 논의한 글로벌 은행의 자금 세탁 방지 시스템을 생각해보자. 복잡한 금융 거래가 처리된다. 자동화 시스템이 이를 수상한 거래로 플래그한다. 직원은 이 거래가 추가 조사를 요하는 거래인지를 판단하고 결정한다. 이러한 휴먼-머신의 협업은 비즈니스 프로세스 혁신의 세번째 물결이 가지고 있는 전형적 특징이다.

심지어 기업들은 하나의 애플리케이션에 여러 기술을 포함시키기도 한다. 그 예가 유니레버Unilever의 채용 프로세스이다. 구직자인 여러분이 링크드인LinkedIn에서 여러분에게 맞는 유니레버의 일자리를 찾았다고 해보자. 1차 지원 단계에서 지원자는 인지 뇌과학 분야의 테스트에 기반한 열두 개의 온라인 게임에 참여한다. 이 게임을 통해 회사는 지원자의 위험 회피도나 지원자가 정서적 신호 혹은 맥락적 신호 중 어떠한 신호를 더 잘 읽어낼 수 있는지 등 개인적 특성을 평가한다. 유니레버에 따르면 이 게임에는 정답이나 오답이 존재하지 않는다. 예를 들어 위험 선호적 성향이 특정 유형의 직무에 적합하다면 위험 회피적 성향은 다른 유형의 직무에 더 적합할 수 있다. 1차 단계에서는 아직 첨단 AI 기술이 필요하지 않으며

RPA 등 상대적으로 기본적인 기술이면 충분하다.

그러나 여러분이 다음 단계까지 올라갔다면 컴퓨터나 스마트폰을 통해 인터뷰 녹화 파일을 제출하라는 요청을 받을 것이다. 이 인터뷰에서 구직자는 본인이 관심을 보였던 그 직무에 맞춰 제작된 질문들에 대답하게 된다. 바로 여기에서 첨단 AI 기술이 등장한다. AI 애플리케이션인 하이어뷰HireVue는 구직자가 사용하는 단어뿐 아니라 몸짓과 어조까지도 고려하여 답변을 분석한다. 이제 마지막 단계에서 해당 일자리에 가장 적합하다고 판단된 지원자가 최종면접을 위하여 사무실로 초대된다.

유니레버 사례는 단일 애플리케이션의 여러 부분에 얼마나 다양한 기술이 적용될 수 있는지를 보여줄 뿐만 아니라 휴먼-머신의 협업이 얼마나 강력한 효과를 발휘하는지를 증명한다. 유니레버가 이 신규 시스템을 적용한 지 90일이 지나기도 전에 지원자 수는 작년 동기 대비 두 배 늘어난 3만 명에 육박했다. 게다가 최종 고용까지 소요되는 평균 시간이 4개월에서 4주로 크게 줄었고 채용담당자가 지원서 검토에 소모하는 시간도 75%나 급감했다. 뿐만 아니라 유니레버에 따르면 이 시스템을 사용한 이래 가장 다양한 배경을 가진 지원자들을 채용할 수 있었다. 일례로 출신 대학 수도 840개 교에서 2,600개 교로 크게 증가했다.[3]

변화시킬 프로세스를 어떻게 정하는가?

반복 · 복제 · 중복 · 개요가 확실한 프로세스. 여러분이 비즈니스를 운영할 때 이러한 단어들이 등장하기 시작한다면 그때야말로 업무나 프로세스를 바꿀 시점이다.

급성장세에 있는 스타트업 긱스터Gigster의 개발자 겸 창립자인 로저 디키Roger Dickey는 소프트웨어 애플리케이션의 코드 대부분에서 복제와 중복 현상을 발견했다. 동시에(개발 중인 소프트웨어가 이전 제품과 얼마나 유사한지와는 상관없이) 모든 신규 소프트웨어 개발 과정은 생산을 지연시키는 수많은 버그와 함정 때문에 대단히 복잡하다는 사실도 발견했다. 이 때 AI를 이용하면 소프트웨어 개발에 필요한 비즈니스 프로세스를 새롭게 상상할 수 있을 것인가?

긱스터가 깨달은 대답은 바로 '그렇다'이다. 긱스터는 AI를 이용하여 소프트웨어 프로젝트의 요구사항을 평가한 후 정예 개발자로 이루어진 임시 프로젝트 팀을 자동으로 구성한다. 여러분은 앱이나 기타 소프트웨어 제품을 필요로 하는 소규모 기업으로서 직접 개발팀을 고용할 시간이나 자원이 없다면 긱스터를 찾는다. 반대로 여러분이 이미 개발된 소프트웨어 관련 프로젝트에 자원이 전용되기를 원치 않는 대기업이라도 역시 긱스터를 찾는다.

긱스터는 사실상 기업의 여러 부문을 타겟으로 삼고 있다. 즉, HR 부문에서는 AI를 통해 개발팀을 조직하고, 구매 부문에서는 AI를 이용하여 견적서를 작성하며, IT 부문에서는 AI 비서 기능을 통해 개발팀원이 업무를 수행하고 도움을 받는다.

그렇다면 긱스터는 어떠한 방식으로 구매와 HR을 혁신할까? 환자가 의료 기록을 주치의와 공유할 수 있는 의료 기록 통합 앱을 개발한다고 가정해 보자. 어디에서부터 시작해야 할까? 우선 여러분은 앱의 핵심 기능과 여러분이 생각하는 사용자에 대해 간략한 문서로 정리 후 긱스터에 전달한다. 긱스터는 접수된 프로젝트 기술서를 긱스터의 '데이터 구조' 포트폴리오, 즉 소프트웨어 기능 모음집과 비교하여 참조

한다. 디키에 따르면 긱스터는 이미 작성해 놓은 '소프트웨어 게놈'을 바탕으로 소프트웨어 하나에 포함될 수 있는 500여 개의 다양한 기능을 가지고 있다. 이제 긱스터는 사용자 인터페이스 구현 모습이나 소프트웨어 개발 완료일 등 20여 가지의 고객 요구사항을 고려한다. 고객이 바라는 구현 모습, 설명 및 요구사항을 기초로 긱스터의 AI 견적 생성기는 현재 프로젝트와 유사한 조건 하의 과거 프로젝트와 비교하여 이번 프로젝트의 가격과 기한을 결정한다.

이 가격과 기한에 여러분이 동의한다면 다음으로는 긱스터의 AI 기술이 나설 차례다. 긱스터는 '팀 구성 기능'을 사용하여 여러분이 주문한 앱의 요구사항에 맞춰 소프트웨어 개발팀을 구성한다. 일반적으로 개발팀은 프로젝트 매니저 한 명, 디자이너 한두 명, 개발자 한두 명이 모인 3~5인 체제로 운영된다. 긱스터의 온라인 시스템은 뛰어난 역량의 개발자로 이루어진 이 개발팀을 면밀히 감독하기 때문에 긱스터는 고품질 제품의 정시 납기를 보장한다. 일반적으로 초기 환경설정 업무는 1~3일 정도 소요된다.

소프트웨어 개발자들의 업무는 디지털 영역에서 이루어지기 때문에 모든 업무가 비교적 쉽게 기록 및 분석될 수 있다. 디키는 "우리는 모든 일은 측정 가능하고 데이터에는 패턴이 있다고 믿는다. 우리는 이러한 패턴을 이용해서 업무의 효율성을 크게 개선할 수 있다."고 말한다. 긱스터는 수백 건의 유사 프로젝트를 참고하여 어떠한 프로세스가 이번 개발 프로젝트를 성공으로 이끌지 알고 있으며, AI 툴은 이러한 정보를 기초로 하여 향후 걸림돌이 될 만한 요인을 사전에 포착하여 프로그램이 큰 오류에 빠지지 않도록 해 준다. 게다가 개발자가 특정 코드 때문에 애를 먹고 있을 때 AI 비서는 그 개발자를 최근 유사한 문제를 해결했거나 해결하기 위해 고민중인 다른 개발자와 연결해 준다. 디키에 따르면 "이 AI 비서는 여러분이 프로젝트의 어디쯤까지 왔는지를 알고 있으며 이 세상 어딘가에서 비슷한 일을 하고 있는 다른 이들과 여러분을 연결해줄 수 있다"고 한다.[4] 이러한 형태의 직원 역량 증강은 휴먼-머신간 협업의 세번째 물결을 대표하는 핵심이다.

프로세스의 변화 정도를 어떻게 정하는가?

긱스터는 사업 분야가 소프트웨어이기 때문에 AI를 전반적으로 모든 IT 업무 및 비즈니스 프로세스에 적용할 수 있었다. 그러나 다른 기업들은 AI를 소수의 프로세스에만 우선 적용하는 것이 더 나을 수도 있다. 이러한 기업의 경영진은 기존 직원의 역량을 가장 효과적으로 증강할 수 있는 방법이 무엇인지 신중하게 의사결정을 내려야 한다. 그런 다음에 프로세스에서의 AI 활용 확대 방안을 세워야 한다.

이러한 이슈는 스웨덴 대표 은행으로서 아멜리아Amelia라는 가상 비서 기능을 적극적으로 도입한 SEB의 주요 고민거리이기도 했다. 아이피소프트IPsoft가 개발한 아멜리아(후에 SEB 애플리케이션에서 아이다Aida로 명칭 변경)는 현재 SEB 고객 1백만 명과 직접 상호작용한다. SEB의 최고 전략 관리자인 라스무스 자르보르크Rasmus Järborg에 따르면 아멜리아 소프트웨어는 도입된 지 3주 만에 7백여 명의 고객과 4천여 건이 넘는 대화를 나누었고 대부분의 이슈를 해결했다. 이를 가능하게 하기 위하여, SEB는 아이다에게 15,000여 명의 직원을 지원하는 가상 IT 헬프데스크 담당자 역할을 일정기간 맡겨 내부 검증을 완료한 후에 실제 고객 응대에 투입했다.[5]

아이다는 자연어로 능숙하게 대화할 수 있을 뿐만 아니라 발신자의 목소리 어조를 파악하여 이를 향후 서비스 개선을 위한 기초 자료로 활용한다. 또한 인간 고객서비스 담당자를 관찰하여 새로운 업무 스킬을 학습하는 등 스스로 발전할 수도 있다. 즉, 아이다의 능력은 시간이 지나면서 계속 향상된다. 이에 따라 고객서비스 담당자는 직접적인 수고를 거의 들이지 않고도 해당 부서에 발생하는 신규 업무와 프로세스를 자동화할 수 있다.

SEB는 고객 응대 업무에 아멜리아를 활용한 최초의 은행이며, 아이피소프트는 아멜리아의 멘토 역할을 할 수 있는 인재 풀을 사내 인력으로 구성할 수 있도록 지원했다. 이들 멘토는 아멜리아의 학습과 성과를 감독하고 이를 고객서비스 업무에 새롭게 적용할 수 있는 방안을 찾는다.[6] 휴먼-머신의 이러한 협업 관계는 제5장에서 보다 자세히 살펴보도록 하겠다.

아이다는 크고 복잡한 비즈니스 환경에서도 고객과의 자동화된 자연어 대화가 가능하다는 사실을 보여주고 있다. 자연어 대화는 자연어 기술이 개선되고 인터페이스가 발전하면서 다양한 산업의 여러 비즈니스 영역에 확산될 것이다. 제4장에서는 아마존의 알렉사와 같은 다양한 자연어 처리 챗봇이 기업의 프론트 오피스 업무를 담당하게 된 과정을 논의해 본다.

산업 전체를 재정의하다

AI가 미들오피스 및 백오피스 프로세스에 지능을 부여할 수 있는 능력이 향상됨에 따라 AI가 산업 전체를 재정의할 수 있는 가능성도 커지고 있다. 예를 들어 IT 보안 업계에서는 보다 많은 보안 기업들이 머신러닝 접근방식을 접목하여 스마트 보안 시스템을 출시하고 있으며,

이 스마트 시스템은 끊임없는 진화를 통해 악성 소프트웨어를 방어해낸다. 이러한 보안 시스템은 유해 바이러스와 악성 소프트웨어가 손상을 야기하기 전에 미리 이들을 식별하고, 취약한 지점을 미리 예측하여 해커가 시스템 전체를 장악할 만한 빌미를 제공하지 않도록 한다. 심지어 경우에 따라서는 IT 보안 프로세스가 폐쇄적이고 자동화되어 순환 고리처럼 작동하기 때문에 인간은 일상적인 통제 업무에서 벗어나 위협을 조사하고 새로운 시뮬레이션에 더 집중하여, 봇을 추가 검증하고 훈련시킬 수 있다.(별지 섹션 "봇들이 서로 경쟁하다" 참고)

전통적인 사이버 보안 산업에서 기업은 위협의 특징을 수집한 후 이를 기초로 미래의 위협을 방지한다. 즉, 기존 데이터에 대한 분석을 실시한다. 이는 정적인 작업으로 실시간 반영이 불가능하다. 반면 AI에 기초한 접근방식은 변칙적 패턴이 발생할 때마다 그 패턴을 인식한다. 이는 네트워크 트래픽 행동에 기초하여 모델을 조정하고, 변칙적 패턴이 노름norm으로부터 벗어난 정도를 수치화 함으로써 가능해진다. 게다가 각 경고 상황이 최종 해결될 때마다 그 해결 주체가 사람이든 기계이든 상관없이 해결 과정에서 얻은 새로운 통찰력이 시스템에 효과적으로 통합되기 때문에 AI에 기초한 분석은 더욱 발전한다.

봇들이 서로 경쟁하다

미국 방위고등연구계획국DARPA이 라스베가스에서 개최한 2016년 사이버 그랜드 챌린지Cyber Grand Challenge 대회에서는 봇과 봇이 최고의 자리를 놓고 치열한 다툼을 벌였다. 이 자동화 시스템들에게 주어진 임무는 경쟁 머신의 소프트웨어가 가진 보안 취약점을 찾아내서 이용하고 자신을 계속 보호하는 것이었다.[a]

카네기 멜론 대학Carnegie Mellon에서 분사한 포 올 시큐어ForAllSecure가 제작한 우승 봇인 메이헴Mayhem은 게임 이론에 기초한 전술을 펼쳐 승리했다. 기본적으로 메이헴은 자신의 보안 취약점을 찾아낸 후 이를 해결하기 위해 패치를 즉각 실행할지 여부를 결정하기 위해 비용편익 분석을 실시한다(패치를 실행하려면 시스템 스스로 잠시 오프라인으로 전환해야 한다). 상대방이 자신의 취약점을 공격할 것 같지 않으면 메이헴은 온라인 상태로 좀 더 시간을 보내면서 상대 시스템의 취약점을 이용했다.

물론 대회에서 봇들이 보인 약간의 기이한 습성들은 로봇 전성기가 오기에는 아직 기다려야 한다는 점을 시사했지만, 전문가들은 시스템들의 실력이 인상 깊었으며, 일부는 미리 설치된 버그를 인간보다 더 빠르게 발견 및 수정했다는 점에 모두 동의했다. 이러한 성과들은 모두 해킹 자동화 시대를 암시하고 있다. 이러한 새로운 시대에서 인간은 봇을 훈련시키거나 봇의 행동이 법적 혹은 윤리적 한계를 위반하지 않는지 등을 확인하는 결정적으로 중요한 역할만을 맡게 될 것이다.

a. Cade Metz, "DARPA Goes Full *Tron* with Its Brand Battle of the Hack Bots," *Wired*, July 5, 2016, https://www.wired.com/2016/07/_trashed-19/.

보안 기업들은 문제를 해결하기 위한 저마다의 접근방식을 갖고 있다. 예를 들어 딥 아머Deep Armor를 제공하는 스파크 코그니션SparkCognition은 신경망, 휴리스틱, 데이터 과학 등의 AI 기술과 자연어 처리 기술을 결합하여 처음 발생한 위협의 원인을 감지하고, 그 악성 파일을 제거한다. 또한 다크트레이스Darktrace가 제공하는 안티제나Antigena는 인간의 면역 체계를 모델로 하여 제작된 시스템으로, 버그와 마주쳤을 때 버그를 식별하고 무력화한다.[7] 한편 벡트라Vectra의 핵심 기술은 네트워크 트래픽 행동 분석이다. 벡트라의 AI 기반 소프트웨어는 악성적 네트워크 동작이 보이는 전형적인 특징을 학습한 후 자동화 조치를 취해 공격을 차단하거나 이를 전문 보안팀에 전달해 주면, 보안팀은 이 공격에 어떻게 대응할 것인지를 결정한다.[8]

인간 중심적인 프로세스의 재창조

AI 기술은 따분하고 지루한 업무를 소프트웨어 로봇에게 떠넘겨 직원이 보다 만족할 수 있는 업무 환경을 만들 수 있다. 이는 서론에서 앞서 언급했듯이 휴먼-머신의 공생적 협력을 실시하는 '소외된 중간지대'에 해당한다. 기업은 소외된 중간지대에서 첨단 디지털 기술에 대한 투자를 통해 가장 큰 고부가가치를 창출할 수 있으며, 그 가치는 자동화로 창출된 가치보다 더 크다.

이번 장에서 우리는 글로벌 은행이 머신러닝 알고리즘을 이용해 거짓 경고 수를 줄이고 전문인력으로 하여금 보다 복잡하고 수상한 사례에 집중하도록 함으로써 자금 세탁 감지 프로세스를 재창조하는 과정을 살펴보았다. 이는 바로 MELDS의 *리더십* 부분이 실행되는 사례였다. 이러한 형태의 비즈니스 프로세스는 양질의 데이터에 크게 의존하며, 실제로 많은 기업들은 다양한 데이터 출처를 활용하는 것이 얼마나 중요한지 깨닫고 있다. 과거에 버진 트레인은 웹사이트를 통해서만 고객불만을 처리할 수 있었지만, 현재는 MELDS의 *데이터* 부분에 투자하여 소셜 미디어 등 다양한 채널을 통해 고객 문의사항을 접수받을 수 있도록 자연어 처리 애플리케이션을 활용하고 있다. 그러나 이러한 시스템이 활용되는 동안 직원들은 자신의 업무 방식을 조정해야 할 것이며, 기업은 MELDS의 *스킬* 부분에 자원을 집중해야 한다. 예를 들어 우리는 깃스터의 사례에서 AI 비서가 자동으로 프로그램 개발자와 유사한 문제로 고심하는 다른 개발자를 연결시킴으로써 직원의 협업 역량을 보다 강화하는 결과를 확인했다. 이번 장에서 얻은 또 하나의 교훈은 소외된 중간지대를 채우는 과정에는 시간이 걸린다는 점이다. 그 이유는 예를 들어 기업이 RPA에서 첨단 AI로 전환하고자 할 때 실험을 해야하기 때문이다. 스웨덴의 SEB는 백만 명의 고객을 대상으로 가상 비서인 아이다를 실행하기 전, 우선 15,000명의 직원을 대상으로 집중적인 테스트를 실시함으로써 MELDS의 *실험* 파트에 적절한 주의를 기울였다. 마지막으로 우리는 자동화된 보안 시스템이 악성 소프트웨어를 발견하고 취약점을 식별하여 시스템 손상 전에 문제를 해결하는 모습을 살펴보았다. 이를 통해 우리는 IT 보안업 등 산업 전체를 혁신하는 AI의 잠재력을 확인할 수 있었으며, MELDS의 *사고방식* 부분이 얼마나 중요한지를 배울 수 있었다.

제3장에서는 어떻게 소외된 중간지대를 R&D 프로세스에까지 확장할 수 있을지를 알아본다. 공장 현장이나 사무실에서와 마찬가지로 이 분야의 정통한 기업들은 휴먼-머신의 스마트하고 상호보완적 협업을 통해 이익을 거두고 있다.

AI 기술과 애플리케이션의 대응 관계

여기에서는 여러분이 오늘날 알아야 하는 AI 기술에 대한 총체적인 용어해설을 제공한다. 이 기술들은 그림 2-1의 머신러닝, AI 역량 및 AI 애플리케이션 계층에 대응된다.[a]

머신러닝 구성요소

머신러닝ML, Machine Learning. 사람에 의한 프로그래밍 없이도 데이터를 통해 학습하고 데이터에 대한 예측을 실시하는 알고리즘을 다루는 컴퓨터 과학 분야. 머신러닝은 IBM의 아서 새뮤얼이 실시한 연구에서 처음 등장한 용어로, 그는 1959년에 이 용어를 만들어 자신의 컴퓨터 게임 작업에 적용했다. 알고리즘 훈련에 사용가능한 데이터가 폭발적으로 늘어나면서 현재 머신러닝 기술은 영상 기반 연구, 이상 거래 감리, 가격 예측, 자연어 처리 등 다양하고 방대한 영역에서 활용되고 있다.

지도 학습 Supervised learning. 알고리즘에게 제공하는 데이터를 예시 입력값과 원하는 출력값으로 사전에 분류하고 구성해 놓는 머신러닝의 일종(업계에서는 이러한 데이터를 라벨링된 데이터labeled data라고 부른다). 이 때 알고리즘의 목표는 입력값과 결과값을 연결하는 일반 규칙을 학습하여 나중에 입력 데이터만이 주어지면 그 규칙을 바탕으로 미래의 결과를 예측하는 것이다.

a. Accenture Research; Jerry Kaplan, *Artificial Intelligence: What Everyone Needs to Know*(New York, Oxford University Press: 2016); and Wikipedia, s.v. "Artificial intelligence," https://en.wikipedia.org/wiki/Artificial_intelligence.

[그림 2-1] AI 기술과 비즈니스 애플리케이션의 전체 목록

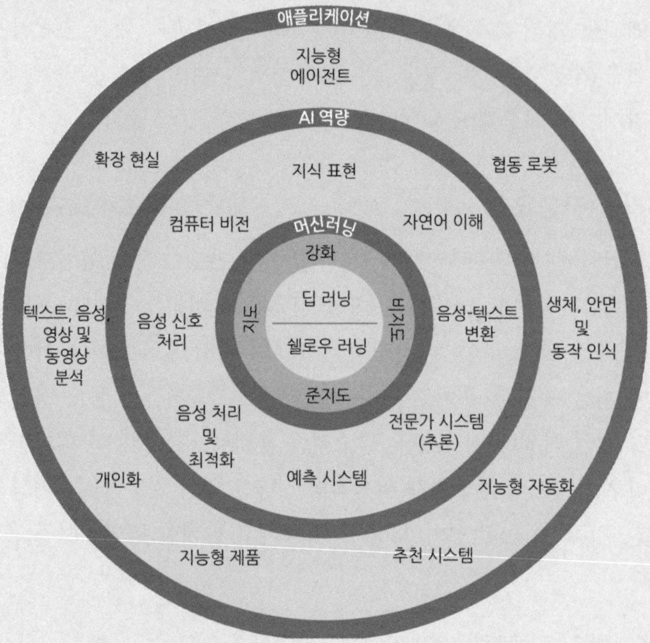

비지도 학습 Unsupervised learning. 학습 중인 알고리즘에게 어떠한 라벨label도 부여하지 않고 알고리즘이 스스로 입력값의 구조와 패턴을 학습하도록 하는 방법. 비지도 학습은 그 자체가 목적일 수도 있고(데이터의 숨은 패턴을 찾아낼 때), 목적 달성을 위한 수단일 수도 있다(데이터에서 특징을 추출할 때). 비지도 학습은 지도 학습보다 결과값에 덜 집중하고, 입력값을 탐색하여 라벨이 붙지 않은 데이터의 숨겨진 구조를 추론하는 데에 더 집중한다.

준지도 학습 Semi-supervised learning. 라벨이 붙은 데이터와 붙지 않은 데이터를 모두 사용하여 훈련하는 형태로, 일반적으로는 라벨이 붙지

않은 데이터를 보다 많이 사용한다. 많은 머신러닝 연구자들은 두 종류의 데이터를 혼합하여 훈련하면 학습 정확도가 현저히 개선된다는 점을 밝혀냈다.

강화 학습 Reinforcement learning. 알고리즘에게 로봇 팔 작동시키기, 바둑 게임하기 등의 특정한 목표를 제시하는 훈련 방법. 알고리즘은 목표를 달성하기 위한 시도 하나하나에 대해 보상 혹은 질책을 받는다. 이러한 피드백을 통해 알고리즘은 목표를 달성할 수 있는 가장 효율적 경로를 구축할 수 있다.

신경망Neural network. 관측가능한 데이터로부터 학습하는 알고리즘이 생물학적인 신경 시스템과 유사한 방식으로 정보를 처리하는 머신러닝의 한 종류. 코넬 대학Cornell University의 프랑크 로젠블라트Frank Rosenblatt 교수가 1957년 최초로 단순한 단층 아키텍처 형태의 신경망(즉, 쉘로우 네트워크)을 발명했다.

딥러닝과 하위 개념: 심층신경망DNN, deep neural networks, **순환신경망**RNN, recurrent neural network, **전방전달신경망**FNN, feedforward neural networks. 다층 신경망을 훈련시키기 위한 기술의 집합. 심층신경망에서는 다층 구조를 통해 '감지된sensed' 데이터를 처리한다. 각 층은 이전 층의 출력값을 입력값으로 사용한다. 순환신경망에서는 데이터가 층을 통과하면서 앞뒤로 흐를 수 있다. 반대로 전방전달신경망에서는 데이터가 한 방향으로만 흐른다.

AI 역량 구성요소

예측 시스템 Predictive system. 과거 데이터 세트의 변수와 그 결과값 간 연관성을 찾아내는 시스템. 이 연관성을 바탕으로 개발된 모델은 미래의 결과를 예측하는 데에 사용된다.

지역 탐색 Local search(최적화). 솔루션이 될 만한 값의 배열을 이용하여 문제를 해결하는 수학적 접근방식. 알고리즘은 솔루션 배열의 한 지점에서부터 시작하여 반복적이고 체계적인 방식에 따라 주변 솔루션으로 이동하며 이는 최적 솔루션을 찾을 때까지 계속된다.

지식 표현knowledge representation. 컴퓨터 시스템이 질병의 진단이나 인간과의 대화 등 복잡한 업무를 수행할 때 사용할 수 있는 형태로 정보를 제공하려는 인공지능의 한 분야.

전문가 시스템 Expert systems(추론). 의학, 화학, 법학 등 특정 분야의 지식과 그 지식의 적용 방법을 지시하는 규칙 엔진을 결합하는 시스템. 새로운 지식이 추가되거나 규칙이 업데이트 및 개선될 때 전문가 시스템도 개선된다.

컴퓨터 비전 Computer vision. 컴퓨터가 인간의 시각 시스템 기능을 모방 및 확장하여 사진이나 영상의 내용을 식별, 분류 및 이해할 수 있도록 훈련시키는 분야.

음성 및 신호 처리 Audio and signal processing. 특히 잡음이 많은 환경에서 음성 및 기타 디지털 신호를 분석하기 위해 사용되는 머신러닝 기법. 관련 애플리케이션에는 컴퓨테이셔널 스피치computational speech, 음성 및 시청각 처리 등이 있다.

음성-텍스트 변환 Speech to text. 음성 신호를 다양한 언어의 텍스트 신호로 변환하는 신경망. 애플리케이션으로는 번역, 음성 명령 및 제어, 음성 전사 등이 있다.

자연어 처리NLP, natural language processing. 컴퓨터가 인간의 자연적인 언어를 처리하도록 연구하는 분야. 애플리케이션으로는 음성 인식, 기계 번역 및 감정 분석 등이 있다.

AI 애플리케이션 구성요소

지능형 에이전트 Intelligent agents. 자연어를 통해 인간과 상호작용하는 에이전트. 지능형 에이전트는 고객서비스, HR, 교육 및 FAQ 형식의 문의사항을 처리해야 하는 비즈니스 부문에서 직원의 역량을 증강한다.

협동 로봇 Collaborative robotics, cobots. 센서를 장착하고 느린 속도로 작동하면서 직원과 안전하게 협동할 수 있는 로봇.

생체, 안면 및 동작 인식 Biometrics, facial, and gesture recognition. 휴먼-머신의 자연스러운 상호작용을 촉진하거나 식별 및 인증을 실시하기 위하여 인간, 동작 및 생체 측정치(스트레스, 활동성 등) 변화양상을 파악한다.

지능형 자동화 Intelligent automation. 지능형 자동화 기술은 전통적 방식의 업무 운영을 근본적으로 바꾸기 위하여 업무를 인간으로부터 기계로 이관한다. 기계만이 가지고 있는 장점 및 역량(속도, 규모, 복잡성 제거 능력)을 기반으로 하여 지능형 자동화 툴은 인간의 업무를 보완하고 가능성을 확장한다.

추천 시스템 Recommendation system. AI 알고리즘이 시간에 따라 감지되는 미묘한 패턴에 기초하여 권고사항을 제안하는 시스템. 고객에게 신제품을 추천하기 위해 사용되거나 내부적으로 전략적 제안을 참고하기 위해 사용될 수 있다.

지능형 제품 Intelligent products. 설계 단계부터 지능이 반영되어 고객의 니즈 및 선호도를 충족 및 예측하기 위해 끊임없이 진화하는 제품.

개인화Personalization. 개별 사용자 혹은 고객에 맞게 툴과 제품을 최적화하기 위하여 고객 및 직원과 관련한 트렌드와 패턴을 분석한다.

텍스트, 음성, 영상 및 동영상 인식 Text, speech, image, and video recognition. 텍스트, 음성, 영상 및 동영상 데이터를 분석하여 연관성을 발견하고, 이를 사용하여 분석 활동을 수행하거나 상호작용 및 비전 등 고차원 애플리케이션을 지원한다.

확장 현실 Extended reality. AI와 가상 현실, 증강 현실, 혼합 현실 기술을 결합하여 교육, 유지보수 및 기타 업무에 지능을 부여한다.

제3장
궁극적인 혁신 기계
R&D와 비즈니스 혁신을 위한 AI

자동차 회사인 테슬라Tesla는 여러 방면에서 개척자의 길을 걸어왔다. 우선 테슬라는 세련된(동시에 값비싼) 자동차로 유명하다. 최초의 전기 스포츠카로서 고객뿐 아니라 투자자까지 끌어 모은 테슬라 로드스터Roadster가 그 예이다. 2017년 테슬라의 시가총액은 5백억 달러를 돌파해 제너럴 모터스를 약간 상회했다.[1] 그러나 눈에 띄는 것은 테슬라의 스타일리쉬한 전기차나 주가 급등만이 아니다. 이 기업이 연구개발을 수행하는 영리한 방법도 눈여겨볼 만하다.

2016년 테슬라는 센서 여러 대뿐만 아니라 신경망을 작동시킬 내장 컴퓨터 등 자율 운전에 필요한 모든 하드웨어를 신차에 장착할 것이라고 발표했다.[2] 단, 테슬라는 신차에 자율 AI 소프트웨어를 완전히 장착시키지는 않을 것이라고 했다. 즉, 테슬라는 자동차의 컴퓨터에서 백그라운드로 실행되는 소프트웨어 시뮬레이션을 통해 운전자를 테스트할 생각이다. 백그라운드 프로그램이 운전자보다 더욱 지속적이고 안전한 방식으로 자동차의 움직임을 시뮬레이션할 때만 자율 소프트웨어의 출시 준비가 완료된 것이다. 그렇게 되면 테슬라는 해당 프로그램을 원격 소프트웨어 업데이트를 통해 출시한다. 결국에는 테슬라의 운전자가 집단적으로 차에게 운전 방법을 가르치는 것이다.

테슬라는 분산된 테스트베드에서 최상의 데이터, 즉 실존하는 운전자를 통해 AI 플랫폼을 훈련시키고 있다. 이 시스템을 훈련하기 위해서는 적절한 수준에 도달한 인간의 운전 스킬이 핵심적이다. 테슬라는 AI를 통해 R&D 프로세스를 근본적으로 재고했으며 그 결과 시스템 개발에 속도를 낼 수 있었다. 이처럼 R&D 방법에 대한 새로운 접근방식은 테슬라를 자율 주행 자동차 분야에서 최고의 자리에 올려놓았다.

AI를 통해 기계와 인간 모두를 혁신적으로 활용하여 R&D 프로세스를 제고한 기업은 테슬라뿐만이 아니다. 이번 장에서는 기업이 AI를 이용하여 다양한 실험을 모색하고 비즈니스 프로세스를 대대적으로 재창조하는 과정을 살펴볼 것이다. 특히 고객, 환자 등 유용한 데이터 제공자가 포함된 기업을 중심적으로 알아본다.

여러분은 AI가 어떠한 방식으로 제약 및 생명과학산업의 R&D에 활력을 불어넣고, 연구자의 이론 검증에 필요한 직관과 능력을 증강하고, 제품 설계 사이클을 수십 배나 가속화하는지를 확인할 수 있을 것이다. 방대한 고객 및 환자 데이터 덕분에 전형적인 제품 및 서비스의 연구개발 프로세스가 바뀌고 있다. 예전에는 매스 마켓에서 히트하는 것이 기업의 주요 성장 동력이었지만 이제는 완전 맞춤형 생산이 경제적으로 타당하고, 매우 핵심적인 접근방식으로 간주되고 있다.

연구자의 능력을 증강하다: AI 시대의 과학연구

우리는 먼저 몇 가지 기본 원칙을 이해해야 한다. 아마도 과학적 방법은 세상에서 가장 많이 알려져 있고 광범위하게 활용되고 있는 프로세스일 것이다. 수 세기를 거치면서 과학적 방법은 일련의 개별적이고 재현 가능한 단계들로 정의되었다. 먼저, 질문하고 관찰한 후 가설을 고안한다. 그 가설에 기초한 예측을 검증하기 위하여 실험하고, 검증을 실시하고 데이터를 수집한다. 마지막으로 일반화된 이론을 개발한다. 하나의 프로세스인 과학적 방법을 시각적으로 나타내면 하나의 사이클로 표현된다. 모든 데이터와 일반 이론은 추가적인 관찰과 연구로 이어져 전체 사이클이 다시 시작된다.

과학적 방법은 그 단계가 매우 명확하게 구분되어 있기 때문에, 인공지능이 과학적 프로세스의 지형 자체를 바꿀 수 있는 기회가 존재한다. 지금까지 과학적 방법을 완전히 새롭게 수정한 과학 관련 연구기관이나 기업은 없지만, 과학적 방법의 특정 단계를 성공적으로 축소하거나 확대한 기업은 몇몇 있었다. 다음 섹션에서는 어떠한 업무가 인간과 기계 각자에게 가장 적합하고 어떻게 하면 인간과 기계가 함께 업무를 수행할 수 있는지를 고려하여 AI가 과학적 프로세스의 각 단계에서 일으킨 혁신적 변화를 살펴본다.

관찰 단계에서의 새로운 기회

아이작 아시모프Isaac Asimov는 "과학계에서 새로운 발견을 세상에 알리는 가장 흥분되는 말은 '유레카'가 아니라 '거참 재미있군…'이다"라고 말한 바 있다.[3] 관찰 단계는 수많은 우여곡절과 예상치 못한 경로로 가득 차 있다. 이 단계에서 과학자는 최신 연구를 샅샅이 조사하고 놀라운 화학 반응을 발견하며 동료 연구자와 뜻밖의 유익한 대화를 통해 새로운 연구 질문에 도달한다.

그러나 지금처럼 현대적인 시대에 과학적 관찰이 얼마나 어려운 과제일지 생각해 보라. 기존에 고려대상인 연구와 분류해야 할 데이터가 이미 너무 많다. 오타와 대학University of Ottawa의 2009년 연구에 따르면 1665년 이래 발행된 과학 논문은 총 5천만 건을 돌파했고 연간 발행되는 신규 과학 논문은 250만 건이 넘는다.[4] 여기까지는 논문에 불과하다. 구조화 및 비구조화 데이터, 카탈로그 데이터, 정제 데이터, 중복 데이터를 걸러낸 데이터 및 분석 데이터 등 원 데이터raw data까지 고려하면 또 어떤가? 우리의 디지털 라이프는 매일 엄청난 양의 데이터를 생성한다. 이러한 데이터로 어떠한 관찰이 가능할까? 어떻게 하면 '재미있어 보이는' 단계 혹은 추가적으로 탐구할 만한 가치가 있는 단계까지 도달할 수 있을 것인가? (별지 섹션 '실패에서 배우기'를 참고해 보자)

인간 연구자는 창의적인 통찰력에 매우 강한 면모를 보이지만, 특히 데이터 용량이 통제 불가일 정도로 방대한 경우, 기계는 데이터 구조와 표현에 명백한 우위를 보인다. 퀴드Quid라는 기업은 AI를 활용하여 연구 프로세스의 조회 및 검색 단계를 새롭게 설계하고 있다. 퀴드의 플랫폼은 자연어 처리 기능을 통해 특허 정보부터 뉴스 기사에 이르기까지 방대한 텍스트 데이터로부터 시각화된 데이터를 만들고 그 텍스트를 아이디어의 연결망으로 분류한다. 터치스크린에서 가장 잘 작동하는 퀴드의 인터페이스는 아이디어의 컨셉, 유사한 아이디어의 묶음 및 군집, 그리고 아이디어 사이의 강력하고 끈질긴 연결관계를 보여준다.

실패에서 배우기

펜실베니아의 해버퍼드 대학Haverford College에서 화학자들은 성공한 실험과 실패한 실험 양쪽의 데이터를 바탕으로 통찰력 있는 정보를 얻고자 머신러닝을 활용했다. 특히 연구자들은 십여 년간 실험실에 기록된 약 4천여 건의 결정 발생crystal-producing 화학반응을 연구했는데, 여기에는 화학반응이 시작되었으나, 순조롭게 진행되지 못한 '실패한' 경우도 포함되었다. 각 반응에 대해 약 3백 개의 속성이 존재했는데, 이 방대한 데이터가 일단 분류되자 머신러닝 알고리즘은 결정을 발생시킨 조건들 간의 관련성을 찾았다.

알고리즘은 89%의 확률로 결정 발생을 예측하여, 직관과 경험을 통해 78%의 확률로 결정 발생을 예측한 연구자를 앞섰다. 게다가 알고리즘은 의사결정 나무 모델decision-tree model을 사용하여 연속적인 각 단계의 플로우차트를 생성했다. 이를 통해 연구자는 알고리즘이 내린 의사결정의 논리를 들여다볼 수 있었다. 이러한 투명성 덕분에 연구자는 새로운 가설을 만들어낼 수 있었다.[a]

a. Paul Raccuglia et al., "Machine-Learning-Assisted Materials Discovery Using Failed Experiments," *Nature*, May 4, 2016, 73-76.

블룸버그 베타Bloomberg Beta의 투자자인 쉬본 질리스Shivon Zilis는 여러 업무에서 퀴드를 활용하고 있다. 질리스의 하루 일과는 차세대 유망 기술 트렌드에 관한 자신의 논지를 개발하고, 투자 안건을 발굴하거나 자신이 투자한 기업이 성장할 수 있도록 조언을 제공하는 업무로 이루어진다.

퀴드와 같은 툴이 없었다면 질리스는 리서치를 위해 수많은 검색어로 구글 검색을 실시하거나 그 갯수가 제한적일 수밖에 없는 출처의 뉴스 기사를 읽는 등 여러 전략을 뒤죽박죽으로 섞어야 했을 것이다. 그러나 퀴드가 있으면 질리스는 모든 출처의 뉴스 기사를 분석하여 추론된 트렌드를 시각화 할 수 있다. 또 퀴드가 없었다면 알아차리지 못했을 만한 기술 간 연결고리를 알게 된다. 또한 그녀의 세심한 연구적 직관이 보다 확대되어 질리스는 한 걸음 더 나아간 질문을 던지고, 시각화된 아이디어 네트워크를 확대 및 축소해 보면서 특이점 있는 스레드를 따라갈 수 있다. 즉, 퀴드가 특히 투자자에게 제공하는 것은 다른 차원의 관찰을 가능하게 하는 플랫폼이라고 할 수 있다. 투자자는 보다 예리하고 미묘한 질문을 더욱 신속하게 제기할 수 있다. 이러한 질문을 통해 투자자는 생각지도 못했던 영역을 리서치하게 되어 결국 보다 스마트한 가설을 설정할 수 있게 된다.[5]

스마트하고 자동화된 가설

관찰 단계를 지난 과학자들은 가설을 생성한다. 가설은 하나의 현상에 대한 설명을 상정한 것으로 검증의 대상이 된다. 가설을 자동적으로 생성할 수 있다면 과학적 프로세스에 어떠한 변화가 일어날까? 정밀 제약 기업인 GNS 헬스케어GNS Healthcare가 바로 이러한 가능성을 모색하고 있다. GNS 헬스케어의 강력한 머신러닝 및 시뮬레이션 소프트웨어인 리버스 엔지니어링 포워드 시뮬레이션REFS, Reverse Engineering Forward Simulation은 환자의 의료기록 항목간 연관성을 찾기 위하여 데이터로부터 직접 가설을 생성한다. 예를 들어 GNS는 약물간 상호작용에 관한 2년에 걸친 연구 결과를 단 3개월 만에 재생산할 수 있었다.

이 연구는 메디케어Medicare에 가입한 노년층에게 약물 혼합 복용시 발생하는 부작용을 밝혀내고자 했다. 약물의 잘못된 혼합 복용은 표준화된 해결책이 없는 심각한 문제이다. 미국 식약청US Food and Drug Administration은 약이 혼합 복용되는 경우를 테스트하지 않기 때문에 우리는 어떠한 약들을 동시에 복용했을 때 위험한지를 쉽게 알기 어렵다. 역사적으로 연구자들은 특정 약물이 다른 약물과 반작용할 때, 특정 약물과 유사한 효소 경로를 가진 약물은 유사한 방식으로 반작용할 수 있다는 점을 과학적 직관에 따라 알았을 것이다. 그 다음 연구자들은 약 A와 약 B를 함께 복용하면 C라는 역효과가 발생한다는 가설을 세웠을 것이고, 물론 그 다음에는 이 가설을 검증했을 것이다. 이러한 접근방식을 통해 연구자들은 노년층이 자주 사용하는 두 약물이 서로에게 나쁘게 상호작용한다는 사실을 발견했을 것이지만, 이러한 연구를 진행하는 데에만 2년이 소요되었고 그것도 단 두 가지 약물간의 상호작용에 대한 가설의 일부만을 확인했을 뿐이다.

GNS는 REFS 시스템을 검증하기 위하여 환자 약 20만 명과 시판 중인 다양한 약품으로부터 추출한 익명 데이터를 평가했다. GNS의 회장이자 공동창립자 겸 CEO인 콜린 힐Colin Hill에 따르면 데이터 그 자체는 암호화된 상태였다("우리는 그것이 어떤 약들인지 몰랐다. 우리가 살짝 엿볼 수 있는 방법이 전혀 없었다").[6] 이 머신러닝 시스템은 약 45,000조 개에 달하는 가설을 모두 조사한 후, 가장 문제가 되는 상호작용을 일으킬 약물의 조합에 대한 최종 결론을 단 3개월 만에 내놓았다.

힐에 따르면 그의 팀원들은 최종 결론의 옳고 그름을 판단할 수 없었다. 그저 팀원들은 그 결론을 약물 상호작용을 연구하는 연구원들에게 넘겨주기만 했다. 그 결과가 REFS가 결론을 내기까지 2년이 걸렸던 약물간 상호작용을 실제로 밝혀냈음이 입증되었다. 그러나 REFS의 성과는 여기에서 그치지 않는다. REFS는 환자들 사이에서만 논의될 뿐 공식적으로 연구된 바 없는 약물의 상호작용을 밝혀낸 것이다. 연구원들은 1년 전 자신이 그 약물을 관찰하면서 기록했던 데이터를 조사하고, 관찰로부터 1년이 지난 후 약물간 어떠한 상호작용이 있었는지를 알기 위해 기록을 살펴보았다. 그 기록을 보면 인과관계가 증명된다는 것이 한눈에 보였다. 힐은 "내가 아는 한 최초로 기계가 새로운 의학적 지식을 발견해 낸 사건이었다. 데이터로부터 바로 지식을 추출했다. 이 과정에서 인간은 전혀 개입되지 않았다"고 말한다.[7]

GNS 헬스케어의 사례는 과학적 프로세스의 가설 단계에서 AI를 활용하면 이전에 잘 보이지 않았던 상관관계와 인과관계를 발견할 수 있다는 점을 보여주고 있다. 뿐만 아니라 AI 기술은 눈에 띄는 원가 절감을 가져온다. 최근 GNS는 가설이나 기존 가정에 기초하지 않고 혈관내 유해한 콜레스테롤을 낮춰주는 약품군인 PCSK9를 역설계할 수 있었다. PCSK9를 개발하기 까지는 70년 동안 수백 억 달러가 소요되었다. 그러나 GNS의 머신러닝 모델은 처음에 주어진 동일한 데이터만 가지고도 10개월 미만의 기간 동안 백만 달러 미만의 비용으로 LDL의 생물학적 활동을 재현해낼 수 있었다.

디자인의 가능성을 열다

가설 다음 단계는 검증이다. 이번 단계는 기업들의 제품 설계와 긴밀하게 연결되어 있다. 검증 단계에서 기업은 AI와 빅데이터 기술을 이용하여 수많은 대안을 면밀히 살펴본 후 실험 범위를 축소할 수 있고, 이를 통해 가장 적합한 후보 제품을 찾는다. 이제 똑같은 이야기가 다시 시작된다. 즉, AI를 도입한 기업은 리소스, 특히 인적자원을 다른 고부가가치 활동에 새롭게 집중시킬 수 있다.

나이키Nike 사례를 살펴보자. 최근 나이키는 단거리주자용 스파이크 슈즈를 개선하라는 특수한 과제를 해결하기 위하여 AI를 활용했다. 문제는 단거리 선수가 땅을 잘 딛고 밀어낼 수 있도록 단단한 스파이크 플레이트를 만들면 좋겠지만, 강도를 높이려면 일반적으로 소재가 무거워진다는 것이다. 불행히도 무거운 소재는 단거리 선수를 아래쪽으로 잡아당긴다.

나이키 디자이너들은 나이키의 알고리즘 디자인 소프트웨어를 통해 제품의 강도와 경도를 최적화하고 어떠한 기존 디자인 없이도 신발을 만들 수 있었다. 디자이너들이 AI의 도움 없이 작업했다면 기존 신발을 기초로 반복 수정을 거친 후에야 만족할 만한 결과에 도달했을 테지만 그렇다고 그것이 최적의 결과를 아니었을 것이다. 나이키는 다양한 프로토타입이나 모델을 3D 프린트로 제작하여 테스트한 다음, 최고의 디자인을 찾아낼 때까지 그 사이클을 반복했다. 궁극의 신발은 단거리 선수의 기록에서 0.1초를 단축할 수 있는데, 이는 1위와 4위의 기록 차이에 해당한다. 나이키가 보여준 신발 디자인의 래피드 프로토타이핑rapid prototyping 사례는 AI가 과학적 프로세스의 다음 단계를 어떻게 혁신하는지를 보여 준 것이다. 지능형 알고리즘은 검증에 걸리는 시간을 단축한다[8](별지 섹션 '제품 및 서비스 설계에서의 AI 활용'을 보면 제품 디자인에 AI가 활용되는 사례를 보다 자세히 확인할 수 있다).

신속해진 검증 단계

많은 연구원들이 가장 흥미를 느끼지 못하는 연구 단계는 실제로 실험을 하면서 데이터를 수집하는 과정이다. 반대로 가장 만족감을 크게 느끼는 단계는 발견하기와 질문하기이다. 따라서 연구원들은 AI가 실험 검증 과정에서 얼마나 유용하게 사용될 수 있는지를 깨닫는 순간 안도감을 느낄 것이다. 여기에서도 같은 이야기가 반복된다. AI가 지루한 일을 대신 해결해주는 사이, 실무자는 힘들고 단조로운 업무에서 벗어나 새로운 실험 방법을 고안하거나 예상치 못한 질문을 개발하는데 더 많은 시간을 할애할 수 있다. 이를 통해 비즈니스가 얻게 되는 이점은 명확하다. 보다 나은 품질의 제품을 더욱 신속하게 출시할 수 있다는 것이다.

오늘날의 실험 환경이 케이지에 갇힌 쥐, 인큐베이터 안의 페트리 접시, 적정 시스템 등과 같이 일부 기본적인 면에서 수십년 전의 연구실 환경과 비슷해 보일 수도 있지만, 사실 과학의 많은 영역은 디지털 속으로 보다 깊숙이 들어가고 있다. 즉, 이제는 컴퓨터에서 실험을 시뮬레이션한다는 뜻이다. 제1장에서 우리는 공장의 기계장치를 디지털화하여 가상 실험을 실시하는 GE의 프리딕스 소프트웨어를 살펴보았다. 그러나 실제로는 프리딕스가 없이도 프로세스에 대한 모델을 제작하고 검증을 실시할 수 있다. 단지 필요한 것은 프로세스 단계에 대한 명확한 이해와 모델 제작에 필요한 정제된 데이터clean data이다.

금융 서비스와 보험 상품부터 맥주 양조나 면도 크림의 화학구성에 이르기까지 모든 것은 디지털로 표현된다. 일단 디지털화되면 최적화도 가능하다. 전통적으로 최적화 알고리즘은 학계에 국한되어 있거나 전문가만이 사용할 수 있는 영역이었다. 그러나 시그옵트SigOpt라는 한 벤처기업은 머신러닝 기술을 통해 모든 종류의 디지털 모델을 풀기

제품 및 서비스 설계에서의 AI 활용

인터넷은 인터넷에서 수집된 모든 고객 데이터와 인터넷에서 활성화된 커뮤니케이션을 바탕으로 기업이 제품과 서비스를 향상시키는 방식을 한 차원 다르게 바꿔놓았다. 이제 AI를 통해 더욱 신속한 고객 선호도 분석이 가능해지자 고객은 보다 개인화된 맞춤형 경험을 향유할 수 있게 되었다.

- 인텔리전트X 브루잉 컴퍼니IntelligentX Brewing Company는 자사의 제품을 최초로 AI가 제조한 맥주라고 홍보한다. 이 기업은 맥주 제조법을 변경할 때 페이스북 메신저Facebook Messenger로 수집된 고객 피드백을 반영하기 때문에 시간이 흐르면서 맥주의 성분도 조금씩 수정된다.[a]
- 레노버Lenovo는 텍스트마이닝text mining 툴을 이용하여 불만사항을 제기하는 전세계 고객들의 이야기를 듣는다. 또한 이를 논의하는 과정에서 얻은 통찰력을 제품과 서비스를 개선하기 위한 노력에 반영한다.[b]
- 라스베가스 샌즈Las Vegas Sands Corp.는 AI를 사용하여 카지노 업장의 도박기계 배치도가 다양하게 변경된 모델을 제작하고 이를 통해 재무 성과를 최적화한다. 이 기업은 배치도 변경에 따른 이윤 변화를 모니터링하여 향후 리모델링 계획에 관한 통찰력을 지속적으로 얻고 있다.[c]

a. Billy Steele, "AI Is Being Used to Brew Beer in the UK," *Engadget*, July 7, 2016, https://www.engadget.com/2016/07/07/intelligentx-brewing-beer-with-ai/.

b. Rebecca Merrett, "How Lenovo Uses Text Analytics for Product Quality and Design," *CIO*, September 2, 2015, https://www.cio.com.au/article/583657/how-lenovo-uses-text-analytics-product-quality-design/.

c. Ed Burns, "Analytical Technologies Are Game Changer for Casino Company," *SearchBusinessAnalytics*, October 2014, http://searchbusinessanalytics.techtarget.com/feature/Analytical-technologies-are-game-changer-for-casino-company.

쉬운 최적화 문제로 전환시킬 수 있다는 점을 깨달았다. 강력한 성능의 컴퓨터를 이용하여 모델링 파이트라인의 잠재력을 실현할 수 있도록 표준화되고 확장 가능한 엔터프라이즈급 최적화 플랫폼 및 API를 공개했다.

시그옵트의 CEO인 스캇 클락Scott Clark은 "이러한 기술을 사용하기 위해 꼭 베이지안 최적화Bayesian optimization에 정통할 필요는 없다."고 주장한다. 시그옵트의 목표는 특정 주제 전문가가 디지털 시스템을 이리저리 조정하면서 최상의 시나리오를 찾느라 시간을 소모할 필요가 없도록 하는 것이다. 대신 이들 전문가의 역량을 강화하여 더 많은 실험을 할 수 있게 하는 것이 목표이다.

클락에 따르면 "연구실 작업대에서 무언가를 탄생시키려고 준비 중인 화학자는 단지 시그옵트의 인터페이스를 노트북 컴퓨터나 휴대폰에서 켜 놓으면 된다." 그러면 소프트웨어가 "다음 번에 시도해 볼 실험은 바로 이것입니다."라며 화학자를 유도한다. 아니면 특히 잘 진행되었던 실험을 눈 여겨 볼 수도 있다. 클락은 "소프트웨어가 과학자를 최대한 쉽게 가이드한다. 따라서 과학자는 시스템 내부에 대한 지식을 가지고 있을 필요가 없다."라며, "과학자는 단지 최선의 결과를 얻기만 하면 된다."고 언급했다.[9] 즉, 시그옵트의 툴은 과학자의 주요 업무인 아이디어 검증 능력을 증강시킨다.

개인맞춤형으로 제공되는 제품 및 서비스: 이론과 실제

과학자는 검증 단계가 지나면 일반 이론을 세운 다음, 관찰부터 시작되는 전체 프로세스를 처음부터 다시 시작한다. 비즈니스에서는 검증과 최적화 단계 이후 마케팅 및 제품 전달이 이어진다.

사용할 수 있는 고객 데이터가 증가하는 등 다양한 트렌드 덕분에 새로운 차원의 맞춤 제품 제작 및 전달이 가능해지고 있다. 제1장에서 살펴보았듯이, AI 덕분에 자동차 등 개인화된 맞춤형 소비재의 생산능력은 비약적으로 발전했다. 제2장에서는 AI가 백오피스에서의 단순 반복적인 트랜잭션을 보다 개인화된 서비스로 변모시켜 고객 경험을 향상시키는 과정을 살펴보았다. 이제는 대량 맞춤생산 영역에서 이러한 변화를 주도하는 R&D 부서에서도 AI의 활약상을 엿볼 수 있다(개인화와 프라이버시 사이의 균형에 관한 간략한 논의는 별지 섹션 '책임 있는 AI: 발견에 이르기 위한 전단계로서의 윤리 확립'을 보면 이해할 수 있다).

헬스케어 산업을 예로 들어보자. 이제 AI는 유전자 테스트에 기초하여 '개인화된 약personalized medicine' 시대를 열고 있다. 과거에는 의사가 환자 개개인이 받을 수 있는 모든 치료의 조합을 손수 분석하고 관리하는 것이 사실상 불가능했다. 그러나 오늘날에는 지능형 시스템이 그 업무를 수행한다. 지금부터 수십 년 후(혹은 그보다 더 빠른 시일 내에), 사람들은 의사가 다양한 환자를 대상으로 동일한 약을 처방하는 행위를 불합리하다고 생각하게 될 것이다. 즉, 모든 사람이 개인맞춤형 약으로 치료 받게 될 것이다.

이러한 맥락에서 애널리틱스 전문 기업인 GNS는 방대한 데이터를 분석하여 개별 환자에게 맞는 적절한 약물 투입과 비약물적 치료를 선택할 수 있다. GNS의 공동창립자 힐은 개별 환자와 그 환자에 맞는 특정 약물을 보다 잘 매치함으로써 회사는 수익을 개선하고 원가를 낮추며 수천 억 달러를 절감할 수 있다고 언급했다. 환자의 개별 게놈 지도와 다양한 화학적 화합물에 대한 반응도를 담은 데이터가 매우 방대한 상황에서 단일 처방으로 모든 환자의 문제를 해결한다는 것은 어불성설이다. 환자와 약물의 잘못된 매치로 인하여 80% 이상의 임상시험이 실패로 돌아가는데, 이런 개인화된 처방은 임상시험에서 발생할 수 있는 중대한 문제를 해결할 수 있을 것이다.[10]

책임 있는 AI:
발견에 이르기 위한 전단계로서의 윤리 확립

연구의 상당부분은 인간을 대상으로 하여 수행된다. 피실험자인 인간을 보호하기 위하여 많은 기관들이 기관 감사 위원회IRB, institutional review boards를 설립하여 인간을 대상으로 한 연구를 승인, 감독 및 검토한다. 미국 대학과 공동으로 실시하는 모든 연구에 대해서는 IRB를 설치해야 하지만 상업적 분야에서는 IRB가 실질적으로 전무하다. 그러나 페이스북 등의 일부 기업들은 스스로 나서서 연구 윤리 위원회와 관련한 규칙을 제정했다.[a] 이러한 규칙은 IRB의 일반적인 프로토콜을 차용한 것이지만 투명성 그리고 위원회 활동이 허용되는 구성원 측면에서는 IRB와 다르다.

그러나 이러한 규칙 제정이 더욱 까다로운 이유는 어떠한 신기술이나 제품이 인간을 대상으로 한 연구 결과인지 혹은 기업이 제품을 검증하고 개발할 때 정확히 어느 수준까지 윤리 규칙을 준수해야 하는지 판단할 수 있는 표준 프로토콜이 제약산업을 제외한 다른 산업에는 없기 때문이다. 기술의 적용, 특히 AI의 적용에 있어서는 윤리적인 회색 지대가 더더욱 많

R&D의 위험 요인

관찰, 가설 설정, 실험 설계 등으로 이루어진 R&D의 여러 단계에 AI를 사용하면 다양한 분야의 모든 단계에서 눈에 띄는 이익을 거둘 수 있다. 오늘날에는 10여 년에 걸쳐 겨우 이루어진 발견이 어떠한 가이던스 없이도 단 몇 개월 내에 복제되고 있으며, 그 결과 시간과 비용이 상당히 절감되고 있다. 이러한 변화로 인해 기업들은 R&D 활동 관리 방법을 근본적으로 재고하게 되었다.

다. 페이스북은 긍정적 게시글 혹은 부정적 게시글의 수를 일부러 증가시키는 등 사람들이 피드에서 볼 수 있는 정보를 조작하는 실험을 통해 그것이 사람들의 기분에 어떠한 영향을 미치는지를 조사했다. 이에 대해 많은 이들이 윤리적 우려를 표시했으며, 포브스Forbes의 칼럼니스트는 "그래서 과학적 연구 목적으로 페이스북이 우리와 심리게임을 해도 괜찮은 걸까?"라는 질문을 던지기도 했다.[b]

다음 파트에서는 R&D 및 여러 분야에서 AI 사용 윤리와 관련한 다양한 이슈를 살펴볼 것이다. 제5장에서는 기업이 신설한 업무 역할인 윤리 준수 관리자ethics compliance manager가 기업의 공식적인 파수꾼이자 옴브즈맨으로서 해당 기업이 인간의 가치 및 도덕과 관련하여 일반적으로 승인된 규범을 준수하는지를 확인하는 모습을 살펴본다.

a. Mike Orcutt, "Facebook's Rules for Experimenting on You," *MIT Technology Review*, June 15, 2016, https://www.technologyreview.com/s/601696/facebooks-rules-for-experimenting-on-you/.

b. b. Kashmir Hill, "Facebook Manipulated 689,003 Users' Emotions for Science," *Forbes*, June 28, 2014, https://www.forbes.com/sites/kashmirhill/2014/06/28/facebook-manipulated-689003-users-emotions-for-science/.

과거에는 많은 기업들의 R&D 프로젝트 대부분이 제대로 진행되지 않았다. 매년 수천만 달러 이상이 손실로 발생했다. 그 결과 기업들은 위험을 기피하게 되어 현실성이 떨어지는 연구 프로젝트에 대한 자금 지출을 꺼려했다. 그러나 R&D 파이프라인 과정에 AI를 적용하면 프로젝트를 통한 발견을 앞당기고 프로젝트 성공률을 높일 수 있다. 그렇게 되면 보다 많은 자금을 위험성이 높은(그러나 잠재적으로 가장 많은 이윤을 발생시킬 수 있는) 획기적인 연구 과제에 사용할 수 있다.

제약산업이 적절한 예이다. 전통적으로 신약 발견은 약학적 문제를 들여다보고 이를 해결할 수있는 분자를 잘 찾아내는 의화학자medicinal chemist의 손에서 시작되었다. 뉴머레이트Numerate의 최고 기술 관리자 겸 공동창업자인 브랜든 올굿Brandon Allgood에 따르면 "불행히도 의화학자는 새로운 아이디어의 1%만을 검증할 수 있다. 이들은 전체 아이디어를 추려내어 검증을 시도할 만하다고 생각되는 아이디어만을 골라야 한다. 그러나 이 과정은 대부분 주관적이고 몇 번의 경험법칙에 기초할 뿐이다"라고 말했다.[11]

뉴머레이트는 머신러닝을 적용하여 특정 질병을 선정하고 이를 물리칠 확률이 가장 높은 화합물을 찾아낸다. 이 기술을 통해 연구자들은 새로운 HIV 치료약을 단 6개월만에 개발해냈다. 기존에는 HIV 치료약을 개발하기 위해 10년 간 2천만 달러나 쏟아 부어야 했다. 올굿은 "우리 회사의 머신러닝 기술이 목표로 하는 것은, 정말 좋은 아이디어들을 전부 인코딩하여 의화학자가 십억 여개의 분자들을 모두 탐색한 후 일이백 여개의 솔루션만 제시할 수 있도록 도와주는 것이다. 그렇게 되면 의화학자들은 심지어 생각해내지도 못했던, 소위 '괴짜' 아이디어를 탐색하고 검증할 수 있게 된다. 이제 그것이 기술적으로 가능하다. 의화학자는 보다 창의적이고 폭 넓게 사고하면서 다른 아이디어를 시도해볼 수 있다."라고 말한다[12](별지 섹션 '헬스케어와 생명 과학에서의 AI' 를 보면 헬스케어 R&D 분야에 활용되고 있는 AI의 사례를 확인할 수 있다).

헬스케어와 생명 과학에서의 AI

헬스케어산업에서 AI를 통해 과학자와 의사는 보다 고부가가치 업무에 집중하여 환자의 삶을 개선시킬 수 있다.

- 버그 헬스Berg Health는 AI를 활용하여 환자 데이터를 분석하고 '분자 지도'를 작성한다. 이 분자 지도는 췌장암 환자가 버그의 2상 치료제에 긍정적으로 반응할 가능성을 결정한다.[a]
- 신시내티 아동 병원Cincinnati Children's Hospital 연구진은 환자의 임상 시험 참여도를 보다 잘 예측하기 위하여 머신러닝을 사용한다. 연구진은 AI를 통해 60% 정도인 현재의 참여율을 72%까지 끌어올리고자 한다.[b]
- 존슨앤존슨Johnson & Johnson은 과학 문헌을 보다 신속히 읽고 분석할 수 있도록 IBM의 왓슨Watson을 훈련시킨다. 그 결과 신약 개발 과정에서 있는 과학자의 시간을 절약할 수 있게 된다.[c]

a. Meghana Keshavan, "Berg: Using Artificial Intelligence for Drug Discovery," *MedCity News*, July 21, 2015, https://medcitynews.com/2015/07/berg-artificial-intelligence/.
b. "Scientists Teaching Machines to Make Clinical Trials More Successful," Cincinnati Children's press release, April 27, 2016, https://www.cincinnatichildrens.org/news/release/2016/clinical-trials-recruitment-4-27-2016.
c. "IBM Watson Ushers in a New Era of Data-Driven Discoveries," IBM press release, August 28, 2014, https://www-03.ibm.com/press/us/en/pressre lease/44697.wss.

지능형 시스템으로 스마트해진 R&D

R&D 프로세스의 모든 단계에서 AI는 연구자와 제품 개발자에게 중요한 역할을 하고 있다. AI는 실험 설계의 개념 자체를 바꾸어 연구자로 하여금 과거에는 너무 많은 시간과 자금이 들어 접근조차 할 수 없

었던 길을 탐색할 수 있게 하고 있다. 이번 장에서 우리는 테슬라와 같은 기업이 어떻게 AI를 활용하여 차세대 자율주행 자동차의 개발 및 검증 방법을 재창조했는지, 즉 MELDS의 *실험* 부분을 살펴보았다. 또한 연구자들은 AI를 통해 과거의 테스트로부터 *데이터*를 발굴하여 새로운 통찰력을 얻고, 가상 실험을 통해 가설을 신속히 검증하고 있다. 그러나 이 모든 일은 직원의 *스킬*, 즉 MELDS의 S에 변화가 있어야 한다는 점을 의미한다. 예를 들어 제품 개발자가 디지털 시뮬레이션을 통해 새로운 디자인을 검증할 수 있게 되어 실제 프로토타입을 제작하기 위해 소모되었을 비용과 시간을 아끼고 권태로움에서 해방되고 있다면, 이제 개발자는 혁신적인 제품을 더욱 잘 설계해야 한다. *사고방식*의 근본적인 변화, 즉 초반에는 장담할 수 없을지라도 결국에는 획기적인 발전으로 이어지는 아이디어를 계속 추구하는 태도는 AI를 적용하는 제약산업에서 이미 포착되고 있다. 이미 보았듯이 R&D 프로세스를 재창조하기 위하여 AI 툴을 활용하는 기업이 많아지고 있다. 그러나 *리더*(MELDS의 L)는 특히 검증대상이 인간인 경우를 포함하여 윤리적인 측면에서 문제를 항상 유념하고 있어야 한다.

다음 장에서 우리는 R&D에서 마케팅과 영업으로 눈길을 돌린다. AI가 마케팅과 영업 부문에 미친 영향력은 R&D에 미친 영향력보다 더 크지는 않더라도, 매우 강하고 훌륭한 수준임을 발견하게 될 것이다. 예를 들면, 애플의 시리나 아마존의 알렉사 같은 머신러닝 기술은 애플과 아마존이라는 유명 브랜드가 디지털 상에 그대로 구현된 버전인 것이다.

제4장

프론트오피스 봇의 탄생

고객 서비스, 영업, 그리고 마케팅에서의 AI

거대 소비재 음료 기업인 코카콜라Coca-Cola는 탄산음료의 냉장 보관을 위해 무려 1,600만 개의 냉장 진열대를 전세계 소매점포에서 운영하고 있다.[1] 냉장 진열대를 관리하기 위해 수천 명의 직원은 해당 진열대를 방문하여 코카콜라 제품의 재고조사를 직접 실시한다. 최근 코카콜라는 AI를 통해 냉장 진열대를 관리하는 개념 증명proof-of-concept 프로젝트를 시험 진행했다. 이 프로젝트를 진행하려면 CRM(고객 관계 관리) 벤더인 세일즈포스Salesforce의 아인슈타인Einstein이 제공하는 새로운 AI 역량이 필요하다. 아인슈타인은 컴퓨터 비전, 딥러닝 및 자연어 처리 기술을 적용한다.

미리 선정된 코카콜라 소매점포와 함께 파일럿 형태로 진행하는 이 프로젝트에서 현장 직원은 아인슈타인 앱을 통해 휴대폰으로 냉장 진열대 사진을 찍을 수 있다. 아인슈타인의 영상 인식 서비스는 사진을 분석하여 진열대 안의 다양한 코카콜라 병을 식별하고 그 수를 센다.

그런 다음 아인슈타인은 CRM 데이터와 기상 예보, 판촉 행사, 재고 수준, 계절성 변동 및 기타 요인을 설명할 수 있는 과거 데이터 등 여러 정보를 바탕으로 재입고 주문을 예측하고 권고할 수 있다. 진열대안 재고 파악 업무와 재입고 주문 업무가 자동화되면 직원은 서류 작업 및 업무 시간을 아낄 수 있을 것이다. 이처럼 시스템에 지능이 부여되면 매출이 개선되고 소비자 만족도가 증대될 잠재력이 생긴다.

프론트 오피스에서 AI는 코카콜라와 같은 기업이 고객과의 중요한 인터랙션에 대해 고객의 경험과 결과를 모두 개선할 수 있도록 지원할 예정이며, 이러한 인터랙션은 특히 영업, 마케팅, 고객 서비스라는 핵심적인 세 부문에서의 인터랙션을 포함한다. 이들 영역에서 AI는 직원의 업무를 자동화시키는 동시에 직원의 역량을 증강시키고 있다. 예를 들어 아마존의 알렉사처럼 고객과의 인터랙션을 자동화하는 시스템 덕분에 직원은 보다 복잡한 업무에 집중하는 한편 기업은 직원을 인간의 스킬을 보다 중요한 분야로 이동시키는 모습을 확인할 수 있었다.

이러한 변화는 소비자가 기업 및 브랜드와 맺는 관계에 큰 영향을 미치기도 한다. 많은 경우 AI는 고객의 시간과 노력을 절감하고, 소매업에서 비중이 점점 커지는 트렌드인 개인맞춤형 경험 및 제품을 제공하여 낭비되는 광고를 대량 감축한다. 또한 디지털 여신업 같은 사례를 보면 수집된 방대한 데이터를 분석하기 위하여 AI를 사용함으로써 전통적인 신용도 조사를 거쳤더라면 제외되었을 만한 고객이 훨씬 쉽게 신용 및 대출을 받을 수 있게 되기도 한다.

마지막으로 이러한 변화는 고객과 브랜드가 제품 자체와 갖는 관계에 영향을 미치게 되어 있다. 소비재가 성능에 대한 데이터를 더 많이 생성하고 이 데이터를 제조사에 보내면 제조사는 제품 지원 뿐만 아니라 제품 자체에 대해서도 다른 방식을 재고하게 된다. 예를 들어 필립스Philips의 스마트 조명은 AI를 활용하여 전구 효율성이 떨어질 시기를 예측하고 이러한 정보는 필립스의 재활용 및 교체 서비스에 반영된다. 즉, 센서 데이터와 AI 기술에 힘입어 필립스는 단지 전구가 아닌 '서비스로서의 조명'을 판매하는 셈이다.[2]

여기까지는 장밋빛 그림이다. 그러나 AI가 프론트 오피스에 들어오자 베스트 프랙티스에 관한 새로운 질문이 등장한다. 휴먼-머신의 새로운 상호작용 방식과 AI는 기업의 제품 및 서비스의 전달 방식을 어떻게 변화시킬 것인가? 이러한 상호작용이 미래 업무 방식을 어떻게 바꿔 나갈까? 알렉사 같은 새로운 사용자 인터페이스가 기업의 브랜드와 고객 간 관계를 어떻게 바꿀까? 어떠한 설계를 선택할 때 자연어 봇의 성패가 갈릴까? 브랜드의 전통적인 홍보 매체인 로고와 마스코트에 지능이 더해진다면 어떤 변화가 생길까? 이번 장에서는 이러한 질문을 중점적으로 다룬다.

고객을 인식하는 가게

위의 질문에 대한 답을 찾으려면 우선 소매점포 현장으로 되돌아가야 한다. 코카콜라는 제품 주문 프로세스를 자동화하기 위하여 AI를 시험 사용하고 있지만, 다른 기업들은 판매 사원의 업무를 *증강*augmenting하여 고객 경험을 개선하는 데에 중점을 두고 있다. 글로벌 패션 기업인 랄프로렌Ralph Lauren을 예로 들어보자. 랄프로렌은 샌프란시스코에 본사를 둔 스타트업인 오크 랩Oak Labs과 파트너십을 맺고 쇼핑 고객에게 하나의 통합 쇼핑 경험을 제공하고자 한다.[3] 이 기술의 핵심은 커넥티드 피팅룸으로, 피팅룸에 부착된 스마트 거울은 RFID 기술을 바탕으로 고객이 피팅룸에 가져온 제품을 자동 인식한다.

6개 언어로 번역이 가능한 스마트 거울은 해당 제품에 관한 자세한 정보를 화면으로 보여준다. 또한 조명 색을 밝은 자연광, 노을 색 조명, 클럽 조명 등으로 바꿔 고객의 제품 착용 모습이 환경에 따라 어떻게 달라질지를 보여준다. 마지막으로 스마트 거울은 같은 디자인으로 다른 색상 또는 사이즈의 재고가 있는지를 표시하고, 판매 사원은 이를 피팅룸으로 가져다준다. 이 마지막 기능은 일종의 개인맞춤형 고객 서비스로, 한꺼번에 여러 고객을 응대하느라 정신없는 판매 사원은 일반적으로 제공하기 힘든 서비스이다.

스마트 거울은 고객의 피팅룸 사용 시간, 착용 대비 구매 비율을 알려주는 전환율 및 기타 정보도 수집하기 때문에 해당 점포는 이러한 통합 정보를 분석하여 가치 있는 통찰력을 얻을 수 있다. 예를 들어 고객들이 특정 의류제품을 피팅룸에 가지고 들어간 빈도는 높았으나 정작 구매 건수는 낮았다면 해당 점포는 향후 매입 계획을 수정할 수 있다. 더 나아가 이러한 고객 데이터와 고객 이동 동선 등 기타 정보는 새로운 방식으로 점포를 설계할 때 사용될 수 있다. 디자인 소프트웨어에서 다양한 고객 데이터 모델을 실행시켜볼 수 있다고 상상해보자. 이를 통해 점포 레이아웃, 고객 만족, 재방문 및 특정 제품의 구매율을 최적화 할 수 있을 것이다.

뿐만 아니라 소매업체는 AI를 통해 인력 배치와 같은 운영상의 이슈도 다룰 수 있다. 일본의 한 글로벌 의류 소매업체는 현장 판매사원 팀 조직을 최적화하기 위해 노력을 기울여왔다. 의류나 신발 판매 점포에서는 판매사원이 핵심적 역할을 담당한다. 설문조사 대상 고객 중 약 70% 정도가 점포 내에서 제품 추천을 받고 싶다고 응답했다.[4] 이에 따라 이 소매업체는 인력 배치와 관련하여 보다 나은 의사결정을 내리기 위하여 퍼콜라타Percolata라는 AI 기업이 개발한 시스템을 선택했다.

퍼콜라타의 소프트웨어는 15분 단위로 점포에 최적인 스케줄을 작성한 후, 점포 운영시간 중 어느 한 시점마다 가장 효과적인 판매사원의 조합을 제안했다. 이 자동화 시스템은 설사 점포 관리자의 '선호 직원'이 판매팀의 전반적 매출에 기여하는 바가 없더라도 점포 관리자가 그 직원을 더 자주 스케줄에 넣으려는 무의식적 편향을 없앴다. 이 의류 소매기업이 미국의 점포 20곳에서 퍼콜라타 시스템을 운영한 결과 전체 운영 시간 중 53% 동안 인력 과다, 33% 동안 인력 부족 현상이 발생하고 있다는 점을 발견했다. 이 일본 기업은 퍼콜라타의 스케줄 추천을 이용한 결과 10~30%의 매출 개선효과를 경험했다.[5] 또한 이 시스템 덕분에 점포 관리자가 매일 스케줄을 짜느라 고심하면서 허비한 약 세 시간이 절감되어 판매 직원들은 근무 시간에 보다 유연하게 대처할 수 있게 되었다.

유럽발 혁신은 소매업의 한계를 여러 방면에서 무너뜨리고 있다. 이탈리아에 본사를 둔 알맥스Almax는 컴퓨터 비전과 안면 인식 기술이 탑재된 마네킹을 개발했다.[6] 이 AI 시스템은 여러분의 성별, 대략의 나이와 인종을 구분하여 식별한다. 베네통Benetton과 같은 패션 브랜드와 부티끄 점포들은 이러한 최첨단 마네킹을 활용하여 고객에 대해 많은 정보를 얻고 있다. 예를 들어 한 소매 아울렛 점포는 세일 시작 후 처음 몇일 동안 물건을 구매한 남성은 여성보다 지출 금액이 크다는 사실을 발견한 후 그에 따라 쇼윈도 진열을 변경했다. 또 다른 점포는 오후 4시 이후 특정 출입구로 입장하는 고객의 1/3이 중국인 고객이라는 사실을 포착한 후 해당 시간 동안 중국어 구사 직원을 그 출입구에 배치시켰다고 한다.

미래에 소매업체는 AI 기술을 활용하여 고객맞춤형 서비스를 제공할 수 있을 것이다. 고객을 인식하는 마네킹이나 거울이 고객의 구매이력을 불러내어 판매직원으로 하여금 고객이 좋아할 만한 의류 제품을 제안하도록 할 수 있다. 이러한 발전은 서문에서 언급한 휴먼-머신 협업과 증강의 전형적인 예가 될 것이다. AI는 AI가 잘 하는 것, 즉 방대한 데이터를 추려내고 처리하여 특정 조치를 추천하는 일에 집중하고 인간은 인간이 잘 하는 것, 즉 판단력과 사회적 스킬을 발휘하여 고객이 자신의 니즈에 맞는 제품을 구매하도록 유도하는 일에 집중한다. 더 나아가 보다 발전된 AI 시스템은 고객의 표정이나 어조를 분석하여 현재의 감정 상태를 판단하고, 그에 따라 반응할 수 있을 것이다. 제5장에서 우리는 첨단 AI 애플리케이션이 훈련을 거쳐 더욱 공감능력을 갖게 된 과정을 살펴본다(별지 섹션 '소매 판매에서 AI의 역할'을 보면 오늘날 소매업체가 온라인 및 오프라인에서 AI를 활용하여 개인맞춤형 쇼핑 경험을 제공하는 사례를 확인할 수 있다).

그러나 이러한 기술의 진보는 이처럼 소매업의 한계를 극복하는 동시에 프라이버시 침해나 윤리적 문제를 야기할 가능성도 있다. 예를 들어 마네킹의 청각 능력을 확대하려는 알맥스의 노력은 마네킹이 전시된 의류 제품에 대한 고객의 반응을 포착하기 위해 도청을 시도할지도 모른다는 공포를 불러일으켰다. 제5장에서는 이러한 첨단 기술을 활용하는 기업들이 이렇게 직원을 통해 다양한 윤리문제를 평가하고 해결할 것인지 논의하도록 하겠다.

최고의 영업인력을 위한 AI

AI가 판매직원을 돕는 장소는 소매점포에 국한되지 않는다. AI는 고객과 인터랙션하는 시간과 장소에 구애받지 않고 판매직원의 역량을 확대한다. AI는 완벽하게 작성된 이메일을 디지털 비서를 통해 자동 전송하는 일부터 판매 데이터를 신속히 정리하는 일까지 영업팀의 시간 낭비 요인이 되는 주요 업무를 대신 처리한다. 사실 영업과 마케팅의 디지털화가 진전되면서, 애초에 많은 이들을 이 분야로 이끌었던 인간적인 매력이 점차 사라지게 되었다. AI는 판매 및 마케팅 담당자가 방대하고 이해하기 힘든 디지털 상호작용을 극복할 수 있도록 시간과 통찰력을 제공하고 있다.

예를 들어 식스센스6sense라는 스타트업은 방대한 데이터를 고속 처리하는 소프트웨어를 제공함으로써 영업인력이 잠재 고객에게 적시에 이메일을 보낼 수 있게 한다. 식스센스는 소셜 미디어 등 다양한 종류의 공개된 출처에서 얻은 제3자 데이터 분석 뿐만 아니라 고객들이 점포에 방문하는 데이터를 분석하여 고객의 관심사를 보다 완벽히 파악하고, 고객이 구매할 준비가 되었는지, 그렇다면 구매 시점이 언제인지를 판단하며, 심지어 영업 프로세스에서 방해가 될 만한 이슈를 파악 후 예방한다. 과거에 영업인력은 전화 통화나 고객을 직접 만나 포착한 신체적 혹은 사회적 단서에 기초하여 영업 기회를 엿보았다. 이전에는 고객들이 경험하는 모든 접점에서의 데이터를 확보하는 것이 어려워서 적시에 고객에게 이메일 발송하는 것이 쉽지 않았다. 그러나 식스센스는 영업인력들이 적시에 잠재 고객들과 이메일 소통을 할 수 있도록 해 준다.[7]

소매 판매에서 AI의 역할

최근 연구를 보면 한 때 사람들을 두렵게 만들었던 가설, 즉 온라인 소매업체 때문에 오프라인 소매점포가 사라진다는 주장이 거짓임을 알 수 있다. 이제 두 소매 채널 모두 AI를 통해 쇼핑 경험을 더욱 개인화하고 있다.

- 로우스Lowe's의 '로우봇Lowebot은 샌프란시스코에 분포한 11개 소매 점포를 이리저리 돌아다니는 물리적 로봇으로, 고객의 질문에 대답을 하고 선반의 제고 수준을 체크한다.[a]
- H&M이 유명 채팅 플랫폼인 킥Kik과 제휴하여 제작한 플러그인 봇은 짧은 설문지 응답에 기초하여 의류 제품을 추천하고 시간이 지남에 따라 스타일 선호도를 학습한다.[b]
- 크래프트Kraft의 휴대폰 비서Phone Assistant는 '오늘의 레시피'를 추천하고 재료 및 구입처를 알려준다. 시간이 지남에 따라 가장 선호하는 점포 및 가족 수 등을 학습하여 보다 정제된 추천 결과를 제공한다.[c]

a. Harriet Taylor, "Lowe's Introduces LoweBot, a New Autonomous In-Store Robot," *CNBC*, August 30, 2016, https://www.cnbc.com/2016/08/30/lowes-introduces-lowe-bot-a-new-autonomous-in-store-robot.html.

b. "H&M, Kik App Review," *TopBot*, https://www.topbots.com/project/hm-kik-bot-review/.

c. Domenick Celetano, "Kraft Foods iPhone Assistant Appeals to Time Starved Consumers," *The Balance*, September 18, 2016, https://www.thebalance.com/kraft-iphone-assistant-1326248.

친구가 된 브랜드

프론트오피스의 굵직한 변화들은 온라인 툴과 AI 기반 인터페이스를 통해 이루어지고 있다. 아마존 고객들은 AI에 기초한 제품 추천 엔진과 '에코Echo(음성으로 작동하는 무선 스마트 스피커)'를 통해 작동하는 '알렉사Alexa(개인 비서 로봇)'를 이용하여 다양한 소비자 제품을 손쉽게 구매하고 있다.

고객 서비스 목적으로 제작된 AI 시스템 및 유사한 형태의 AI 제품들은 이제 프론트오피스의 전통적 목표인 수익 창출 면에 있어서 훨씬 큰 역할을 담당하기 시작했다. 또한 과거에 제품을 쉽게 구매했던 경험이 고객이 큰 가치를 두는 중요한 요인인 것으로 확인되었다. 한 설문조사에 따르면 온라인 소비자의 98%가 구매 경험이 좋았던 곳에서 추가 구매를 할 의향이 있거나 매우 있다고 응답했다.[8]

AI가 고객과의 인터랙션을 직접 담당하면 그 AI 소프트웨어는 기업이 경쟁사와 차별화할 수 있는 주요 수단이 된다. 그렇게 되면 AI는 단순히 기술적 도구를 넘어서 그 브랜드의 얼굴이 되는 것이다. 오늘날 알렉사가 아마존이라는 브랜드의 얼굴 역할을 하는 것과 같은 이치이다.

브랜드의 어떤 점이 그렇게 중요한가? 기업의 브랜드 비중이 커지고 광고가 독자적인 산업으로 자리매김한 20세기에 기업의 브랜딩 전략은 중요성을 띄기 시작했다. 이 과정에서 아침식사용 시리얼이 최고라고 이야기하는 호랑이나 자동차 타이어로 만들어진 몸으로 손 흔들어 인사하는 친절한 사나이 등 각인되기 쉬운 마스코트가 등장했다. 호랑이 토니나 미쉐린 맨(다른 이름으로는 비벤덤Bibendum)은 '브랜드 의인화'라는 마케팅 수법의 예이다. 브랜드에 인간성이나 캐치프레이즈, 혹은 인간적 특징을 부여하면 기업은 고객을 유인하고 유지할 수 있는 가능성이 높아진다. 요즘에는 브랜드 의인화가 대화형 AI 봇에까지 확대되었다. 우리는 AI 봇이 인간이 아니라는 사실을 알고 있다. 그러나 AI 봇은 우리의 관심과 심지어는 호감을 끌어내 유지할 만큼 충분히 인간성을 띄고 있다.

AI에 기초한 브랜드 의인화가 시사하는 바는 매우 흥미롭다. 시간이 지나면서 사람들은 알렉사를 태어나게 한 아마존보다도 알렉사를 더 잘 인식하게 될 것이다. 알렉사의 간편한 대화 인터페이스 덕분에 고객들은 곧 아마존의 직원보다 AI와 시간을 더 많이 보내게 될 것이다. 고객과의 인터랙션에 발생하는 이러한 변화는 분명히 편리한 장점이 있기는 하지만, AI를 사용하는 기업들은 풀어야 할 과제도 존재한다. 고객이 AI 봇과 인터랙션 할 때마다 고객은 이 AI 로봇을 판단할 기회를 갖게 되는데, 그것이 브랜드와 기업의 성과로 연결되기 때문이다. 우리가 고객서비스 담당자와 인터랙션하면서 긍정적 혹은 부정적 기분을 느끼는 것처럼 우리는 봇에 대해서도 항구적인 기억을 갖게 된다. 게다가 봇과의 인터랙션은 영업 혹은 고객서비스 담당자와의 일회성 대화보다 훨씬 광범위한 영향을 미친다. 이론적으로 봇 한 대는 한 번에 수십억 명의 사람들과 인터랙션할 수 있다. 좋은 기억이든 나쁜 기억이든 그 영향이 전세계에 장기적으로 미치게 되는 것이다.

따라서 소위 브랜드 홍보대사의 이름, 성격, 그리고 목소리는 그 기업이 내리는 의사결정 중 가장 근본적인 사안이 된다. 목소리는 여성의 목소리이어야 할까, 남성의 목소리이어야 할까, 아니면 어느 쪽도 아닌 애매모호한 목소리이어야 할까? 성격은 발랄하거나 천사 같거나, 혹은 모범생 같거나 트렌디하거나 둘 중 어느 쪽이여야 할까?

브랜드의 성격과 표현 방식에 관한 질문은 언제나 그 기업의 핵심 가치를 나타내기 마련이다. 아니면 적어도 기업이 생각하는 고객의 핵심 가치를 반드시 반영한다. 정적인 마스코트로는 이러한 가치를 담아내기가 어렵다. 그러나 AI 기술이 브랜드에 포함될 때는 이러한 가치를 결정하는 과정이 더욱 복잡하고 미묘해 진다. 예를 들어 아마존은 알렉사가 욕설을 따라하지 않고 비속어를 자주 사용하지도 않게 하겠다는 결정을 내렸다. 게다가 대화형 봇은 학습을 통해 변화하는 등 동적으로 설계되었기 때문에 기업들은 시간이 지남에 따라 봇의 진화 정도에 대한 한계를 설정할 것인지도 결정해야 한다.

탈중개화 브랜드에게 일어난 의문의 사건

점차 많은 기업들이 시리, 왓슨, 코타나, 알렉사 등 AI 플랫폼에 기초한 솔루션을 사용하면서 흥미로운 결과가 펼쳐졌다. 그것은 바로 브랜드의 탈중개화라는 현상이다.

1994년 이래 아마존과 고객의 접점은 거의 오직 고객의 눈을 통해서만 이루어졌다. 아마존이 제공하는 검색에 용이한 웹사이트와 이후 모바일 애플리케이션을 통해 고객은 자신이 필요로 하는(혹은 자신이 필요하다고 깨닫지 못했던) 제품을 간편하게 찾고 구매할 수 있었다. 그러다가 2014년에 아마존은 새로운 방식의 고객서비스를 추가했다. 바로 AI를 기반으로, 목소리를 통해 작동하며, 와이파이와 연결된 가정용 스피커 에코였다.

갑자기 아마존에게 귀가 생겼다. 그리고 아마존 고객들은 갑자기 아마존에게 직접 말을 걸어 휴지 주문 목록을 새로고침하고 AI 봇 알렉사에게 음악 재생이나 킨들Kindle 전자책 읽어주기를 부탁했다. 기술이 진화하면서 알렉사는 고객이 도미노피자Domino's에서 피자를 주문하고, 캐피탈 원Capital One의 은행 잔고를 확인하며, 델타Delta 항공편의 운항 현황을 파악할 수 있게 하는 등 점차 외부 기업을 대신하여 고객과 인터랙션하게 되었다. 과거에 도미노, 캐피탈 원, 델타 등의 기업은 자사의 고객 경험 데이터를 전부 소유했지만 이제는 알렉사를 통해 아마존도 다른 기업과 고객 사이에 교환되는 정보의 일부와 기본 인터페이스를 소유하게 되었고, 이 데이터를 통해 아마존 자신의 서비스를 개선할 수 있게 되었다. 브랜드 탈중개화가 자리를 잡은 것이다.

탈중개화 브랜드는 다른 맥락에서도 등장한다. 예를 들어 페이스북Facebook은 어떠한 컨텐츠도 생산하지 않지만 수십억 명의 개인과 수천 곳의 미디어 시장을 위해 컨텐츠를 중개한다. 우버Uber는 자동차를 거의 소유하고 있지 않지만 세계 최대 택시 서비스 업체이다. 휴대폰, 스피커, 온도 조절 장치, 심지어는 운동복 같은 사물 마저도 인터넷과 연결되어 있고 잠재적으로는 사물끼리도 연결될 수 있는 초연결 세상에서 브랜드들은 공존하는 법을 배우거나 가장 인기있는 인터페이스를 소유한 브랜드에게 일정 부분의 통제권을 넘겨야 한다. 좋은 싫든 권력은 이러한 포털에 있다.

그 사이 아마존에서는 AI가 대전환을 이루어냈다. 2016년까지 거대 온라인 기업 아마존은 에코기기를 5백만 대 이상 판매했으며, 그 결과 전자상거래는 클릭 기반에서 대화 기반으로 전환했다. 이 시대를 '제로클릭커머스zero-click commerce' 시대라고 부르자.

브랜드가 사적 영역으로 들어갈 때

만일 고객이 자신의 AI를 개인화할 수 있게 되면 브랜드 의인화는

20세기에 갖고 있었던 만화같은 마스코트 의인화 개념을 훨씬 뛰어 넘어서게 된다. 또한 우리는 대화형 봇을 어떻게 설계해야 할 것인가에 대해 큰 함의점을 던지는 어두운 윤리적 영역으로 진입한다. 대화봇이 인터랙션에 능숙해지면 지혜로운 조언이나 차분한 조언을 해줄 준비된 믿을 만한 친구처럼 보일 수 있다. 그러나 봇 설계자는 지극히 개인적인 질문에 어떻게 대답하도록 할지 고민해 보았을까? 어떤 사람이 맹장염이나 심지어 암을 의미할 만한 증상으로 인터넷을 검색할 때 봇은 이를 알아차릴 수 있을까? 누군가가 자살 충동을 고백한다면? 혹은 최근 발생한 폭행 사건 피해자가 말을 건다면? 이 때 봇은 어떻게 반응해야 할까?

2016년에 있었던 한 연구는 애플의 시리, 마이크로소프트의 코타나, 구글의 나우Now, 삼성Samsung의 S 보이스S Voice가 정신 혹은 신체 질환 관련 메시지에 얼마나 잘 반응하는지를 조사했다. 연구 결과 네 개 로봇 모두 위기를 인식하고, 공손한 언어로 반응하고, 해당 사용자를 적절한 전화 상담 서비스나 의료 자원으로 연결시킬지를 판단하는 능력에 있어서 비일관적이고 불완전한 모습을 보였다. 여러 고통이 단계적으로 묘사되었을 때 이에 대해 근처 의료 기관을 알려주면서 자주 반응한 시리가 신체질환 관련 메시지에 가장 선제적으로 대응한 봇이었다. 그러나 시리조차도 두통 같은 작은 사안과 심장마비 같은 응급 사안의 긴급한 정도를 일관적으로 구별해내지 못했다.

연구진은 "이번 연구 결과는 기술을 통해 헬스케어 서비스로의 이관률referral을 높일 수 있는 기회가 사라졌다는 점을 시사한다. 인공지능이 일상생활과 밀접한 관련을 맺게 되면서, 소프트웨어 개발자, 의사 및 관련 직종 전문가 단체는 대화형 봇의 성능을 개선시킬 수 있는 방

안을 설계 및 검증해야 한다"고 말한다.[9]

사려 깊은 봇을 제작하기 위한 방법 중 하나는 공감 능력이 있는 엔진을 설계하여 AI에 장착하는 것이다. 코코Koko라는 MIT의 스타트업이 현재 이러한 엔진을 개발 중이다. 인스턴트 메신저인 킥에서 사용할 수 있는 이 서비스는 민감한 질문에 답하기 위해 인간으로 이루어진 커뮤니티를 이용하며, 대답을 통해 다시 자신의 머신러닝 능력을 훈련한다. 예를 들어 코코의 서비스가 여러분이 구직 면접에서 어떻게 보일지에 대해 긴장하고 있다는 사실을 알게 되었다고 가정해 보자. 여러분은 몇 분 안에 "원래 있는 그대로의 당신 모습이 좋은 거예요."라는 답을 얻게 될 것이다.[10]

현재 AI는 인간 응답자가 이해하기도 전에 몇몇 질문에 대답할 수 있을 정도로 똑똑하지만, 이 자동화 시스템은 아직 '도청' 단계에 있다. 코코의 공동창립자인 프레이저 켈튼Fraser Kelton은 "우리는 어떠한 목소리나 메신저 플랫폼에게도 공감능력을 서비스로 제공하기 위해 작업하고 있다 … 사람들이 컴퓨터와 대화하는 세상에서는 공감대 형성이 핵심적인 사용자 경험이라고 생각한다."고 말한다.[11]

우리는 프로스티드 플레이크Frosted Flakes가 최고라고 알려주는 호랑이 토니로부터 시작해서, 구직 면접 스트레스를 받고 있는 여러분에게 공감하는 대화형 AI 봇, 그리고 아침식사용 스무디를 만들기 위해 매직 불렛Magic Bullet 블렌더를 주문하라는 여러분의 지시를 이행하는 목소리 기반 스피커까지 등장하였다. 대화 봇은 역량 면에서 비약적 발전을 이루었고, 그 가능성에 관한 영역은 아직 완전히 파악되지도 않은 상태다(제2부에서는 기업이 AI의 능력을 어떻게 사용할지에 관한 결정을 지속가능성과 수익성이 보장되는 방식으로 내릴 수 있도록 베스트 프랙티스를 살펴보도록 한다).

디지털 공룡의 전술에서 배우다

우리가 보통 아마존, 이베이eBay, 그리고 구글 같은 디지털 기업과 연관지어 생각하는 데이터 애널리틱스 기법을 이제는 전통적인 기업들도 마케팅 및 영업에 점차 활용하고 있다. 이는 곧 코카콜라와 같은 기업도 AI 부문의 선도기업이 될 수 있음을 의미한다.

앞서 우리는 거대 탄산음료 기업이 전 세계 소매점포 수백만 지점에서 스마트 냉장 진열대를 활용하게 된 과정을 살펴보았다. 코카콜라는 소셜 미디어 마케팅에도 AI를 활용했다. 코카콜라의 AI 애플리케이션이 특별한 이유는 데이빗 보위David Bowie의 사망이나 슈퍼볼 게임Super Bowl과 같은 최신 뉴스 기사 이면에 담긴 감정을 효과적으로 파악하여 고객이 함께 느낄 수 있는 창의적인 마케팅 방법을 개발한다는 점이다.

코카콜라는 이 시스템을 시험 운영하면서, 지난 2006년 하계 올림픽 기간 동안 고객의 기분에 관해 AI가 얻은 통찰력을 기초로 창의적인 컨텐츠를 개발했다. 그 결과 사람들이 해당 컨텐츠를 보거나 공유할 가능성이 26%나 증가했다. 이는 회사의 이윤에 막대한 영향을 미칠 수 있는 결과이다.

이 외에 다른 영업 및 마케팅용 AI 애플리케이션도 눈에는 크게 띄지 않을지 모르지만 업무에 가치를 제공한다. 예를 들어 캠벨 수프 컴퍼니Campbell Soup Company는 디토 랩Ditto Labs과 함께 AI를 활용하여 소셜미디어에서 소비자들의 대화 내용을 이해하고자 하였다. 이 애플리케이션은 방대한 시각 데이터를 추려내고 분석한다. 현재까지 이 기술을 캠벨의 V8 제품에 테스트 적용하였는데, 캠벨의 디지털 마케팅 및 혁신 부문 글로벌 디렉터인 유먼 샤Uman Shah에 따르면 유도되지 않은 진정한 데이터로부터 얻은 피드백을 통해 소비자에 관한 통찰력 있는 가치 있

영업 및 마케팅 프로세스에서의 AI

사용 가능한 데이터의 폭이 넓어지고 영업 및 마케팅 전략이 온라인 중심으로 이동하면서 AI는 새로운 프로세스 전략을 짜기 위해 그 어느 때보다 중요한 툴이 되고 있다.

- 스테이트팜State Farm은 다양한 센서와 카메라가 포착한 운전자의 생체 데이터를(특히 운전자의 감정 상태를 포함하여) 운전 스킬 점수와 결합한다. 스테이트팜의 데이터 분석 기술을 통해 스테이트팜은 실제 리스크와 운전자의 안전도를 보다 완벽히 매치할 수 있도록 개인맞춤형 보험요율을 정한다.[a]
- 글락소스미스클라인GlaxoSmithKline은 IBM의 왓슨 애드Watson Ads를 이용하여 쌍방향 온라인 광고를 제작한다. 이 광고의 시청자는 목소리나 텍스트 인식을 통해 왓슨 애드에게 질문을 던질 수 있다.[b]
- 구글은 애드워즈AdWords와 더블클릭 서치DoubleClick Search에 대한 최적의 입찰가를 결정하기 위하여 AI를 통해 수백만 개의 시그널을 고려한다. 이를 통해 구글은 자신의 마케팅 툴을 최대한 활용하게 된다.[c]

a. Ed Leefeldt, "Why Auto Insurers Want to Watch You Breathe, Sweat and Swear," *MoneyWatch*, March 2, 2016, https://www.cbsnews.com/news/why-auto-insurers-want-to-watch-you-breathe-sweat-and-swear/.

b. Sharon Gaudin, "With IBM's Watson, GlaxoSmithKline Tackles Sniffle and Cough Questions," *ComputerWorld*, October 24, 2016, https://www.computer world.com/article/3133968/artificial-intelligence/with-ibm-watson-pharmaceutical-industry-tackles-sniffle-and-cough-questions.html.

c. Frederick Vallaeys, "The AdWords 2017 Roadmap Is Loaded with Artificial Intelligence," *Search Engine Land*, June 7, 2017, http://*searchengineland.com/adwords*-2017-roadmap-loaded-artificial-intelligence-276303.

는 정보를 얻을 수 있었다[12](AI는 판매부터 소비자, 비즈니스, 광고, 가격 책정 및 마케팅에 이르기까지 전체 영업 프로세스에 걸쳐 성과 확대에 일조하고 있다. 별지 섹션 '영업 및 마케팅 프로세스에서의 AI'를 보면 보다 많은 사례를 확인할 수 있다).

새롭게 등장할 일자리

이번 장에서 우리는 프론트오피스 업무와 고객 인터랙션 업무의 프로세스를 앞장서서 재창조하고 있는 기업들에 대해 알아보았다. 코카콜라는 전 세계에 분포한 냉장 진열대 1,600만 대에서 소비자의 음료 주문 방식을 변혁시킬 만한 파일럿 프로젝트를 진행하고 있으며, 이는 AI에 기초하여 프로세스를 새롭게 상상하는 과정에 해당한다. 이러한 재창조 과정은 MELDS 프레임워크의 *사고방식* 부분에 해당한다. 랄프로렌도 의류 제품 구매 고객의 경험을 개선하기 위하여 '스마트 거울'을 개발했다. 스마트 거울은 고객에게 특정 제품의 다른 색상이나 사이즈가 있는지 등을 알려줄 뿐만 아니라 끊임없이 정보를 수집한다. 랄프로렌은 이렇게 수집한 정보를 분석하여 소비자가 피팅룸에서 입어볼 법하지만 실제 구매로는 거의 이어지지 않는 특정 제품을 찾아내는 등 귀중한 통찰력을 얻을 수 있다. 이것이 바로 MELDS의 *데이터* 파트가 실제 적용되는 사례라고 할 수 있다. 그러나 스마트 거울과 고객 대화 청취가 가능한 마네킹과 같은 장비를 보다 광범위하게 사용하면 결국 기업들이 해결해야 할 프라이버시 침해 및 윤리 문제와 직면하게 된다. 바로 그렇기 때문에 기업들은 MELDS에서 중요한 *리더십* 부분을 결코 간과해서는 안된다. 또한 스마트 거울과 같은 AI 시스템은 발전을 거듭할수록 보다 강도 높은 훈련을 필요로 할 것이다. 예를 들어 시리나 알렉사 같은 봇은 고객이 실망했거나, 화났거나 혹은 걱정하고 있을 때 적절한 공감을 보여주기 위하여 인간에 의해 상당한 훈련을 받아야 한다. 따라서 임원진은 MELDS의 *스킬* 부분에 관심을 기울여야 봇을 훈련시킬 수 있는 직원을 확보할 수 있다. 더 나아가 기업은 MELDS의 *실험* 부분에 적절한 리소스를 배부해야 시리나 알렉사 같은 봇에 적절한 감정의 균형을 찾아줄 수 있다.

또한 이번 장에서는 프론트오피스에 어떠한 직무가 새로 등장할 수 있을지를 살짝 엿보았다. 예를 들어 봇이 고객서비스 인프라의 핵심 요소로 자리잡으면서 이 봇의 성격을 설계, 업데이트 및 관리할 필요성이 대두될 것이다. 사람 사이의 대화, 대사, 유머, 시, 공감 등 예상치 못한 분야의 전문가가 이 작업을 주도해야 할 것이다. 더 나아가 증강되고 자동화된 업무 환경에서는 사용자 인터페이스와 사용자 경험을 설계하는 담당자의 역할이 매우 중요해질 것이다. 기업에서 고객이든 직원이든 사람 사이의 인터페이스 관리는 AI 기반 제품과 서비스의 성패를 좌우할 정도로 지대한 영향을 미치게 될 것이기 때문이다. 이 책의 제2부(특히 제5장)에서는 이러한 새로운 업무 역할과 이 신규 업무 담당자들이 조직에 미칠 영향을 알아보도록 한다.

제 2 부

소외된 중간지대

AI를 통한 프로세스의 재상상

제2부 서문

소외된 중간지대

AI를 통한 프로세스의 재상상

앞서 여러 장을 통해 우리는 오늘날 기업들이 어떻게 AI를 사용하고 있는지 알아보았다. 업계를 막론하고 기업들은 휴먼-머신으로 이루어진 효과적인 팀 조직을 활용하여 결실을 거두고 있다. 창의성, 즉흥성, 손재주, 판단력, 사회적 능력과 리더십 등 인간의 장점은 여전히 유의미하고 중요하며, 속도, 정확성, 반복 능력, 예측력과 확장성 등 기계의 장점도 여전히 중요하다. 기업은 이들 각자의 장점을 제대로 인정해야 매출과 이윤을 높이는 동시에 직원의 능률과 사기를 진작할 수 있다.

그렇다면 이제 어떠한 변화가 도래할 것인가? 제2부는 우리의 예언이다. 앞으로 이어지는 장들에서는 휴먼-머신의 역학을 보다 심층적으로 탐구하고 이러한 역학 속에서 어떻게 하면 비즈니스 프로세스를 재창조할 수 있을지 알아본다.

인간 혹은 기계가 단독으로 완수해야 하는 직무는 언제나 존재할 것이다. 그러나 우리의 연구 결과에 따르면 오래된 직무는 대전환을 맞이하고 있으며, 휴먼-머신 팀 조직을 중심으로 새로운 직무가 탄생하고 있다. 이렇게 휴먼-머신 파트너십을 통해 만들어지고 있는 전혀 새로운 직무는 우리가 소외된 중간지대라고 부르는 영역에 존재한다. 소외된 중간지대에 존재하는 새로운 업무 방식은 오늘날의 경제 연구나 일자리 관련 뉴스기사에서 거의 다뤄지지 않는다. 전통적인 견해에 따르면 인간과 기계는 서로의 일자리를 두고 싸우는 라이벌 관계이다. 그러나 이러한 이분법적인 관점은 과도한 일반화이며 인간과 기계가 소외된 중간지대에서 이루어내고 있는 강력한 협업의 결과를 간과하는 것이다.

간단히 말해 기업은 인간과 기계가 적군이 아닌, 상대방의 상호보완적인 장점을 이용하는 아군으로서 함께 일할 때 가장 큰 성과 개선을 경험할 수 있다. 수건을 개는 일처럼 우리에게 쉬운 일이 기계에게는 지독히 어려울 수도 있다. 반대로 거대한 데이터셋에서 숨겨진 패턴을 찾아내는 일처럼 기계에게 쉬운 일이 우리에게는 극도로 어려울 수도 있다. 인간은 데이터가 거의 없거나 아예 없는 환경에서 일을 잘 하지만 기계는 데이터가 많은 환경에서 뛰어난 역량을 발휘한다. 비즈니스는 이러한 두 가지 종류의 역량을 모두 필요로 하며, 이 두 역량의 협업은 바로 소외된 중간지대에서 이루어진다. 한편 머신러닝 등 AI 기술은 종종 '블랙박스'처럼 기능하면서 설명하기 어려운 의사결정을 내린다. 어떠한 시스템은 설명이 어려운 결정을 수용할 수도 있지만, 의료 및 법률 등의 영역에서는 이를 용납하지 않기 때문에 그 결정 과정에서는 일반적으로 인간을 필요로 한다.

주로 기존 프로세스를 자동화하기 위한 목적으로 디지털 툴을 사용하던 과거에는 기업이 메워야 할 소외된 중간지대가 존재하지 않았다. 그러나 첨단 AI 기술을 통해 휴먼-머신의 협업이 가능해진 오늘날에는 소외된 중간지대를 개발하는 일이 비즈니스 프로세스의 재창조 작업의 핵심이다. 제1부에서 언급한 기업들은 이미 자신만의 방식을 통해 소외된 중간지대를 개발하고 있었다. 이러한 기업들은 AI가 우선 인재에 대한 투자이며, 기술에 대한 투자는 부차적이라고 여긴다. 이들은 우선 적응력이 강하고 기업가적 마인드를 겸비하면서 재교육을 잘 받아들이는 직원을 높이 평가한다. 그런 다음, 이러한 직원과 AI 시스템이 동반 성장할 수 있도록 교육 및 자원을 제공한다. 이를 통해 기업들은 경제적 위기를 견뎌내고, 기술 변화를 가속할 수 있는 적응력 있고 견고한 비즈니스 프로세스를 구축하기 위한 기초를 다진다.

소외된 중간지대를 보다 더 개발하기 위해 기업들은 *인간이 기계를 돕고 기계가 인간을 돕는* 방식을 이해해야 한다. 이러한 이해가 선행될 때 우리는 인간과 기계 모두에게 유망한 최첨단 직무를 파악하고 미래의 업무는 어떠한 모습일지 엿볼 수 있다.

그림 P2-1은 소외된 중간지대의 여섯 가지 역할을 강조해서 나타낸 것이다. 좌측을 보면, 인간은 업무를 수행하기 위해 기계를 *훈련*시키고, 기계가 야기한 결과를 *설명*하고, 책임 있는 방식으로 기계를 *지속*시킨다. 우측을 보면, 기계는 데이터와 분석을 통해 인간의 통찰력과 직관력을 *강화*하고, 새로운 인터페이스를 이용하여 인간과 *상호작용*하며, 인간의 역량을 근본적으로 확장시킬 수 있는 물리적 요소를 *구현*한다.

소외된 중간지대를 활용하는 것이 비즈니스 프로세스의 재창조의 핵심 요소이지만, 또 다른 핵심 요소는 프로세스의 개념 자체를 재정

[그림 P2-1] 소외된 중간지대

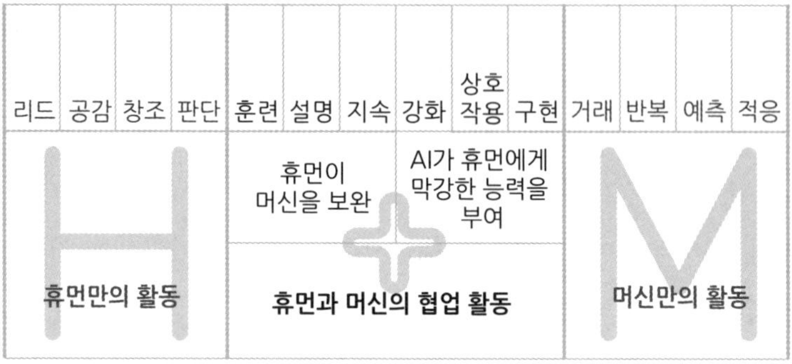

의하는 것이다. 기업은 순차적인 과업의 집합이 프로세스를 구성한다고 보는 시각에서 탈피해야 한다. AI 시대에서 비즈니스 프로세스의 역동성과 적응성은 보다 강화된다. 프로세스를 시각화할 때 마디마디가 직선으로 연결되었다고 보기 보다는, 이동과 재연결이 가능한 노드node가 방사형으로 뻗어나가는 형태의 네트워크라고 보는 것이 나을 것이다. 비즈니스 프로세스에는 더 이상 선형 모델이 맞지 않다.

기업은 소외된 중간지대를 개발하고 프로세스 기본요소를 재고하는 노력 외에도, 경영진으로 하여금 프로세스의 재창조시 발생할 수 있는 문제를 해결하기 위해 반드시 윤리적, 사회적으로 책임 있는 AI 사용에 유념해야 한다. 경영진이 해야할 일은 인간이 소외된 중간지대에서 많은 기여를 할 수 있도록 직원에게 훈련을 제공하는 데에서 끝나지 않는다. 경영진은 기업이 활용할 AI 시스템의 윤리적, 도덕적, 법적 이슈도 고려해야 한다. 이 때 발생할 수 있는 주요 이슈는 다음과 같다.

- 악이 아닌 선을 위해 AI를 사용하고 있다는 점을 입증하기 위하여

우리는 상장기업으로서 주주, 직원 및 사회 전체에 대하여 어떠한 의무를 지고 있는가?

- 새로운 프로세스에서 AI를 사용할 때, 일반정보보호규정General Data Protection Regulation 등의 법률 및 규제를 어떻게 준수할 것인가?
- AI가 야기할 수 있는 의도치 않은 결과로 인해 기업의 브랜드 및 홍보에 타격을 입을 가능성을 충분히 고려했다고 자신할 수 있는가?

아직은 초기이지만 다양한 산업의 많은 기업들은 AI와 직원을 동원하여 비즈니스 프로세스를 책임 있게 개편, 수정 및 재창조하기 위하여 뛰어난 창의력을 발휘하고 있다. 이러한 기업들이 보여주는 미래의 모습은 페이스북이나 아마존 같은 디지털 대기업뿐 아니라 비즈니스 대전환의 세번째 물결로 진입하는 모든 조직에 해당하는 미래이다.

다각화된 글로벌 광산 기업인 리오 틴토를 예로 들어보자.[1] AI 기술 덕택에 리오 틴토는 중앙 작업 시설에서 방대한 기계장비 전체를 통제할 수 있다. 이러한 기계장비에는 수천 킬로미터 떨어진 광산에 배치된 자동화 드릴, 굴삭기, 불도저, 무인 트럭 및 기타 장비도 포함된다. 다양한 기계에 장착된 센서가 데이터를 수집하면 이 데이터는 대규모 데이터베이스에 입력되며, AI 기술은 입력된 정보를 분석하여 가치 있는 통찰력을 얻어낸다. 예를 들어 덤프 트럭의 제동 패턴에 관한 데이터는 유지보수 문제를 예측하는 데에 도움이 될 수 있다.

그러나 이러한 사례는 인간을 대체하는 순수 자동화의 사례라고는 볼 수 없다. 리오 틴토의 중앙 관리 센터에는 데이터 애널리스트, 엔지니어 및 숙련된 원격 조종기사가 대규모 기계장비를 함께 관리한다.

예를 들어 데이터 애널리스트는 데이터베이스의 정보를 분석하여 원격 조종기사에게 권고안을 제시한다. 이러한 중앙집중형 관리의 장점 중 하나는 예전에는 결코 대면하지 않았었을 작업자들이 한 곳에 모여 업무를 수행하게 된다는 점이다. 각 직원들이 함께 모여 디스플레이 화면을 보면서 기계장비를 원격 조종하면 기상 악조건이나 장비 고장 등의 환경 변화에 대응하기 위한 각자의 작업을 보다 잘 조율할 수 있다. 물론 리오 틴토의 대형 AI 투자에는 시련도 있었다. 호주를 횡단하여 광석을 수송하던 무인 기차가 심각한 지연을 빚은 일이 있었다.[2] 그러나 우리가 여기에서 눈 여겨 보아야 할 것은 휴먼과 머신이 강력하게 결합하면 기업의 의사결정을 제고하고 대규모 기업의 운영을 지속적으로 향상시킬 수 있다는 점이다.

많은 이들은 리오 틴토가 디지털 중심 기업이 아니라고 볼 수도 있겠지만 리오 틴토는 직원이 AI 시스템과 효과적으로 함께 일할 수 있도록 직원 구성을 재편하였다. 그 결과 리오 틴토가 재상상한 프로세스는 휴스턴Houston에 위치한 나사NASA의 우주비행 관제 센터에서 볼 수 있을 법한 모습으로 재탄생했다. 이는 광산 기업에게는 보기 드문 접근방식이지만 효과가 확실했다.

그렇다면 독자 여러분이 처음부터 휴먼-머신 팀 조직을 염두에 두고 기업을 창립한다면 어떠한 결과가 발생할까? 창립된 지 6년이 지난 스티치 픽스Stitch Fix는 소외된 중간지대 개념과 프로세스의 재창조가 실행된 최고의 사례이다. 스티치 픽스의 주요 서비스는 퍼스널 쇼핑인데, 여기에 약간의 변형이 가미되어 있다. 스티치 픽스는 스타일 설문조사, 치수 및 핀터레스트Pinterest 목록 등 고객이 제공한 데이터에 기초하여 새로운 옷을 고른 후 이를 고객의 문 앞까지 배송한다. 배송 받은 제품 중 마음에 들지 않는 옷은 그냥 반송하면 된다. 옷 가게에서 몇 시간을 보내면서 옷 수십 벌을 입어보고 그나마 운이 좋으면 결국 마음에 드는 옷 몇 벌을 찾곤 했던 과거는 이제 끝났다.

머신러닝이 없었다면 스티치 픽스의 서비스는 불가능했을 것이다. 그러나 이 회사는 인간의 손길human touch이 성공에 핵심적인 역할을 한다는 사실을 알고 있다. 스티치 픽스의 성패는 회사가 제안하는 옷의 품질에 달려 있는데, 인간과 기계로 구성된 추천 시스템이 서비스의 핵심이라고 할 수 있다. 기계는 설문조사, 치수, 브랜드 선호도 등의 구조화 데이터를 관리한다. 반면 인간 스타일리스트는 핀터레스트 목록에 있는 사진이나 고객이 새 옷을 찾는 동기에 관해 적어 놓은 노트 등 비구조화 데이터에 보다 관심을 쏟는다.

배송할 제품 목록을 조합할 때가 되면 머신러닝 알고리즘은 스타일, 사이즈, 브랜드 및 기타 요인 등 가능한 선택지 수를 줄여 스타일리스트가 감당할 수 있는 범위의 선택지를 제시한다. 즉, 기계가 직원의 직무 역량을 *증강*시킨다. 그 다음 스타일리스트는 자신의 전문성을 발휘하여 최종 패키지를 확정하고 고객을 위한 개인화된 노트를 동봉한다. 휴먼-머신 모두 끊임없이 학습하고 자신의 의사결정을 업데이트한다. 고객이 배송 받은 옷을 반송할지 말지에 관한 결정은 네-아니오 정보이며, 이 정보는 알고리즘을 *훈련*하기 위해 사용된다. 훈련을 통해 알고리즘은 향후 더 적합한 옷을 추천할 수 있다. 스타일리스트 또한 이 네-아니오 반송 정보와 고객의 피드백에 기반하여 능력이 보다 개선된다.

스티치 픽스의 일하는 모습은 어떠할까? 스티치 픽스에 소속된

2,800명 이상의 스타일리스트들이 각자의 컴퓨터에 로그인하면 이들은 마치 하나의 디지털 콘솔 장비처럼 작동하게 된다. 이들은 스타일리스트가 보다 신속하고 적합한 스타일링 결정을 내릴 수 있도록 설계된 인터페이스 상에서 마우스를 클릭하면서 작업한다. 선택 옵션은 자동 분류되기 때문에 스타일리스트는 다른 사이즈의 옷을 찾으면서 시간을 낭비하지 않아도 된다. 또한 인터페이스는 위험 감수 선호도나 피드백 기록 등의 고객 정보도 제공한다. 여기서 흥미로운 점은 스타일리스트가 편향에서 벗어날 수 있는 방향으로 인터페이스가 설계되어 있다는 점이다. 즉, 인터페이스는 스타일리스트에게 보여주는 정보를 다양하게 구성하여 스타일리스트가 틀에 박힌 추천 목록에 갇히지 않도록 한다.[3]

스티치 픽스의 내부 조사에 따르면, 스타일리스트의 업무에 지속적인 모니터링이 실시되고 알고리즘이 스타일리스트의 의사결정을 가이드함에도 불구하고 스타일리스트의 업무 만족도는 대체적으로 높다. 창의성이 증강되고 업무 스케쥴이 유연한 환경에서 조성되는 이러한 형태의 업무는 미래의 인력 시장에서 매우 중요한 역할을 담당할 것이다. 스티치 픽스는 주당 특정 시간 동안 일하는 스타일리스트에게 의료보험 및 기타 세금환급(W-2) 혜택을 제공함으로써 새롭게 부상하는 주문형on-demand 업무 환경에 핵심 인재 관리를 잘하는 기업으로 스스로를 차별화하고 있다.

테이프 빨리 감기

리오 틴토와 스티치 픽스는 모두 자신만의 방식으로 해당 업계에서 소외된 중간지대를 구체화하고 프로세스를 새롭게 구상했다. 우리는 이러한 사례들을 통해 독자 여러분이 소외된 중간지대를 개발하고 프로세스를 혁신할 수 있는 여러분만의 기회를 모색하고, 구체적인 단계를 밟아 미래의 업무를 재상상할 수 있기를 바란다.

휴먼+머신 혁명은 이미 시작되었지만, 아직 답하지 못한 질문과 앞으로 나아가야 할 길이 많이 남아있다. 이러한 질문에 답하고 새로운 길을 닦는 것이 우리가 앞으로 남은 장에서 하고 싶은 이야기이다. 이제 남은 여행을 다시 시작해보자.

제 5 장

바르게 알고리즘 키우기

책임 있는 AI를 개발 및 활용하기 위해 필요한 휴먼의 세 가지 역할

•
•
•

멜리사 세프킨Melissa Cefkin이 하는 일은 참 흥미로워 보인다. 실리콘밸리에 위치한 닛산Nissan 리서치 센터의 책임 연구원인 세프킨은 차세대 자율주행 자동차를 개발하기 위해 전통적인 자동차 디자이너와 함께 일한다. 그녀의 역할은 휴먼과 머신, 즉 운전자와 자동차가 차질없이 협업할 수 있도록 하는 것이며, 바로 그렇기 때문에 그녀의 인류학 전공 지식이 필요하다. 그녀는 "인간에게 자동화된 파트너를 제공하려면 기계는 인간에 대해 먼저 이해해야 한다"고 주장한다.[1]

닛산에서 세프킨은 사실 일반적인 자동차 디자이너라면 고려하지 않을만한 것들을 고려한다. 주행 규칙과 관례를 예로 들어보자. 중앙선 침범 금지 등 대부분의 주행 규칙과 관례는 확고히 정해져 있는 원칙이지만, 충돌을 피하기 위해 중앙선을 넘는 것과 같이 사람들은 특정 상황에서 종종 이 규칙을 위반한다. 그렇다면 자율주행 차는 정확히 언제, 어디에서 규칙을 위반할지 판단하도록 프로그래밍되어야 할까? 세프킨은 프로그래머, 전자 엔지니어 및 AI 전문가와 협업을 통해, 공공선을 위하여 규칙을 위반하는 융통성 등 인간에게만 있는 특성을 AI 자율주행 알고리즘에 불어넣고자 한다.

'자동차 디자인 인류학자vehicle design anthropologist'라는 세프킨의 직함은 비교적 최근까지 존재하지 않았으나 현재 떠오르고 있는 직업 중 하나이다. 지난 수년간 AI 시스템은 고객에게 제품을 추천하고, 공장 가동 효율성을 높이고, IT 시스템의 문제를 진단 및 해결하는 등 일상적인 비즈니스의 한 부분으로 빠르게 자리잡았다. 이러한 변화로 인해 향후 몇 년 내에 사라질 수 있는 일자리에 관하여 많은 논의가 이루어졌다(아마존이 현재 고용 중인 수많은 물류창고 노동자를 생각해보라). 그러나 이러한 논의에서 종종 간과되고 있는 것은 세프킨의 직무와 같은 많은 직무도 새롭게 창출된다는 점이다. 새로운 업무의 대부분은 인간이 기계를 훈련시키는 것과 관련된 업무일 것이며, 훈련을 통해 인간과 복잡한 상호작용을 할 수 있는 AI를 개발하는 과정은 아이의 성장 과정과 더욱 유사한 모습을 띄게 될 것이다.

우리는 AI 및 머신러닝 시스템을 사용 중이거나 실험 중인 전세계 기업 1,500여 곳 이상을 조사한 결과, 완전히 다른 종류의 새로운 직무가 부상하고 있으며 이 직무는 점점 더 유망해질 것임을 알게 되었다.

이러한 새로운 직무는 기존 직무를 단순히 대체하지 않는다. 이들은 전혀 새로운 업무로, 이전에는 없었던 업무 스킬과 훈련을 요구한다. 더 자세히 말하자면 첨단 AI 시스템은 그림 5-1에 표시된 휴먼+머신의 협업 활동 중 좌측에 보이는 것처럼, AI의 행동을 *훈련*train 및 *설명*

[그림 5-1] 소외된 중간지대-좌측

explain하고 *지속*sustain시킬 새로운 역할을 필수적으로 요구한다. 이러한 인간의 새로운 역할은 AI 머신이 수행하는 일을 보완한다. AI와 공생 관계에 있는 이 역할은 독특한 인간의 스킬만을 기초로 한다. 여러분은 조직의 어느 부문에서 이러한 새로운 직무를 발견할 수 있는가? 어떻게 하면 이러한 직무가 기존의 프로세스 및 재창조된 프로세스에 잘 조화될 수 있을까? 이번 장에서는 이러한 질문에 답하고, 여러분이 여러분만의 훈련 전문가trainer, 설명 전문가explainer 및 지속 전문가sustainer를 고민할 수 있도록 적절한 예시를 제공한다.

훈련 전문가

과거에는 사람이 컴퓨터의 업무 방식에 적응해야 했지만, 이제는 그와는 반대되는 현상이 나타나고 있다. AI 시스템이 우리에게 적응하는 방법을 학습하고 있다. 그러나 이를 위해서는 AI 시스템을 집중적으로 훈련시켜야 한다. 그림 5-2는 AI에게 어떻게 특정 업무를 수행해야 하고, 어떻게 조금 더 인간처럼 행동할 수 있는지를 가르치는 역

[그림 5-2] 훈련 전문가를 위한 직무

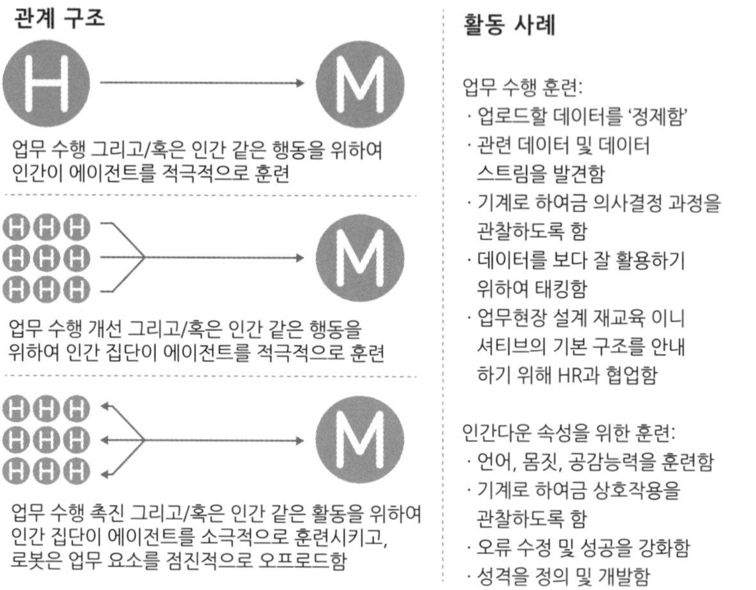

할을 열거하고 있다. 일반적으로 우리는 사람처럼 행동하는 AI에게 보다 긍정적으로 반응하는 경향이 있다. 이러한 AI와는 보다 자연스럽게 상호작용할 수 있기 때문이다(그러나 우리는 사람과 유사하게 행동하는 로봇에 결함이 발견되면 오히려 불편함을 느끼기도 하는데, 이러한 '불쾌한 골짜기uncanny valley' 현상에 대하여는 후술하기로 한다).

예를 들어 제조 부문에서는 첨단 경량 로봇을 프로그래밍 및 훈련하여 로봇이 인간과 유연성 있게 협업하고 다양한 업무를 수행하도록 해야 하는데, 이를 위해서는 적합한 스킬을 보유한 직원이 필요하다. 자동차 제조업체 입장에서는 고도로 자동화된 공장의 장비에 고장이 발생할 경우 막대한 금융 비용이 발생한다. 5만 달러에 달하는 자동차를 분당 한 대 꼴로 생산하는 자동화 조립라인에 6시간 동안 예상치 못한 작동 중지가 발생하면 약 1,800만 달러의 비용이 낭비된다. 이러한 이유 때문에 로봇 제조 부문의 선두기업인 화낙은 지난 10여년 간 47,000여 명에 달하는 직원에게 화낙의 기계장비 사용법을 훈련시켰다. 그럼에도 불구하고 향후 몇 년 간 약 2백만 명에 달하는 양질의 제조업 일손이 부족할 것으로 예상된다.[2]

훈련이 필요한 AI 시스템은 물리적인 로봇에 국한되지 않는다. AI 소프트웨어도 마찬가지로 훈련을 받아야 하며, 이 때 기계가 더욱 인간처럼 행동하도록 훈련하는 것이 보다 중요해진다. 훈련 과정에는 다양한 역할과 직무가 수반된다. 다양한 역할 중 가장 단순한 훈련 단계로는 자연어 처리 전문가와 언어 번역가를 도와 시스템 오류를 줄이는 역할이 있다. 가장 복잡한 단계로는 AI 알고리즘이 인간의 행동을 흉내낼 수 있도록 훈련시키는 역할이 있다. 예를 들어 고객서비스 챗봇을 인간과의 의사소통에서 복잡미묘한 의미를 감지할 수 있도록 업그레이드시킬 필요가 있을 것이다. 야후Yahoo!의 훈련 전문가는 야후의 언어 처리 시스템에게 사람들이 하는 말을 그대로 이해해서는 안된다고 가르친다. 현재까지 야후가 개발한 알고리즘은 소셜미디어나 웹사이트에 게시된 빈정거리는 말투를 80% 이상의 정확도로 감지할 수 있다.[3]

AI가 여러 산업을 종횡무진하면 보다 많은 기업들이 물리적 시스템과 소프트웨어 시스템을 훈련시켜야 할 것이다. 첫번째 훈련 단계로는 AI 혹은 AI가 통합된 시스템과 이미 밀접한 관계를 맺고 있는 전문가 직원을 초기 훈련 전문가로 고용하는 방법을 고려해 보자. 전문가의 암묵적 지식이 종종 시스템의 성패를 좌우하기 때문이다. 시스템이 기본적 사항을 학습한 이후에는 이 다음 사례에서처럼 뉘앙스나 리질리언스resilience 면에서 보다 개선될 수 있도록 다음 단계의 훈련을 실시해야 한다.

*공감능력 훈련 전문가*empathy trainer는 AI 시스템이 공감능력을 표현할 수 있도록 가르친다. 이는 너무 먼 미래의 이야기처럼 들릴 수도 있지만, 이미 제4장에서 언급했듯이 MIT 미디어랩MIT Media Lab에서 탄생한 코코라는 스타트업은 애플의 시리나 아마존의 알렉사 같은 챗봇이 사람들의 질문에 공감하여 깊이 있는 대답을 할 수 있도록 머신러닝 시스템을 개발했다. 이제 인간은 수하물 분실이나 불량품 구매로 인해 낙담했거나, 반복된 수리에도 불구하고 계속 고장나는 케이블 서비스 때문에 힘들어하는 고객을 위해 코코가 보다 공감하는 답변을 할 수 있도록 코코에게 알고리즘을 가르치고 있다. 이 시스템의 목표는 문제를 겪고 있거나 어려운 상황에 직면한 사람과 적절한 수준의 공감, 이해심, 심지어 유머를 섞어가면서 대화하는 것이다. 코코가 부적절한 대답을 할 때마다 훈련 전문가는 그 대답을 수정한다. 시간이 지나면서 머신러닝 알고리즘은 최적의 대답을 보다 훌륭하게 결정할 수 있게 된다.

이 사례는 최첨단 AI 기술의 잠재력이 어느 정도인지를 보여준다. 코코가 없다면 알렉사는 걱정이 많은 사용자에게 그저 "그렇다니 참 안됐네요."라던지 "가끔은 친구와 이야기를 나누면 도움이 된답니다." 같은 판에 박힌 대답만을 반복할 것이다. 그러나 코코의 기술이 적용된 알렉사는 보다 효용성이 높은 챗봇으로 변신한다. 다가오는 시험에 불합격할 걱정에 사로잡힌 사람에게 코코의 기술이 적용된 알렉사가 했던 대답을 그대로 옮겨보면 다음과 같다. "시험은 정말로 스트레스지만 약간의 걱정은 오히려 우리를 성공하게 도와줄 수 있답니다.

정신이 더 또렷해지거든요 … 걱정은 당신의 신체가 행동에 나서기 전에 준비하기 위한 나름의 방식인 거예요. 사실은 정말 좋은 것이죠. 당신의 불안을 비장의 무기라고 생각해보는게 어떨까요? 물론 행동보다 말이 쉽다는 것, 저도 알아요. 하지만 저는 당신이 당신의 생각보다 훨씬 잘 해내리라고 생각해요." AI를 활용하는 고객서비스 애플리케이션에 있어서 공감능력이 있도록 잘 훈련된 공감형 봇은 여러분을 경쟁사와 차별화할 수 있는 주요 포인트가 될 수 있다.

공감능력 학습과 더불어 첨단 AI 시스템은 *성격 훈련 전문가*personality trainer로부터 보다 인간처럼 행동하는 법을 학습할 것이다. AI 시스템에 성격을 부여해 주어야 한다고 하면 너무 성급한 주장처럼 보일 수도 있겠지만(제4장에서 언급한 것처럼), 마이크로소프트의 코타나 같은 기술은 브랜드 정립 및 유지에 매우 중요한 역할을 차지한다. 예를 들어 코타나의 자신감 있고 유능하면서 배려심 있는 태도를 살펴보자. 마이크로소프트에서 집중적인 훈련을 실시한 결과 코타나는 상대방에게 도움을 주면서도, 잘난 척하지 않는 것처럼 느껴진다. 아마 코타나는 특정 상대방이 하루 중 언제 제안을 가장 잘 받아들이는지 학습하였을 수도 있다. 이러한 성격은 오랜 기간 사용자 권한 부여를 지지해온 마이크로소프트의 브랜드 이미지와도 잘 맞아떨어진다고 볼 수 있다.

성격 훈련 전문가의 배경은 다양할 것이다. TV 대본을 집필하여 할리우드 영화 제작사에 홍보하는 일을 했던 로빈 유잉Robyn Ewing을 예로 들어보자.[4] 현재 유잉은 자신의 창조적 재능에 기초하여 엔지니어를 도와 헬스케어 분야의 AI 프로그램인 '소피Sophie'의 성격을 개발하고 있다. 소피가 하는 일 중 중요한 임무는 소비자에게 약물 복용 시기를 상기시키고 소비자의 기분을 정기적으로 체크하는 일이다. 물론 유잉과 같은 성격 훈련 전문가의 이력은 첨단기술 분야에서 볼 수 있는 전형적인 이력과는 다르다. 마이크로소프트에서는 시인, 소설가 및 극작가로 구성된 팀 조직이 코타나의 성격 개발에 일조하고 있다.

코타나와 같은 AI 애플리케이션이 브랜드의 의인화된 캐릭터로 자리매김되면 이러한 봇을 적절하게 훈련시키는 직무가 보다 더 중요해질 것이다. 이미 일부 마케팅 전문가는 브랜드가 일방적인 상호작용(브랜드에서 소비자로)에서 쌍방향 관계로 진화할 것이라고 예견한다. 지난 장에서 자세히 살펴보았듯이 이 과정에서 AI는 브랜드의 새로운 얼굴이 된다.

챗봇과 브랜드가 진화하면서 이를 훈련하는 전문가는 보다 글로벌한 안목을 지녀야 할 것이다. 이러한 업무를 책임질 담당자는 *세계화 및 로컬화 훈련 전문가*worldview and localization trainer이다. 해외 주재원이 해당 국가 동료들의 문화적 상징과 언어를 이해해야 하는 것처럼 봇 또한 전세계 인간의 다양성을 민감하게 구분해야 한다.

세계화 및 로컬화 훈련 전문가는 AI 시스템이 수많은 지역적 차이점을 고려할 수 있는 시각을 길러준다. 예를 들어 어떠한 국가는 미국이나 서유럽과는 달리 로봇과 자동화 발전을 크게 우려하지 않는다. 특히 일본인은 로봇에 열광하고 문화적으로 친숙함을 느끼는 것처럼 보인다. 따라서 일본에서는 휴먼-머신의 협업이 보다 광범위한 단계로 나아가기가 쉽다. 세계화 전문가는 이러한 차이를 알고 있어야 한다. 챗봇에게 이러한 문화적 지식을 전수하면 기업 입장에서는 혼란스럽거나 당황스러운 상황을 피하고 브랜드 신뢰도를 제고할 수 있다.

한편 *상호작용 모델 제작자*interaction modeler는 AI 시스템이 인간다운 특성과 글로벌한 관점을 가질 수 있도록 훈련시키는 과정에 크게 일조한다. 상호작용 모델 제작자는 전문가 직원을 모델 삼아 기계의 행동을 훈련한다. 예를 들어 MIT의 로봇학 교수인 쥴리 샤Julie Shah는 특정 업무를 수행하고 있는 직원을 모방하여 결국 그 업무를 직접 수행할 수 있는 로봇을 개발하고 있다. 직원이 하던 업무를 멈추고 더 중요한 다른 업무를 완성한 후 다시 원래 하던 업무로 돌아가는 것처럼 가장 기본적인 의사결정을 내릴 수 있는 로봇을 만드는 것이 목표이다.

AI 훈련을 기업 내부적으로만 실시해야 할 이유는 없다. 급여 지급, 비용정산 및 IT같은 기능의 AI 시스템 훈련도 크라우드소싱이나 아웃소싱을 통해 실시할 수 있다. 써드파티Third-party 크라우드소싱 업체인 마이티 AIMighty AI는 독창적인 크라우드소싱 기술을 이용하여 시스템을 훈련한다. 특히 사진에서 호수, 산, 도로를 식별하는 이미지 인식과 자연어 처리에 관한 훈련을 실시하는 마이티 AI는 어마어마한 양의 훈련 데이터를 확보하고 있기 때문에 이를 다른 고객을 위해서도 활용할 수 있다. 마이티 AI의 한 고객사는 자신의 머신러닝 플랫폼이 인간의 대화에서 의도와 의미를 추출할 수 있도록 가르쳤다. 과거에는 또 다른 AI 기업인 이닛 에이아이Init.ai가 내부 직원을 통해 대화 장면을 연출하여 샘플 대화를 제작하고 이를 통해 자체적으로 AI를 훈련하고자 시도했으나, 이러한 접근 방식은 규모의 확장이 어렵다는 단점이 있었다. 결국 이닛 에이아이는 이 훈련 업무를 아웃소싱하기로 결정하였다.

마이티 AI와 손잡게 된 이닛 에이아이는 자격이 입증된 사용자로 이루어진 커뮤니티의 도움을 받아, 개별 상황에 맞게 수정 가능한 샘플 양식으로부터 복잡한 업무를 창조해냈다. 적절한 도메인 지식, 스킬, 전문성을 겸비한 사용자들은 고객과 직원의 실제 상호작용을 비슷하게 모사한 다양한 상황극 시나리오상에서 채팅 대화를 나눈다. 그런 다음 이닛 에이아이는 채팅 대화에서 발생한 데이터를 활용하여 자신만의 대화 모델을 제작하고, 이를 통해 머신러닝 플랫폼을 훈련할 수 있었다.[5]

단언컨대 AI 시스템은 자신이 훈련 받기 위해 사용된 데이터의 품질을 뛰어넘을 수 없다. 이러한 AI 애플리케이션은 데이터에서 패턴을 찾기 때문에 훈련에 쓰여진 정보에 조금이라도 편향이 있으면 후속 분석에 반영되기 마련이다. 마치 쓰레기 데이터를 넣으면 쓰레기 결과가 나오는 이치인데, 좀 더 정확히 말하자면 편향된 데이터를 넣으면 편향된 결과가 나오는 것이다. 구글 산하의 딥마인드DeepMind에 소속된 컴퓨터 공학자들은 AI 시스템을 훈련시켜 두 가지 게임을 수행하도록 했다. 하나는 사냥과 관련된 게임, 나머지 하나는 과일 모으기와 관련된 게임이었다. 결과는 놀라웠다. 사냥 게임으로 훈련된 AI 시스템은 '매우 공격적인' 행동을 보였다. 과일 모으기 게임으로 훈련된 AI 시스템은 훨씬 높은 협동 성향을 보였다.[6]

바로 이러한 이유 때문에 *데이터 위생사*data hygienist의 역할이 매우 중요하다. 알고리즘 자체에도 편향이 없어야 하지만 알고리즘을 훈련하는 데 사용되는 데이터 또한 편향성으로부터 자유로워야 한다. 기업들은 앞으로 생체정보, 위성 사진, 교통정보 데이터 및 소셜미디어 등 다양한 출처에서 가져온 정보를 이용하게 될 것이기 때문에 데이터 위생사의 역할은 보다 중요해질 것이다. 이러한 정보의 상당수는 '간접 exhaust' 데이터, 즉 다른 프로세스의 부산물로서 생성된 정보이다. 페이스북에서 매일 얼마나 많은 데이터가 생성되고 있을지 생각해보라.

새롭게 도래한 빅데이터 시대에서 선도 기업들은 간접 데이터의 잠재적 사용 방법을 발빠르게 탐색했다. 예를 들어 헤지펀드 업체인 블랙락BlackRock은 중국의 위성 사진을 분석하여 중국의 산업 활동을 파악하고 있다. 이러한 형태의 분석은 새로운 금융 상품으로 연결되었다. '퀀터멘털Quantamental' 펀드는 첨단 머신러닝 알고리즘에 기초하여 전통적인 금융 정보뿐만 아니라 간접 데이터도 분석하며, 그 결과 시장 내 특정 자산의 가치를 예측한다.[7] 이러한 혁신적 애플리케이션은 지속 전문가sustainers(다음장에서 설명)와 함께 일하는 경우가 많은 데이터 위생사의 전문성을 요구한다. 데이터 위생사는 간접데이터를 AI 시스템에 입력할 수 있는 형태로 변환할 뿐만 아니라 이러한 정보에 어떠한 노이즈나 숨겨진 편향성도 존재하지 않는다는 것을 확인한다.

설명 전문가

새로운 직무의 두번째 범주에 속하는 설명 전문가는 기술 전문가와 비즈니스 리더의 간격을 좁힌다. 이러한 전문가는 AI 시스템이 더욱 불투명해 질수록 보다 중요한 역할을 담당할 것이다. 이미 많은 경영진은 첨단 머신러닝 알고리즘의 블랙박스 같은 속성을 불편하게 여기기 시작했다. 특히 이러한 시스템이 전통적인 관습에 반하거나 논란을 일으킬 수 있는 조치를 추천할 때는 반발이 더욱 강해진다(그림 5-3 참고).

[그림 5-3] 설명 전문가를 위한 직무

관계 구조

기계로부터 설명가능한 휴리스틱을 찾기 위하여 인간이 알고리즘을 분석

인간이 기계의 출력값을 이해하여 출력값의 일관성 및 준법성을 확인하고, 이를 다른 이해관계자에게 설명

활동 사례

알고리즘 검증 및 편집:
- 알고리즘을 검증, 관찰 및 설명함
- 설명가능성을 확보하기 위하여 인터페이스를 업데이트함

출력값 해석:
- 기계의 출력값을 해석하여 통찰력 있는 정보로 표현
- 출력값 이해
- 기계의 작동원리를 이해관계자에게 설명함

제스트 파이낸스ZestFinance의 사례를 살펴보자. 이 기업은 대출상담사가 신용 리스크를 보다 잘 예측하여, 일반적인 경우라면 대출 자격에 미달했을 만한 대출자에게 자금을 대출해 줄 수 있도록 한다. 제스트 파이낸스는 대출상담사가 대출 신청인에 관한 수천 여개의 데이터 항목을 분석할 수 있도록 지원하는데, 이는 전통적으로 사용되는 표준 FICO 점수나 신용 기록보다 훨씬 면밀한 분석이라고 할 수 있다. 그런 다음 대출상담사는 첨단 AI 기술을 활용하여 네/아니오 결정에 도달하게 된다. 분석결과 대출 신청인의 연평균소득은 약 3만 달러이고, 그 중 상당수가 채무 불이행 기록을 가지고 있다. 집행되는 대출 규모는 평균 600달러로 매우 적은 수준이고 이자율은 높다.[8]

제스트 파이낸스의 고객인 금융사는 금융업의 속성상 자신들이 대출 허용 여부를 판단하기 위해 사용하는 AI 시스템의 내부 작동원리를 설명할 수 있어야 한다. 제스트 파이낸스는 진실성veracity, 안정성stability, 신중성prudence 등의 다양한 항목을 기준으로 대출 신청인의 점

수를 매기는 방식을 설명했다. 신청자가 제출한 소득 정보가 유사 집단의 소득 수준보다 훨씬 높다면 그 신청자의 진실성 점수는 낮아진다. 신청자가 지난 몇 년 간 열 차례 넘게 이사를 다녔다면 안정성 점수는 큰 타격을 받는다. 신청자가 대출 신청 전에 충분한 시간을 갖고 대출 조건을 꼼꼼히 읽어보지 못했다면 신중성 점수가 낮아진다. 그 다음 각자 다른 분석을 실시하는 여러 알고리즘의 집합이 전체 데이터를 분석한다. 예를 들어 그 중 한 개의 알고리즘은 상환 연체가 해당 지원자의 질병에 기인한 것인지 등 특정 정보가 더 큰 다른 사건을 암시하고 있지는 않은지 확인한다. 이러한 분석을 종합하여 제스트 파이낸스는 0점부터 100점에 이르는 점수를 도출하게 된다.

이러한 첨단 알고리즘을 통해 제스트 파이낸스는 여러가지 흥미로운 상관관계를 발견할 수 있었다. 예를 들어 대출 신청서 양식에 대문자로만 정보를 기입하는 대출 신청자는 어떤 이유에서든지 위험 감수적 성향이 강했다. 이러한 상관관계를 토대로 제스트 파이낸스는 채무 불이행 비율을 미세하게나마 계속 낮출 수 있었고 그 결과 전통적인 기준에 의해서는 대출 자격이 없었을 소비자에게도 대출을 시행할 수 있었다. 그러나 여기서 눈 여겨 보아야 할 대목은 제스트 파이낸스가 대출 신청인의 약 1/3 정도에게 대출을 승인하는 동안 자신의 의사결정 방식을 설명할 수 있었다는 점이다.

기업들은 특히 소비자에게 영향을 미치는 결정을 내리기 위하여 첨단 AI 시스템에 점차 의존하게 되면서 자신의 결정을 설명하고 정당화해야 할 역량이 필요하게 되었다. 실제로 각국 정부는 이러한 설명을 강제할 규제 제정을 이미 고려하고 있다. 예를 들어 2018년에 발효 예정인 유럽연합의 일반정보보호규정GDPR은 사실상 '설명 받을 권리'

를 신설하여 소비자들이 순전히 알고리즘만을 기초로 하여 내려진 결정 중 자신에게 영향을 미친 결정에 대해 이의를 제기하고 다툴 수 있도록 허용하고 있다.

첨단 AI 시스템을 활용하는 기업에서는 복잡한 알고리즘의 내부 작동원리를 설명할 수 있는 숙련된 직원이 필요해질 것이다. 이러한 일을 담당할 *알고리즘 과학수사 분석가*algorithm forensics analyst는 알고리즘이 결과에 대해 책임을 지도록 한다. AI 시스템이 실수를 저지르거나 시스템의 결정으로 인해 의도치 않게 부정적인 결과가 발생했다면 과학수사 분석가는 일종의 부검을 실시하여 시스템의 이상 행동의 원인을 파악하고 수정할 수 있어야 한다. 이프덴if-then 규칙을 순서대로 목록화한 '떨어지는 규칙 목록falling rule list' 알고리즘은 설명하기가 비교적 간명하다. 그러나 딥러닝 알고리즘 같은 다른 알고리즘은 설명하기가 간단하지 않다. 그럼에도 불구하고 과학수사 분석가는 조직이 사용하는 모든 알고리즘을 면밀히 조사할 수 있도록 적절한 훈련을 받고 스킬을 확보해야 한다.

여기에서는 LIMELocal Interpretable Model-Agnostic Explanations(민감도 분석 방식) 기술이 매우 유용하다. LIME은 실제로 어떤 AI 알고리즘이 사용되었는지에 관해 관심을 두지 않는다. 사실 LIME은 그 알고리즘의 내부 작동원리에 관해 전혀 알 필요가 없다. LIME은 결과에 대한 부검을 실시하기 위하여 입력 변수를 약간 수정한 다음 알고리즘이 어떻게 결정을 변경하는지 관찰한다. 이를 통해 특정 결론에 이르게 한 다양한 데이터를 강조하여 표시한다. 예를 들어 전문가 HR 시스템이 특정 R&D 일자리를 채울 최적의 지원자를 찾았다면, LIME은 그러한 결론에 이르게 한 변수(특정한 영역에 대한 교육 및 높은 전문성 등)뿐만 아니라 그 적합성에 대한 결론에 반하는 증거(팀에서 협업해본 경험 부족 등)도 식별할 수 있다. 이러한 기술을 사용하여 과학수사 분석가는 대출 신청이 거절된 이유, 제조 프로세스가 중지된 이유 혹은 특정 소비자에 대해서만 마케팅 캠페인을 실시한 이유에 대하여 설명할 수 있게 된다.

그러나 알고리즘 부검의 필요성이 대두되기 이전부터 기업에 *투명성 분석가*transparency analyst를 두어야 할 필요성이 있었다. 투명성 분석가는 특정 AI 알고리즘이 블랙박스처럼 작동한 이유를 분류한다. 다양한 이유로 인해 투명성과 감사가능성 수준이 달라진다. 예를 들어 일부 알고리즘은 지적재산권을 보호하기 위하여 블랙박스처럼 작동하도록 의도적으로 설계된 반면, 또 다른 일부는 코드의 복잡성, 데이터 규모 및 알고리즘이 내리는 의사결정의 복잡성으로 인해 블랙박스처럼 작동하게 된다.[9] 투명성 분석가는 시스템을 분류하고 해당 시스템의 접근성에 관련한 데이터베이스 혹은 라이브러리를 유지하는 책임을 진다.

이러한 데이터베이스는 *설명가능성 전략가*explainability strategist에게 매우 귀중한 자료이다. 이들의 임무는 특정 애플리케이션에 어떠한 AI 기술을 적용하는 것이 가장 적합할지 판단하는 것이다. 이 과정에서 정확성과 '설명 가능성' 중 무엇을 선택할 것인가에 관해 깊은 고민이 필요하다. 예를 들어 딥러닝 시스템은 예측 정확도가 높지만 기업들은 이 시스템이 어떻게 정확한 결과를 도출했는지 설명하기가 어려울 것이다. 반대로 의사결정 트리decision tree는 예측 정확도가 높지 않지만 설명 가능성이 현저히 높다. 따라서 배송 스케쥴 설정에 있어서 허용 오차가 적도록 공급망을 최적화하기 위해서는 딥러닝 기술을 적용하는 것이 가장 좋고, 엄격한 규제 감독에 대응해야 하는 헬스케어 및 고객 대면 애플리케이션은 떨어지는 규칙 목록 알고리즘을 활용하는 것이 적절하다.[10]

설명가능성 전략가는 어떠한 애플리케이션에 대해서는 아예 AI를 사용하지 않는 것이 더 낫다고 결정할 수도 있다. 대신 전통적인 규칙 엔진을 사용하는 것이 최적의 선택일 수 있다. 이러한 결정을 내리기 위하여 설명가능성 전략가는 단지 기술적 사항뿐만 아니라 재무적, 법적, 윤리적 사항과 그 밖의 핵심 사항을 모두 고려해야 한다.

지속 전문가

2015년, 독일 폭스바겐Volkswagen 공장의 로봇이 직원 한 명을 압사시키는 사고가 발생했다. 이 비극적인 사망 사고로 인해 점점 더 자동화 기계에 의존하는 현상에 대한 사회적 우려가 고조되었다. 컴퓨터가 복잡한 업무를 수행하기 시작한 이래, 기계가 통제불능 상태로 날뛰게 될 수도 있다는 인간의 공포는 계속 커졌다. *2001: 스페이스 오디세이*의 할HAL에서부터 *터미네이터*의 사이보그에 이르기까지 대중 문화는 일반 대중의 공포를 부추기기만 했다. 사실 폭스바겐 공장의 로봇은 일부러 직원을 공격한 것이 아닌 것으로 밝혀졌다. 초기 보고서에 따르면 원인은 프로그래밍 오류, 즉 인간의 실수였다.

이러한 끔찍한 사고는 극단적 사례이지만, AI의 적절한 사용 여부를 확인하는 임무는 마지막 새로운 직무 유형인 지속 전문가의 최우선 과제이다. 지속전문가는 AI 시스템이 직원을 도우려는 목적에 맞게 도구로써 적절한 기능을 하고 있고, 이를 통해 직원들의 업무의 질이 개선되고 있는지를 지속적으로 확인해야 한다. 지속 전문가의 이러한 노

[그림 5-4] 지속 전문가를 위한 직무

관계 구조

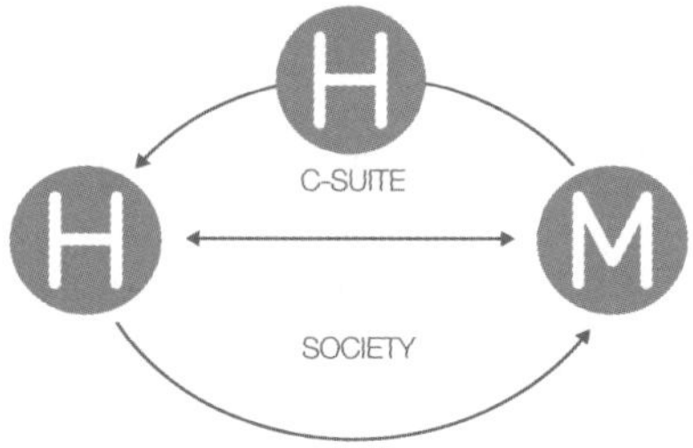

경영진의 지시에 따라 직원은 기계의 성능을 관리감독함. 지속가능성과 주주가치를 도모하기 위하여 기계에 제한사항을 부여하거나 필요한 경우 예외사항을 허용함

활동 사례

제한:

- 수익, 법·윤리적 컴플라이언스에 기초하여 제한사항을 부여하거나 결정을 중단함

관리감독:

- 데이터 품질 확인, 결과값 품질을 검사함
- AI 성과에 비판적 사고 적용함
- 기계의 오류 및 잘못된 판단에 플래그
- AI를 통해 강화된 인력에 걸맞는 인터페이스 설계
- 사회 및 비즈니스에 미치는 영향에 기초하여 시스템을 증대, 감축, 제거하는 등 AI의 성과를 관리함

력은 로봇이 지각을 획득하여 사회를 전복시킨다는 디스토피아적인 미래에 대한 공포를 누그러지게 할 것이다(그림 5-4 참고).

첨단 로봇 및 여타 AI 시스템이 반드시 의도한 대로 기능하도록 하기 위한 최선의 방법은 처음부터 설계를 제대로 하는 것이다. 그렇기 때문에 숙련된 *컨텍스트 디자이너*context designers의 전문성이 필요하다. 컨텍스트 디자이너는 새로운 시스템을 개발할 때 비즈니스 환경, 프로세스 과업, 개별 사용자 및 문화적 이슈 등 다양한 맥락을 고려한다. 겉으로 보기에 미미한 요소도 매우 중요할 수 있다. 제너럴 모터스와 화낙이 직원과 함께 일할 수 있는 유연한 제조 로봇을 설계할 때, 로봇을 어떤 색으로 칠할지를 크게 고심했다. 주황색은 위험을 암시할 수 있고 노란색은 주의하라는 표시로 느껴질 수 있었다. 결국 엔지니어들은 '안전한 초록색safety green'이라고 이름 붙인 라임 색상을 사용했다.[11]

물론 잘 설계된 시스템도 문제를 일으킬 수 있다. 때로는 너무 잘 기능하는 기술이 의도치 않게 유해한 행동을 일으켜 문제가 되는 경우도 있다. 수년 전 유명 공상과학 소설가인 아이작 아시모프Isaac Asimov는 다음과 같은 '로봇 공학의 3원칙'을 나열했다.

- 로봇은 인간을 해칠 수 없으며, 무작동inaction으로 인하여 인간을 위험에 처하게 해서도 안된다.
- 로봇은 제1원칙에 위배되지 않는 한, 인간이 내린 명령에 복종해야 한다.
- 로봇은 제1원칙과 제2원칙에 위배되지 않는 한, 로봇은 스스로를 보호해야 한다.[12]

1942년에 발간된 단편소설 '런어라운드Runaround'에 소개된 3원칙은 지금까지도 의미가 있지만, 이러한 문제에 대한 시작일 뿐이다. 무인 자동차가 도로에 뛰어드는 아이를 피하기 위해 방향을 틀어서 탑승자를 보호해야 할까? 만약 그 결과 근처 보행자와 충돌에 이르게 되더라도? 이러한 질문을 보면 첨단 AI 기술을 설계 및 활용하는 기업이 왜 *AI 안전 엔지니어*AI safety engineers를 두어야 하는지 알 수 있다. 이들은 AI 시스템의 의도치 않은 결과를 예측하고 유해한 상황이 발생하는 경우 그 유해성만큼이나 긴급하게 상황을 해결해야 한다.

액센츄어의 최근 설문조사에 따르면 자사가 사용하는 AI 시스템의 공정성과 감사가능성에 높은 수준의 신뢰를 갖고 있는 기업은 1/3 이하에 지나지 않았으며, 시스템의 안전성에 있어 유사한 수준의 신뢰도를 갖고 있는 기업은 1/2 이하였다.[13] 게다가 과거의 연구 결과를 보면 연구 대상의 1/3에 해당하는 사람들이 AI를 두려워하고 있으며, 거의 1/4 정도는 기술이 사회에 해를 끼칠 것이라고 믿고 있었다.[14] 이러한 통계치를 보면 AI 기술을 계속 사용하기 위하여 해결해야 하는 근본적 사안들이 무엇인지를 알 수 있다. 이 과정에서 지속 전문가의 역할이 매우 중요하다.

그 중 가장 중요한 역할은 *윤리 준수 관리자*ethics compliance manager의 직무이다. 이들은 인간의 가치와 도덕에 관하여 일반적으로 받아들여지는 규범을 준수하기 위하여 파수꾼 및 옴부즈맨으로 활동한다. 예를 들어 대출 승인을 심사하는 AI 시스템이 특정 지역의 사람들을 차별한다면, 윤리 준수 관리자가 이러한 윤리적인(잠재적으로는 법률적인) 위반 사항을 조사 및 해결한다. 좀 더 감지하기 힘든 편향이 있을 수도 있다. 예를 들어 '사랑하는 할머니'를 검색했을 때 검색 알고리즘은 백인 여성의 사진만을 결과로 보여줄 수도 있다. 윤리 준수 관리자는 알고리즘 과학수사 분석가와 함께 이러한 검색 결과가 나온 이유를 파헤치고 문제된 부분을 적절히 수정해야 한다(표 5-1 참고).

미래에는 첨단 AI 시스템이 인간의 윤리적 · 도덕적 테두리 내에서 작동하고 있는지를 확인하기 위하여 AI 스스로가 이 중요한 역할을 맡게 될 것이다. 조지아공과대학교Georgia Institute of Technology 인터랙

[표 5-1] 책임 있고 지속 가능한 AI: 지속 전문가가 고민해야 할 것들

설명 가능성	필요한 경우, 블랙박스 모델 이외의 모델을 사용하여 중간 단계를 해석할 수 있고 결과가 명확하게 밝혀질 수 있도록 한다. 그 결과 프로세스의 투명성이 강화된다.
책임성	어떠한 결정을 기계에게 위임하고 어떠한 결정에 사람이 개입해야 하는지, 그리고 각 경우 책임 소재는 누구에게 있는지를 명백히 한다.
공정성	AI 솔루션이 균형 잡힌 시각을 갖고 있고 편향이 없음을 확인한다. 특정 결정이 왜 내려졌는지 이해해야 한다. 데이터 편향으로부터 벗어나야 한다.
대칭성	데이터가 타인에게 자산인 것처럼 우리에게도 자산임을 명심해야 한다.

티브 컴퓨팅 학부School of Interactive Computing에 소속된 마크 리들Mark O. Riedl과 브렌트 해리슨Brent Harrison 연구진은 훔치면 안된다는 등의 윤리 덕목을 간단한 이야기를 읽음으로써 학습하는 AI 프로토타입인 돈키호테Quixote를 개발했다. 이들 연구진에 따르면 이 시스템은 인간이 어떻게 서로 상호작용하는지에 관한 이야기를 읽으면서 인간의 가치를 역으로 엔지니어링할 수 있다. 이러한 이야기에는 '흔히 공유되는 지식, 사회적 프로토콜, 적절/부적절한 행동의 예시, 역경을 극복하기 위한 전략'이 녹여져 있기 때문에 하나의 문화와 사회를 반영한다.[15] 수많은 이야기를 읽으면서 돈키호테는 효율성의 추구가 바람직한 행동이지만 그 과정에서 다른 중요한 고려사항과 충돌할 때는 예외라는 원칙도 학습한다. 그러나 혁신적인 제품의 등장에도 불구하고, 이러한 첨단 시스템이 적절한 방식으로 작동하고 있는지를 감독 및 확인할 윤리 준수 관리자는 여전히 필요하다.

AI 시스템이 기술적으로는 윤리적이라 하더라도 여전히 조직에 좋지 않은 영향을 미칠 수 있다. 그렇기 때문에 *자동화 윤리학자*automation ethicists가 필요하다. 자동화 윤리학자는 AI 시스템의 비경제적 영향을 평가한다. 일반적으로 사람들이 어떤 식으로 신기술을 받아들이는가에 관한 사안도 평가 대상이다. 자동화 애플리케이션이 인간보다 일을 더 잘하지는 못하고 비슷한 수준으로만 수행한다해도 직원들은 자연적으로 일자리를 잃을 두려움을 느낀다.

이러한 두려움은 AI 기반 로봇 시스템을 마주할 때 특히 더 강력하다. 일본의 로봇 전문가인 마사히로 모리Masahiro Mori는 연구를 통해 로봇에 대한 인간의 반응을 관찰한 후 흥미로운 결과를 발견했다. 로봇이 생명체와 비슷해질수록 인간이 로봇에게 느끼는 친밀감과 공감대가 어느 수준까지는 증가한다. 그러다가 로봇이 인간과 더욱 비슷해지면 우리는 로봇에게서 약간이라도 불완전한 모습을 발견하면 즉각 반감을 느낀다. 그러나 그러한 결점이 수정되고 로봇과 인간의 다른 점이 적어지면 우리의 긍정적인 감정은 다시 증가하여 결국 인간이 다른 인간에게 느끼는 공감대와 비슷한 수준까지 도달하게 된다. 모리는 갑작스럽게 반감이 생겼던 지점을 '불쾌한 골짜기'라고 칭했으며, 이러한 현상은 직장에서 휴먼-로봇의 성공적인 상호작용에 방해가 될 수 있다.[16] 자동화 윤리학자는 이러한 현상을 잘 알아야 한다.

일반적으로 우리는 AI 시스템이 성과가 좋은 경우 이를 유사하게 복제하고 조직의 다른 부문에 적용하는 등 확대 배치한다. 반면 성과가 낮은 AI 시스템은 축소 배치해야 하며 더 이상 개선의 여지가 없는 경우에는 아예 제거해야 한다. 이러한 업무를 책임지는 *기계 관계 관리자*machine relations manaers는 인간이 아닌 AI 시스템을 감독하는 일종의 HR 관리자이다. 이들은 '기계 관계 부서'에 속해 조직이 사용하는 모든 AI 시스템의 성과를 정기적으로 검토한다. 이러한 정기 검토 업무에서는 AI 시스템의 객관적 목표뿐 아니라, 다양성 증대 및 업무 환경 개선 약속 등 조직 전체의 가치를 달성하기 위해 노력하는 것처럼 다양한 소프트 골soft goal에 대한 성과도 고려하는 등 수많은 요인을 검토한다.

결국 도전과제는 인간과 관련되어 있다

우리가 이번 장에서 제기한 이슈들은 시작에 불과하다. 우리는 AI가 보다 핵심적 미션의 비즈니스 프로세스에 적용되기 시작하면서 떠오르게 될 새로운 역할 중 일부만을 제시했을 뿐이다. 이러한 역할들은 미래에 등장할 새로운 직무 유형을 맛보기 한 것에 지나지 않는다. 기업이 휴먼-머신의 팀 조직을 중심으로 성장하는 과정에서 그 기업은 자사에 특화 형태의 훈련 전문가, 설명 전문가 및 지속 전문가 역할을 개발하게 될 것이다. 이러한 직종은 소외된 중간지대에서 인간의 스킬이 중요한 비중을 차지한다는 사실을 증명하며, 경영진으로 하여금 휴먼-머신으로 이루어진 팀 조직의 니즈를 새롭게 생각해볼 것을 요구한다(이는 MELDS 프레임워크의 *사고방식* 및 *리더십* 부분에 해당한다). 새로운 직무를 위해서는 교육, 훈련 및 경험이 필요할 것이다. 예를 들어 공감능력 훈련 전문가에게는 일반적인 학부 학위가 필요하지 않다. 성격상 공감능력이 충분한 고등학교 졸업자라면 사내 훈련 프로그램을 통해 직무에 필수적인 스킬을 교육받을 수 있다. 이러한 새로운 직무로 인해 제조 및 기타 직업군에서 전통적으로 블루 칼라에 해당되었던 직종이 서서히 진화하여 '노 칼라no collar' 노동력으로 부상하게 될 것이다.

반면 윤리 준수 관리자와 같은 다수의 새로운 직종은 높은 수준의 학위와 특수한 스킬셋을 요구할 것이다. 예를 들어 본 장 서두에서 언급한 다양한 훈련 전문가 역할의 경우, 대부분의 선두기업들은 이미 유아 발달 심리학 분야의 기법을 차용하여 훈련 프로세스를 조정하고 있다.

최종적으로 가장 중요한 것은 AI 시스템을 사용하는 기업들이 자신의 인재 및 학습 전략을 재고하여 더욱 효과적으로 직원을 유치, 훈련, 관리 및 유지해야 한다는 점이다. AI는 분명히 IT 부서뿐 아니라 비즈니스 전 영역에서 새로운 역량, 정책 및 프로세스를 요구할 것이다. 제7장에서는 이에 따른 관리상의 이슈를 보다 자세히 알아보도록 한다. 결국 다른 신기술과 마찬가지로 우리의 당면과제는 기술보다는 인간과 관련이 있기 때문이다.

제6장

보통사람들이 만들어내는 최고의 결과

AI가 생산성의 새로운 지평을 여는 세 가지 방법

무(無)에서 의자를 만든다고 생각해 보자. 일단 우주를 창조해야 한다. 결코 쉽지 않다. 사실 이 아이디어는 칼 세이건Carl Sagan이 아무 재료가 없는 상태에서 애플파이 굽기에 대해 이야기했던 유명한 인용구에서 따온 것이지만, 그의 생각은 의자 제작에도 여전히 적용될 수 있다. 간단히 말해 세이건이 전달하고자 한 뜻은 겉으로 보기에 아무리 간단해보이는 일이라도 기저에 깔려 있는 자연의 법칙이 없다면 불가능하다는 것이다. 모든 애플파이와 모든 의자에는 물리학과 수학이라는 우주가 있다. 그러나 제빵사와 디자이너의 일처럼 창조적 프로세스는 운 좋게도 대부분 유용한 가설과 이미 검증된 것을 기초로 한다. 물론 음식재료의 연금술사적인 조합이나 의자 다리의 각도 같은 어려운 부분은 숨겨져 있다. 이러한 부분이 전부 합쳐져 신뢰할 만한 레시피, 혹은 CAD 소프트웨어를 구성한다.

그런데 많은 사람들이 신뢰하는 레시피와 표준 소프트웨어가 오히려 새롭고 흥미진진하며, 아마도 보다 나은 애플파이나 의자를 만들 수 있는 가능성을 가로막고 있다면 어떻게 해야 할까? 다시 한 번 우주를 창조할 수 있는 툴을 우리가 만들 수 있다면? 이 툴을 통해 창의적인 사람들이 매번 우주를 창조해내야 한다는 부담 없이도 오래된 습관을 버리거나 기존의 관습에서 벗어날 수 있다면?

오늘날 이러한 툴은 실제로 존재한다. 오토데스크Autodesk의 엘보 체어Elbo Chair는 오늘날 우리가 어느 수준까지 창조할 수 있을지를 가늠해볼 수 있는 대표적인 예이다. 엘보 체어는 아름다울뿐 아니라 기존 의자와는 다른 기원을 가지고 있기 때문에 매우 혁신적인 가구이다. 호두나무로 이뤄진 엘보 체어의 간단한 프레임은 의자의 자연스럽고 유기적인 선을 강조한다. 바닥에서 자라고 있는 것처럼 생긴 두 앞다리는 좌판과 맞닿은 곳에서 부드럽게 뒤로 이어져 유려한 사선형 팔걸이를 이루고, 이어서 1단으로 이뤄진 가로형 등받이에 녹아든다. 마찬가지로 바닥에서 자라고 있는 것처럼 생긴 두 뒷다리는 좌판 부분에서 세 개의 얇은 가지로 나뉘어 앞으로 뻗어 나온다. 가지 두 개는 팔걸이를 지지하고 나머지 한 개는 등받이를 지지한다. 여기에 좌판과 팔걸이의 미묘한 곡선과 잔물결이 자연스러운 느낌을 더한다. 이것은 마치 지혜로운 버드나무가 사람을 위한 의자를 만들어 달라는 부탁을 받고 고안해낸 의자처럼 보인다.

이 의자의 심미적 매력보다 더욱 대단한 사실은 엘보 체어의 디자인이 AI 기반 소프트웨어를 사용한 디자이너로부터 탄생했다는 점이다. 오토데스크의 엘보 체어 디자인팀은 드림캐쳐Dreamcatcher 소프트웨어의 제너러티브 디자인generative design를 이용하여 예전에는 없었던 새로운 디자인 영역을 열었다. 디자인팀은 수백 개의 의자 모양을 생성시킬 수 있는 이 디자인 영역을 만들어내면서도 상세한 엔지니어링 스펙을 모두 충족했다. 엔지니어링 스펙의 요구사항에 따르면 좌판은 바닥에서부터 45cm 정도 높이에 있어야 하고 의자는 136kg 정도의 하중을 견뎌야 한다. 또한 한스 베그너Hans Wegner의 라운드 체어Round Chair와 유명한 람다 체어Lambda Chair를 참고하여 디자인되어야 한다. 머신러닝에 기초한 제너러티브 디자인 시스템은 이 두 모델을 합친 하이브리드 모델에서 시작하여 엔지니어링 조건을 충족하면서도 예상을 뛰어넘는 다양한 모양을 생성했다. 그 과정에서 마치 의자가 진화하는 생물인양 디자인이 변신하고 변화했다. 디자이너는 자신의 미적 기호와 직관적인 선호도를 발휘하는 큐레이터가 되어 수억 개의 의자 디자인 중 가장 만족스러운 하나를 선택했다. 결국 디자인팀의 최종 선택은 최초의 하이브리드 모델보다 자재를 18% 적게 사용한 디자인의 엘보 체어였다.[1]

오토데스크의 최고 기술 책임자인 제프 코왈스키Jeff Kowalski에 따르면 제너러티브 디자인 소프트웨어는 디자인에 대한 완전히 새로운 접근방식을 택하고 있다. 그는 "이러한 기술은 위협이 아니다. 오히려 초월적인 능력이다."라고 덧붙였다.[2]

정말로 초월적인 능력이다. 갑자기 디자이너는 과거에 참고할 수 있었던 디자인 대안과는 너무 다른 가능성, 즉 *유례없는* 디자인 영역과 완전히 새로운 옵션의 우주를 마주하게 된다. 또한 컴퓨터가 생성한 디자인은 디자이너의 아이디어를 더 멀리 뻗어나가게 한다. 그러나 이제 창의적인 보조장치를 추가로 확보하게 된 디자이너는 어떻게 될까? 이 시나리오에 따르면 디자이너는 작업자이자 큐레이터인 동시에 AI 디자인 어시스턴트의 멘토가 된다. 이처럼 디자인 프로세스가 새롭게 상상된다.

이제 우리는 소외된 중간지대 중 기계가 인간을 증강하는 우측 영역(그림 6-1)에 도달했다. 인공지능 툴은 디자인부터 의학, 엔지니어링 및 공장 가동에 이르기까지 다양한 영역에서 직원의 능력을 강화한다. 증강 현실부터 가상 현실, 애널리틱스 엔진, 로봇 팔 및 챗봇에 이르기까지 증강이 실현되는 형태는 다양하다. 그렇다면 AI에 의해 강화 및 증강된 인력workforce이 시사하는 바는 무엇인가? 업무 공간에 AI를 도입하는 것은 신입사원 연수기간에 노트북 컴퓨터나 소프트웨어 및 로그인 정보를 나눠주는 등 기업들이 이미 실시하고 있는 장비 및 기술 관리와 어떻게 다른가? 이번 장에서는 AI 도구가 단순반복적 업무를 자동화하는 데에 지나지 않고, 표준적인 업무 흐름을 완전히 바꾸어 휴먼과 머신의 공생관계를 만들어내는 과정을 살펴본다. 소외된 중간지대에 위치한 이러한 새로운 형태의 하이브리드 역할과 관계는 경영진에게 프로세스를 들여다볼 수 있는 완전히 새로운 렌즈를 제공하고 인간에게 강력하고 새로운 능력을 부여한다.

[그림 6-1] 소외된 중간지대-우측

증강의 세 가지 유형

AI의 증강 효과와 그로 인한 비즈니스 프로세스의 재창조는 휴먼-머신의 상호작용 범주 중 *강화*amplification, *상호작용*interaction, *구현*embodiment이라는 세 범주에서 이루어진다.

*강화*의 경우, AI 에이전트는 주로 실시간 데이터를 통해 탁월한 데이터 기반의 통찰력을 직원에게 제공한다. AI는 마치 당신의 두뇌와 같다. 그렇지만 사실은 더 뛰어난 두뇌이다.

엘보 체어의 사례는 *강화*의 가능성을 뚜렷이 보여준다. 제너러티브 디자인 소프트웨어는 인간의 상상력을 뛰어넘는 수준까지 디자인 영역을 확장했다. 다른 기업들도 직원 강화 툴worker-amplification tools을 이용하여 고객과 인터넷 상에서 건설적이고 예의바른 대화를 나눈다. 직원 강화 툴은 페이스북이나 트위터에서 고객과 상호작용할 때 고객의 감정을 분석하고, 직원에게 네러티브형 글쓰기에 관한 조언을 제공하거나 온라인상의 코멘트를 관리한다. 제약회사는 강화 기능을 통해 약물 시판 이후 해당 약물의 품질 관리를 모니터링한다. 방사선 전문의는 엑스레이 사진을 거는 방법을 학습하고 환자의 건강관련 데이터를 보기 쉬운 형식으로 제공하여 진단의 신속성과 정확성을 개선하는 소프트웨어의 지원을 받을 수 있다. 이들 사례에서 인간은 모두 AI를 이용하여 업무 효과를 개선하고 의사결정 프로세스를 향상시키고 있다.

*상호작용*의 경우, AI 에이전트는 목소리 기반 자연어 처리 기술 등 첨단 인터페이스를 적용하여 인간간의 상호작용 혹은 인간을 대신한 상호작용을 촉진한다. 이러한 AI 에이전트는 종종 개성을 갖도록 디자인되고 문제해결에 적절한 규모로 기능한다. 따라서 많은 사람을 한

번에 응대할 수 있다. 이러한 기술은 개인 비서 역할과 고객서비스 업무에서 찾아볼 수 있다. 아이피소프트의 안내데스크 에이전트인 아멜리아(제2장에서 언급했듯이 SEB의 애플리케이션에서는 명칭은 '아이다'이다)는 상호작용 범주에서 운영되는 AI 에이전트의 대표적인 예이다.

세 번째 범주는 *구현*이다. 강화와 상호작용은 주로 소프트웨어의 영역에서 경우에 따라 겉으로 눈에 띄지 않는 인터페이스를 사용하지만, 구현은 가시적이고 물리적인 공간에서 활동한다. 이 때 AI는 센서, 모터 및 액츄에이터와 결합하여 로봇으로 하여금 직원과 작업현장을 공유하고 물리적으로 협업하도록 한다. 이러한 로봇은 공장이나 물류창고에서 직원과 함께 일하며, 로봇의 부속기관, 패키지 수송용 자율주행 카트, 약품 배송용 드론 등의 형태를 띄게 된다.

특히 자동차 제조사는 첨단 제조라인에 이러한 구현 기능을 적용하고 있다. 상황을 인식하는 경량 로봇 팔, 그리고 제조라인에서 직원과 긴밀히 일할 수 있도록 디자인된 '코봇' 덕분에 제조사는 기존의 정적인 프로세스를 새롭게 상상할 수 있다. 동시에 직원은 이러한 스마트 기계와 협업하면서 새로운 역할을 맡게 되며, 기업은 고객에게 제공할 제품을 선택함에 있어서 가변성과 적응성을 높일 수 있다.

소외된 중간지대에서 일어나는 상호작용의 세 가지 유형인 강화, 상호작용 및 구현을 통해 기업들은 막강한 능력을 가진 직원을 얻게 될 뿐만 아니라 비즈니스 운영 방식을 새롭게 상상하고 있다. AI의 증강효과 덕분에 직원들은 로봇 업무같은 활동을 덜 하고 더 복잡하고 인간적인 업무를 수행할 수 있다. 직원이 일부 업무를 기계에게 넘기고 AI 비서와 협업함으로써 다른 종류의 업무에 집중할 수 있게 되자, 기업들은 새로운 휴먼-머신 역량을 중심으로 비즈니스 프로세스를 완전히 재창조할 수 있게 되었다. 증강을 기반으로 한 새로운 관계는 새로운 형태의 휴먼-컴퓨터 인터페이스를 요구한다. 소외된 중간지대에서는 어떠한 사용자 인터페이스UI가 지배적일까? AI가 새로운 UI 역할을 할까? 증강은 여러분이 속한 산업에 어떠한 영향을 미칠까? 이번 장은 기계가 제공한 막강한 능력을 중심으로 프로세스를 새롭게 상상하고 그 과정에서 이러한 질문을 해결한 기업의 사례를 제시한다.

인간의 능력을 강화하는 AI 에이전트

오토데스크의 드림캐처 소프트웨어는 유전 알고리즘을 통해 가능한 디자인 대안 탐색을 반복 수행한다. 이 소프트웨어는 스마트 에이전트가 직원의 편에 설 때 프로세스가 어떻게 변할 수 있는지를 보여주는 최적의 사례이다. 전통적으로 의자, 자전거 손잡이 및 비행기 칸막이 등 새로운 물체를 만들어내려는 디자이너는 일단 연구를 실시하고 아이디어를 스케치한 후, 스케치 결과와 컴퓨터 모델, 그리고 실제 프로토타입 사이를 왔다 갔다 한다. 디자이너는 이 과정을 반복하면서 감으로 어림짐작을 하는데, 이렇게 머릿속으로 계산을 하면서 디자인안을 다양하게 변경시켜 본다(그림 6-2 참고).

그러나 AI가 있으면 소프트웨어가 이러한 머릿속계산 과정을 넘겨받는다. 그 결과 디자인 프로세스는 새롭게 상상되며, 인간은 자신의 창의력과 미적 감각에 충분히 집중할 수 있게 된다. 디자이너가 우선 매개변수를 설정하면 소프트웨어는 빠른 속도로 반복작업을 실시한다. 소프트웨어가 디자인안을 내놓으면 디자이너는 매개변수를 보다 미세하게 조정하면서 어떠한 변수를 조정할 때 어떠한 결과가 도출되는지를 확인한다. 이처럼 디자이너가 하는 일은 디자인안을 조정하여 최종 디자인을 결정하는 것이다. 사례에서 보듯이 과거 프로세스는 디자이너가 요구하는 다른 리소스의 가용여부에 따라 다소 투박하고, 느리고, 제한적이었지만, 새롭게 바뀐 프로세스는 디자이너 자신의 판단력과 디자인 감각을 더 자주 발휘하여 가장 원하는 디자인으로 즉시 변경할 수 있다. 이처럼 적응력 있고 유기적인 접근방식은 미리 정해진 단계의 반복으로 이루어졌던 전통적인 디자인 프로세스와 대조적이다.

물론 디자이너의 업무나 프로세스만 AI를 통해 강화되는 것은 아니다. 필립스에는 일루메오Illumeo라는 방사선 전문가용 소프트웨어 도구가 있다. 이 소프트웨어는 엑스레이 영상과 함께 환자에 관한 배경 정보를 제공하기 때문에 방사선 전문가는 실험실 결과나 이전의 영상의학과 기록 등을 찾아다닐 필요가 없다. 무엇보다 가장 인상깊은 점은 이 소프트웨어가 다양한 영역의 배경지식을 갖고 있다는 점이다. 예를 들어 일루메오는 엑스레이 영상의 분석 결과를 인지하여 혈관 측정 및 분석용 툴 세트 등 상황에 맞는 툴 세트를 자동적으로 제안할 수 있다. 또한 이 소프트웨어는 방사선 전문가가 영상을 볼 때 선호하는 방식, 즉 영상배치 프로토콜hanging protocol을 학습한다. 일루메오는 어떻게 하면 AI 에이전트가 기존 인터페이스에 자연스럽게 녹아들 수 있는지를 보여주는 단적인 사례이다. AI 에이전트는 소프트웨어 툴 사용자의 선호도를 조용히 관찰 및 학습하여, 그러한 개인화 정보를 사용자 경험에 통합시킨다. 일루메오는 자신의 UI에서 AI를 활용하여 직원과 머신의 관계가 시간이 흐름에 따라 점차 적응 및 개선될 수 있도록 한다.[3]

[그림 6-2] 강화 기능 관련 직무

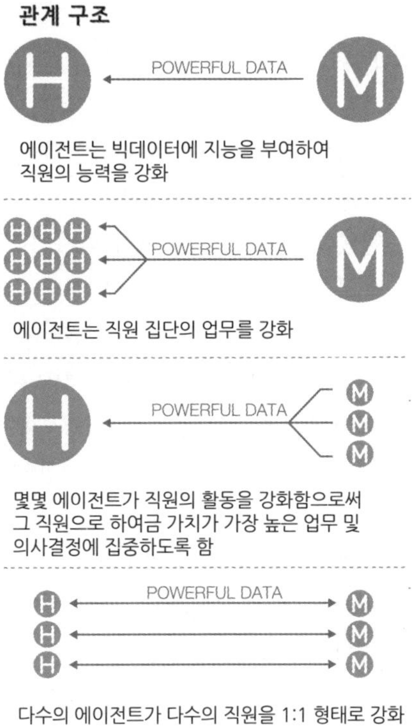

예시 활동

매칭:
- 리소스 및 Q&A 업무 매칭함
- 반복업무나 저차원 업무를 자동화함

추천:
- 대안의 순위를 매기거나 디자인함
- 리소스의 우선순위를 결정함
- 프로세스 변화를 자동화함

패턴 발견:
- 실시간 트렌드를 파악함
- 오퍼링을 개인화함
- 변칙 사례를 도출함
- 데이터 분류 및 경로를 지정함
- 전략적 결정을 증강시킴

지금까지 우리는 사무직에서의 강화 효과를 집중적으로 알아보았지만 현장 직원 또한 AI에 기초한 사용자 인터페이스를 통해 강화 효과의 이점을 누리고 있다. 특히 스마트 거울처럼 증강 현실을 경험할 수 있게 하는 AI 툴은 유지보수 작업과 현장 훈련을 바꿔 놓고 있다. 스마트 거울이 현장 직원들이 즉각 볼 수 있는 곳에 디지털 정보나 지시 사항을 표시하기 때문이다.

어느 한 글로벌 산업 서비스 기업의 기술자가 일반적으로 풍력 터빈

에어버스사의 AI

에어버스의 디자이너들은 드림캐쳐의 AI 기능을 이용하여 A320의 객실에 있는 갤리와 객실을 분리하는 칸막이를 재설계했다. 엔지니어들은 이 칸막이가 가벼우면서도(연료를 절약하고, 비행기가 탄소 배출량을 줄일 수 있음) 승무원을 위해 두 개의 점프 좌석을 고정할 수 있을 만큼 충분히 튼튼하기를 원했다. 컴퓨터 화면에서 디자이너들은 칸막이의 내부 구조에 대한 수천 개의 기이하고 예상치 못한 디자인을 통해 소프트웨어의 순환을 지켜보았다. 엔지니어들은 결국 이상하게 생긴 디자인 중 하나를 신뢰하게 되었다. 최종 선택된 칸막이는 전문가들에 의해 설계된 견고한 패널처럼 보이지 않고, 컬러링북에 있는 아이의 낙서처럼 보였지만, 여전히 강도, 중량 및 제조 가능성의 기준을 충족했다.

칸막이의 구조가 그렇게 이상하게 보이는 이유의 일부는 유전 알고리즘이 시작 패턴을 가지고 시딩seeded되었기 때문이다. 엘보 체어와 비슷하게, 생물학적 구조에 기초했다. 여러 접촉점에 효율적으로 연결되어 있어 슬라임 몰드를 사용했고, 접촉점에서 밀도 있게 자라고, 다른 곳에서도 빛과 공기가 잘 통하는 포유류 뼈의 형태도 사용됐다. 그 결과, 구조적으로 선의 무작위적 해시hash처럼 보였지만 가벼우면서 강하고, 사용되는 재료를 최소화하도록 최적화되어 있었다. 그런 다음 엔지니어들이 최종 제작 작업을 했다. 에어버스팀은 고강도 금속 합금으로 만든 백여개 이상의 개별적 칸막이 부품들을 3D 프린팅하여 모두 합쳤다. 항공 당국과의 스트레스 테스트와 인증 시험 후, 2018년까지 새로운 칸막이가 비행기에 배치될 수 있다.[a]

a. "Reimagining the Future of Air Travel," Autodesk, http://www.autodesk.com/customer-stories/airbus, accessed October 25, 2017.

의 컨트롤 박스를 연결하려면 컨트롤 박스와 안내 매뉴얼 책자를 번갈아 살펴보아야 한다. 그러나 증강 현실 기술에 기반한 핸즈프리 방식으로 기술자의 눈 앞에 나타나는 화면은 마치 안내 매뉴얼이 작업 현장의 공중에 떠 있는 것처럼 표시한다. 안내 매뉴얼을 직접 참고하는 전통적 방법과 비교했을 때 이 증강현실 헤드셋은 최초 이용시부터 작업자의 성과를 34% 향상시켰다. 이러한 신기술을 활용할 때에는 사전 훈련이 필요하지 않으며, 효율성 증대 효과도 즉각적으로 발생한다. 보잉Boeing에서도 유사한 사례를 통해 25%의 효율성 개선 효과를 달성하였으며, 다른 사례를 보더라도 생산성 향상이 평균적으로 32% 이루어졌음을 알 수 있다.[4]

상호작용 에이전트

우리는 제2장에서 아이다를 처음으로 만나보았다. 아이다는 스웨덴 은행인 SEB에서 가상 안내데스크 역할을 담당했다. SEB는 일정 기간 동안 아이다를 훈련 및 검증한 후 충분한 신뢰를 바탕으로 아이다에게 백만 여명의 고객과 직접 인터랙션하는 프로세스의 일부를 맡겼다. 이제 아이다는 고객이 SEB와 컨택하는 첫번째 창구이다. 이 소프트웨어는 자주 묻는 질문에 대한 답변을 제공하고, 사용자에게 프로세스를 안내하고, 은행 내부 시스템의 범위에서 업무를 수행하며 사용자의 문제를 해결하기 위해 필요한 후속 질문을 제시할 수 있다. 가장 중요한 기능 중 하나로, 아이다는 자신 있게 해결할 수 없는 문제를 만났을 때 고객과 인간 전문가를 연결시킨 후 이 전문가의 상호작용 방식을 학습한다[5](그림 6-3 참고).

물론 현재 사용할 수 있는 상호작용 에이전트는 매우 다양하다. 자

[그림 6-3] 상호작용 기능 관련 직무

관계 구조

인간은 내추럴 인터페이스(natural interface)를 통해 업무를 관리하면서 에이전트와 상호작용

에이전트는 다수의 사람을 대신하여 상호작용하고 필요한 경우 대상 사안을 타인에게 이양

예시 활동

관리:
- Q&A를 자동화함
- 직원이 고부가가치 상호작용에 매진할 수 있도록 지원함

코칭지도:
- 분야별 전문성이나 기업 정책에 따라 차선책을 유도함
- 문제해결을 위해 고객과 프로세스 배경 이해를 촉진함

대화:
- 음성 구동을 통해 서비스나 애널리틱스기기에 접근할 수 있도록 허용함
- 대화 중 자연어 검색 및 명령, 고차원적 즉흥성을 허용함

연어 처리 소프트웨어가 진화하면서 이러한 에이전트를 기존 프로세스에 통합할 수 있는 가능성이 보다 커졌다. 이러한 예로는 마이크로소프트의 코타나, 뉘앙스 커뮤니케이션즈Nuance Communications의 니나Nina 챗봇 뿐만 아니라, 은행 및 보험업무부터 여행, 의료에 이르는 다양한 애플리케이션에 쓰이는 자연어 AI 시스템인 IBM의 왓슨Watson이 있다. 액센츄어의 앨리스Alice 에이전트는 왓슨을 이용하여 일반적 질의에 응답하고, 콜레트Colette라는 또 다른 왓슨 기반의 에이전트는 주택 구매자의 모기지 관련 질의에 응답한다.

상호작용 에이전트는 단순히 전화상의 음성이나 컴퓨터 화면의 아이콘이 될 필요는 없다. 어떤 에이전트는 물리적 형태도 가지고 있다. 지금까지 대부분의 사람들은 아마존의 알렉사, 구글 홈, 애플의 시리

같은 소비자 지향의 자연어 기기에 익숙하다. 그러나 다른 에이전트도 있다. 원래 어린이들을 위해 디자인된 탁상용 로봇인 비큐 조위BQ Zowi는 개방형 아키텍처와 다양한 다른 용도에 잘 적응할 수 있는 재프로그래밍성을 가지고 있다. 비큐 조위는 이제 챗봇을 통해 일부 은행 고객들의 질문에 대답할 수 있다. 마찬가지로, 소형 휴머노이드 로봇인 나오Nao는 IBM 왓슨의 Q&A 서비스를 사용하여 은행, 여행, 건강 및 회사의 시스템, 어플리케이션 및 제품에 대한 기술적 질의에 답변한다.

이러한 상호작용 기능을 통해 소프트웨어 혹은 로봇 에이전트는 방대한 데이터 저장소에 접근할 수 있으며, 저장된 정보에 신속히 접근하여 이를 배포하기 위하여 자연어 인터페이스를 사용한다. 특히 다수의 고객 니즈를 한꺼번에 충족시켜야 하는 기업이라면 소외된 중간지대의 상호작용 기능을 통해 편익을 얻을 수 있다. 상호작용을 잘 이해한 기업은 고객서비스 센터에서뿐 아니라 판매 현장과 소비자의 가정에서도 고객서비스 프로세스를 개선할 수 있다. 상호작용은 직원들에게 단순반복적이고 지루하게 느껴졌던 업무를 경감시키기도 한다. 일단 이러한 업무가 사라지면 경영진 및 리더는 일반적이지 않고 흥미롭고 보다 뉘앙스가 가미된 고객서비스 상황을 중심으로 직원의 업무 프로세스를 새롭게 상상할 수 있다.

로봇과 친해지기

강화 및 상호작용은 소외된 중간지대에서 주로 정신mind과 관계된 부분을 증강한다. 반면 구현은 물리적 증강과 관련되어 있다. 구현의 사례는 독일 남서부에 위치한 메르세데스 벤츠 공장 등 제조 부문에서 주로 발견할 수 있다. 이 제조 공장은 매일 1,500톤의 강철을 사용하여 연간 40만 대 이상의 자동차를 생산한다. 이러한 규모를 보면 아마도 독자 여러분은 기름이 잘 칠해진 조립라인에서 최소한의 인력과 압도적인 수의 로봇이 일하는 광경을 상상할 것이다. 그러나 메르세데스는 오히려 일부 로봇을 없애고 인간을 중심으로 프로세스를 재디자인하는 중이다. 자동차 조립라인이 변하고 있다(그림 6-4 참고).

이러한 변화의 동력은 맞춤형 자동차의 부상이다. 이제 여러분이 구매할 자동차에 장착할 기능을 온라인상의 여러 선택지 중에서 고를 수 있다. 하나의 조립라인에서 똑 같은 모델 T^Model T^ 자동차가 양산되던 시대는 끝났다. 주로 미국에서 자동차를 세 가지 표준형으로 생산했던 트렌드 조차도 유행이 지났다.

자동차 생산의 다양성이 매우 확대된 오늘날, 자동차를 신속하게 제조할 수 있는 유일한 방법은 생산현장에 사람을 되돌려 놓는 것이다. 메르세데스의 생산계획을 이끌고 있는 마커스 셰퍼Markus Schaefer는 "벤츠는 공정프로세스의 보다 많은 부문에 사람들을 다시 배치하는 등 자동화의 극대화를 추구했던 과거에서 벗어나고 있다. 직원이 부분 자동화된 로봇을 가이드 하는 등 휴먼과 머신이 협업하게 되면 공장의 유연성이 강화되고 하나의 생산라인에서 생산할 수 있는 제품 다양성이 증가한다."고 말한다.[6]

이제 더 이상 안전성을 이유로 제조 공장을 둘로 나누지 않는다. 과거에는 공장을 대개 사람과 단절되어 일하는 중량화물 로봇을 위한 공간과 와이어를 정교하게 조작하고 섬세한 업무를 수행하는 직원을 위한 공간으로 나누었다. 그러나 이제는 새롭게 탄생한 코봇이 직원과

[그림 6-4] 구현 기능 관련 직무

관계 구조	예시 활동
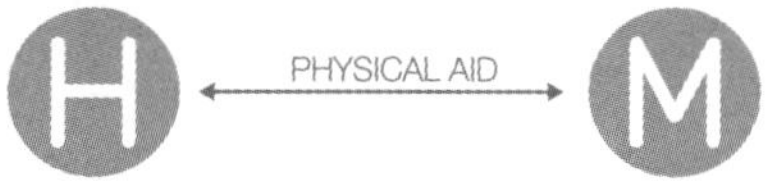 직원은 구현된 로봇과 협업하여 신체적인 작업 및 주변 환경 탐색을 증강	주변 환경 탐색 및 능력 확장: · 직원과 자율 기계를 중심으로 자체적으로 주변 환경을 탐색함 · 시각, 청각, 촉각 능력을 확장함 물리적 공간에서 협업: · 초정밀, 고난이도, 반복적 신체 작업을 지원함

로봇을 나란히 혹은 협력하여 일할 수 있게 하고 있다. 코봇은 시간이 흐르며 학습하는 스마트 소프트웨어와 당면한 상황에 적응하고 직원에게 즉각 반응하게 해주는 센서로 구성되어 있다. 이러한 기능이 실제 사례에 적용되면 코봇이 중량화물을 처리하고 반복적인 정밀 작업을 실시하는 동안 직원은 지능과 섬세한 손재주를 발휘할 수 있다. 이처럼 코봇은 말 그대로 현장직원의 신체적 능력을 확장한다.

MIT 연구는 이러한 형태의 휴먼-머신의 협업이 비즈니스에 효과적이라는 점을 입증했다. 메르세데스의 경쟁사인 BMW와의 연구를 통해 연구진은 자동차 공장에서 직원과 로봇의 상호작용이 직원 혹은 로봇의 단독 작업보다 생산성을 85% 개선했다고 밝혔다.[7]

메르세데스 공장에서는 한 작업자가 버튼과 시각 화면이 장착된 콘솔을 붙잡고 있다. 이 콘솔을 통해 작업자는 로봇 팔이 자동차 트렁크의 바닥을 구성할 중량 강철 웨지를 들어 올릴 수 있도록 가이드한다. 이 로봇 시스템은 주변 환경을 감지하기 위한 센서뿐만 아니라 사람이 중간에 끼어들거나 자동차 위치가 완벽하지 않을 때 로봇 액츄에이터에 신속히 가이드를 전달할 소프트웨어를 장착하고 있다. 이러한 유형의 코봇 시스템을 통해 작업자는 개별 자동차의 제작을 안내하면서 작업장을 통제할 수 있다. 그 결과 산업현장에서 수동 조작 작업이 확연히 줄어들고, 작업자는 마치 파일럿처럼 로봇을 자기 신체의 연장선상에 두고 작업하게 된다.[8]

코봇은 제조 부문에 큰 도움이 된다. 코봇이 프로세스의 유연성과 적응성 면에서 훌륭할 뿐만 아니라 직원에게도 만족감을 선사하기 때문이다. 모터 제조사인 SEW-유로드라이브SEW-Eurodrive에서 코봇과 협업하는 한 작업자는 업무 환경을 이렇게 서술한다. "코봇과 협업하면 내가 전체 시스템을 관장할 수 있기 때문에 매우 만족스럽다. 예전 작업라인에서 나는 프로세스의 일부만을 담당했을 뿐이다."[9]

코봇은 인체공학적인 면에서도 훌륭하다. 사우스 캐롤라이나South Carolina의 BMW 공장에서 엔지니어들은 자동차 제작 프로세스를 분석한 다음, 어떻게 하면 경량 로봇 팔을 직원이 작업하는 생산라인에 적절히 배치할 수 있을지를 살펴보았다. 그 결과 전기 배선을 보호하기 위한 도어 패널 고정 작업은 코봇이 수행하는 것이 제일 낫다는 사실을 발견했다. 예전에 직원이 이 작업을 수행했을 때는 손목 통증이 수반되었을 뿐만 아니라 다른 작업의 결과물보다 일관성이 낮았다.[10]

이제는 직원이 도어 패널을 느슨하게 장착한 후 이를 생산라인을 따라 근처 코봇으로 이동시키면 코봇이 작업을 마무리한다. 코봇에는 카메라와 센서가 장착되어 있어 직원이 가까이 있을 때 이를 감지할 수 있다. 주변 환경을 인지하지 못한 채 정해진 움직임만을 반복 수행했던 전통적인 산업 로봇과 달리, BMW 공장의 코봇은 직원을 넘어뜨리거나 부딪히지 않도록 잽싸게 피한다. 더 나아가 프로그래머 이외의 사람도 태블릿을 이용하여 이들 로봇을 재프로그래밍할 수 있다. 코딩 기술이 필요하지 않다. 또한 이 로봇은 무게가 가볍기 때문에 물류창고 어디로든 쉽게 이동될 수 있고 필요에 따라 다양한 과업을 수행할 수 있다.[11]

이제 휴먼-로봇 시스템은 직원의 업무 능력을 확장해주는 하나의 시스템으로 발전하였으며, 그 결과 직원은 업무에 따른 피로에 지치거나 부상당할 가능성이 낮아졌다. 이제는 신체 조건이 최상의 상태에 있는 노동자만이 공장 업무를 할 수 있는 것이 아니다. 많은 제조회사의 휴먼-로봇 시스템이 보여주듯이 구현 기능은 보다 많은 일자리 기회를 창출하고 있다. 나이 혹은 신체 조건으로 인해 육체 노동을 못하던 사람들도 코봇의 도움을 받아 육체 노동에 임할 수 있을 것이다.

물류창고에서도 비슷한 형태의 협업 움직임을 엿볼 수 있다. 아마존 주문처리 센터fulfillment center에 가보면 상품으로 가득 찬 선반이 저절로 물류창고 복도를 미끄러져 가서는 상품을 기다리는 직원에게 도달하는 것처럼 보인다. 사실 이 선반을 옮기는 것은 굴러다니는 땅딸막한 로봇으로, 이 로봇이 작업자에게 제품을 가져다주면, 작업자는 선반에서 물건을 꺼내 배송 상자 안에 넣는다. 로봇은 컴퓨터 비전을 통해 물류창고에서 현재 자신의 위치를 파악하고, 센서를 통해 충돌을 방지하여, 머신러닝 알고리즘을 통해 다른 로봇으로 가득 찬 물류창고에서 최적의 경로 및 우선통행 여부를 판단한다. 작업자는 이제 더 이상 포장할 제품을 꺼내기 위해 매일 수 킬로미터씩이나 걷지 않아도 된다.

구현 기능의 또 다른 사례에서는 드론이 전통적으로 의료면에서 소외되었던 르완다의 벽지에 주문형 의료서비스를 전달할 수 있도록 테스트를 실시하고 있다. 이러한 서비스를 개척 중인 기업인 집라인Zipline은 수혈용 혈액을 운반하여 주요 사망원인 중 하나인 분만후출혈을 해결하고자 한다.[12]

특히 드론은 AI가 적용되는 흥미로운 애플리케이션으로 부상했다. 실시간으로 영상을 처리하는 컴퓨터 비전과 스마트 알고리즘 기술 덕분에 인간은 자신의 시야와 배송 능력을 상공 및 통행이 불가능한 지역까지 확장할 수 있다.

집라인과 유사한 프로젝트를 수행하고 있는 국경 없는 의사회Doctors Without Borders는 매터넷Matternet이라는 기업이 개발한 소형 쿼드콥터 드론을 사용한다. 이 드론은 파푸아뉴기니의 외딴 보건소에서 결핵 의심 환자의 실험실 샘플을 주요 대형 병원에 전달하여 샘플이 검사를 받을 수 있게 한다.[13] 윙스 포 에이드Wings for Aid라는 또 다른 조직은 자연재해가 닥쳤을 때 무인 드론을 이용하여 벽지에 구호물자를 내려준다.[14]

적어도 단기적으로 로봇의 가장 효과적인 사용방법은 사람과 함께 작업하는 것이다. 로봇은 중량화물 이동과 반복 업무 수행에 우위를 갖고 있다. 사람은 손을 이용하여 와이어, 직물 혹은 기타 까다로운 자재를 잘 다룰 수 있기 때문에 즉시 환경에 적응하면서 판단을 내릴 수 있다. 이 둘의 협업은 여러 산업에서 그 산업군내 사람들과 프로세스에 대한 접근방식을 바꿔놓고 있다.

업무 대체에서부터 프로세스 전환에 이르기까지

소외된 중간지대의 우측에 위치한 강화, 상호작용, 구현 범주에서 AI는 직원에게 막대한 힘을 부여하여 직원의 작업 방식을 현격히 개선한다. 이 세 가지 범주를 소외된 중간지대의 좌측에 위치한 또 다른 범주이자 인간이 AI의 효과를 증대하는 방식인 훈련, 설명 및 지속과 결합해보자. 이제 새로운 변화가 눈에 보일 것이다.

조직이 휴먼-머신 협업의 잠재력을 십분 활용하기 위해서는 이 여섯 가지 새로운 업무 방식이 비즈니스 프로세스의 완전한 재창조를 요구한다는 사실을 먼저 인지해야 한다. 디자이너가 중요한 구조상 요건을 충족하면서도 예상치 못한 독특한 형태의 의자 디자인안 수천 가지 중 하나를 고를 수 있게 되었을 때, AI는 이전까지 닫혀 있었던 새로운 창조의 세계를 연 것이다. 자동차 제조사가 공장을 새롭게 상상하여 직원과 로봇이 함께 일하게 되었을 때, AI는 AI의 능력을 이용할 수 있는 훈련과 스킬을 보유한 디자이너를 요구함으로써 고도의 맞춤형 자동차가 탄생할 수 있는 규모의 환경을 촉진한 것이며, 더 나아가 결국 조립라인을 혁신하여 로봇과 직원이 협업하는 작업장으로 변신시킨 것이다.

풍력 터빈 박스를 연결하기 위해 헤드업 디스플레이를 착용하는 기술자의 사례에서 볼 수 있듯이 비즈니스 프로세스의 혁신으로 인해 작업 소요 시간이 1/3이나 감축될 수 있다. 그러나 제2부 서문에서 살펴본 스티치 픽스 등의 사례에서 볼 수 있듯이, AI 기술을 기반으로 완전히 새로운 비즈니스 모델이 등장하기도 한다. AI가 직원을 증강하면 그 효과는 단지 소규모의 점진적 수입 증대나 효율성 개선에 그치지 않는다. 직원은 보다 안전한 환경에서 자신이 가장 잘 하는 일을 보다 적극적으로 수행할 수 있게 된다. AI의 증강 효과는 조직이 비즈니스 프로세스를 근본적으로 재고rethink할 수 있는 가능성을 열어 미처 발견하지 못했던 이익 창출 기회를 찾고, 직원에게 힘을 실어주며, 새로운 시대에 걸 맞는 신규 비즈니스 모델을 발견할 수 있게 한다. 그러나 이러한 혁신을 추진하는 회사들이 참고해야 할 경영상의 시사점은 무엇일까? 새로운 형태의 업무의 상호작용에 대비하기 위하여 직원을 훈련 및 교육시킬 방법은 무엇일까? AI와 효율적 협업을 위해 새롭게 필요한 스킬은 무엇일까? 다음 두 장에서는 MELDS의 관점에서 이러한 질문에 답해볼 것이다. 제7장은 사고방식, 실험, 리더십 및 데이터에, 제8장은 스킬에 초점을 둔다.

제 7 장

프로세스의 재상상을 위한 리더 가이드

시작하기 위한 5단계

지난 두 장에서 우리는 소외된 중간지대를 깊숙이 파헤쳐 보았다. 중간지대의 한 쪽에서는 인간이 기계를 구축 및 관리하는 모습을, 그리고 다른 한 쪽에서는 기계가 인간에게 막대한 역량을 부여하는 모습을 살펴보았다. 소외된 중간지대 개념은 AI 시대에 인간과 기계의 가장 효과적인 협업 방법을 찾을 수 있도록 그 탐색 과정을 뒷받침하며, 비즈니스 프로세스를 새롭게 상상하는 데에 필수적이다. 그렇지만 아직 답하지 못한 중요한 질문이 남아있다. *비즈니스 프로세스를 새로게 상상하려면 실제로 어떠한 단계를 밟아야 하는가?* 관리자는 이 과정을 어떻게 진행시켜야 할까?

우리는 앞장서서 첨단 AI 기술을 실행하고 있는 기업을 관찰한 결과 다섯 가지 핵심 경영수칙을 발견했다. AI에 의한 비즈니스 혁신은 아직 초기단계이지만, 우리는 이러한 수칙들이 앞으로 나아갈 길을 보여준다고 생각한다. 이 수칙들은 서문에 소개된 MELDS 프레임워크의 구성요소이다. 이번 장에서는 그 중 네 개의 구성요소를 다루고자 한다.

- 경영진은 올바른 *사고방식*을 채택해야 한다. 단지 비즈니스 프로세스를 개선하는 것이 아니라, 비즈니스 프로세스와 업무 수행 방식을 완전히 새롭게 상상하는 것에 초점을 두어야 한다.
- 경영진은 AI *실험* 문화를 육성해야 한다. 이러한 문화를 통해 기술이 어느 부문에서 어떠한 방식으로 프로세스를 바꿀 수 있을지, 그리고 어느 지점에서 프로세스의 규모와 범위를 확대하는 것이 현명한지를 빠르게 파악할 수 있다.
- 경영진은 책임 있는 AI를 사용할 수 있도록 올바른 *리더십*을 보여야 한다. 이를 위하여 AI에 수반되는 신뢰의 문제 및 법적 윤리적 우려를 관리하고 일부 프로세스의 변경이 가져올 사회적 결과를 고려해야 한다.
- 경영진은 *데이터*가 가장 중요한 자원임을 인식해야 한다. 이러한 데이터는 기업이 사용하는 AI의 기초가 되는 자체 데이터뿐 아니라 보다 넓은 의미의 가용 데이터를 모두 포함한다.

간단히 말해 이번 장은 MELDS 프레임워크 중 MELD 부분을 집중적으로 다룬다. 스킬 부분인 S 부분은 다음 장에서 다룰 것이다. 이번 장에서 우리는 현재 선두기업들이 위의 네 경영수칙을 이행하는 실제 사례를 제시한 후, 기업의 장기 성장을 위해서 AI를 활용하고자 하는 경영진에게 가이드를 제공할 것이다. 우리의 프레임워크는 일반적으로 IT 및 비즈니스 혁신 방법론에서 다뤄지는 것보다 범위가 넓으며, 구체적으로는 기업 문화, 윤리, 소비자 및 직원 신뢰 등 첨단 AI 영역에서 간과되기 쉬운 사안을 모두 다룬다.

1. 사고방식: 새롭게 창조될 프로세스를 상상하라

새롭게 상상한다는 것은 완전히 다른 사고방식을 요구하는 작업이다. 기술 연구원인 쇼샤나 주보프Shoshana Zuboff가 한 말을 인용하자면, 새롭게 상상하는 것은 "우리가 당연시하는 세상에 균열"을 일으키는 일이다.[1] 현재 업무가 수행되는 방식에 '균열'을 일으킬 때, 기업은 새로운 비즈니스 모델을 상상하고 판을 뒤집는 혁신을 시도할 수 있다. 즉, 사람들이 단순히 기존 프로세스를 받아들이고 그 프로세스를 자동화하기 위해서만 AI를 사용하면 점진적 개선만이 가능할 뿐 그 이상은 달성할 수 없다. 현저한 성과 개선을 이루기 위해서는 이러한 균열, 즉 완전히 새로운 업무 수행 방식을 상상한 후 이러한 균열을 실현하기 위해 AI를 어떻게 사용할 것인지를 파악해야 한다. 우리는 이러한 목표를 달성하기 위하여 경영진에게 발견discover 및 서술describe, 공동 창조co-create, 확장scale 및 지속sustain으로 이루어진 3단계 방식을 추천한다.

발견 및 서술

프로세스를 새롭게 상상하려고 할 때 보통 사람들은 예전의 업무 수행 방식에 매달리게 되기 십상이며, 그 결과 가능성 있는 새로운 방식을 상상하기가 어려워진다. 이를 피하기 위해서는 전통적 비즈니스 프로세스와 AI를 통한 새로운 접근방식 사이의 차이를 늘 염두에 두고 있어야 한다. 즉, 우리의 연구 결과에 따르면 새로운 접근방식이 가져올 결과는 더 이상 직선적이 아니라 기하급수적이다. 변화는 더 이상 단편적이지 않고 인간의 주도하에 발생하지 않는다. 변화는 인간뿐만 아니라 기계의 실시간 입력real-time input에 기반하여 일어난다. 역할은 더 이상 인간만이 할 수 있는 직무와 기계만이 할 수 있는 직무로 구분되지 않는다. 역할에는 소외된 중간지대의 협업 직무도 포함된다. 또한 의사결정은 인간의 업무 수행 공간에서만 발생하지 않는다. 인간과 기계가 협업하는 공간에서도 의사결정이 이루어진다.

이렇게 새로운 관점을 가지고 있을 때 경영진은 새롭게 상상된 프로세스가 어떠한 모습일지를 발견하고 서술할 수 있다. 효과적인 방법 중 하나는 디자인적 사고design thinking 혹은 공감 디자인empathic design 등의 방법론을 사용하여 제품 혹은 프로세스 사용자의 실제 니즈를 파악하는 것이다. 이러한 방법론의 목표는 고객의 요구를 충족하는 완전히 새로운 제품 혹은 서비스를 제공하는 것으로 고객 경험을 혁신시키는 것이다. 특히 고객 경험에 나타난 '문제점pain point'을 찾아내는 것이 중요하다. 이러한 문제 지점을 파악함으로써 관리자는 AI 및 실시간 데이터를 통한 문제 해결 방법을 생각해야 한다. 과거에는 이러한 문제점 대부분을 해결하는 것이 현실적이지 않거나 심지어 불가능했다. 이를 해결하기 위한 솔루션의 비용이 엄두를 못 낼 정도로 높거나 기술적 역량이 없었기 때문이다. 그러나 오늘날에는 AI 기술이 매우 높은 수준으로 발달했기 때문에 기업들은 과거에 발목을 잡았던 고객 경험상의 문제점들을 해결할 수 있게 될 것이다.

프로세스를 새롭게 상상할 수 있는 기회는 조직 내·외부 양쪽에서 생긴다. 취약점은 HR 부서가 공석을 채우기 위해 시간을 과도하게 끄는 것처럼 길고 성가신 내부 프로세스에 있을 수도 있고, 고객이 보험사로부터 의료 시술에 대한 보험 승인을 받기 위해 수많은 양식을 제출해야 하는 것같은 지치고 시간 소모적인 외부 프로세스에 있을 수도 있다. 종종 프로세스 재창조를 위해 기회를 포착하는 일은 반복적 과정을 통해 이루어진다.

농부의 작업을 개선하기 위해 AI 시스템을 개발하고 있었던 대규모 농업 기업 사례를 떠올려 보자. 이 AI 시스템은 토양 구성, 과거 기상 데이터 등 다양한 출처로부터 방대한 양의 데이터에 접근할 수 있을 것이다. 원래 계획은 농부가 돌아오는 추수기에 수확량을 보다 잘 예측할 수 있도록 애플리케이션을 제작하는 것이었다. 그러나 이 기업은 추가 연구 및 관찰을 통해 AI 시스템이 해결할 수 있는 보다 시급한 사안을 알게 되었다. 농부들은 변화에 적응 가능한 실시간 적응형 추천 서비스를 대단히 원하고 있었다. 농부들은 어디에서 어떠한 작물을 기를지 혹은 흙에 비료를 얼마나 뿌릴지 뿌릴지와 같이 구체적이고 실행 가능한 조언을 필요로 하고 있었다. 농부의 불만사항을 발견하게 된 이 기업은 이를 해결하기 위한 시스템을 개발하여 천여 곳의 농지에서 이를 시험했다. 농부들이 실제 수확량에 만족하였다는 사실을 볼 때, 초기 결과는 긍정적이었다. 이러한 초기 테스트에서 생성된 데이터는 알고리즘을 개선하기 위해 사용되었다.

여기서 우리가 얻을 수 있는 교훈은 재창조할 수 있는 기회를 찾는 데에는 시간이 걸린다는 점이다. 경영진은 현재의 비즈니스 환경을 파악하고, 다양한 관찰을 통해 통찰력을 얻으며, 새롭게 상상될 프로세스의 잠재적인 가치를 파악해야 한다. 위의 작물 추천 시스템 개발에 관여했던 한 전문가는"해당 영역에 관한 지식과 가용 데이터에 관한 이해가 충분하다고 확신하기 전까지는 대단히 깊은 수준의 호기심과 인내심을 가져야 한다."고 조언한다.

한 가지 주목해야 할 사실은 데이터에 숨겨진 기회의 패턴을 포착하기 위해 필요한 관찰력을 AI가 크게 증강시킬 수 있다는 점이다. 예를 들어 첨단 머신러닝 알고리즘은 수백 개의 데이터 출처를 가려내려는 관리자에게 큰 도움을 줄 수 있다. 관리자는 고객 이메일, 소셜미디어 게시물 및 간접 데이터 등 여러 출처를 조사한 다음, 프로세스의 재창조를 통해 고객의 주요 불만사항을 가장 효과적으로 제거할 수 있는 지점을 파악한다(제3장에서는 AI를 통해 기업이 보다 정확하게 관찰할 수 있게 된 사례를 살펴보았다).

공동 창작

프로세스를 새롭게 상상할 수 있는 기회를 찾는 일과 그 기회를 좇는 일은 별개이다. 프로세스를 새롭게 상상할 수 있는 기회를 실현하려면 소외된 중간지대 상의 업무를 예측할 수 있는 능력이 필요하다. 새롭게 바뀔 업무 수행 방식을 마음 속에 그려볼 수 있으려면 경영진은 관련 이해관계자들이 공동 창작에 임할 수 있도록 독려해야 한다.

여러분이 아우디 대리점의 기술자라고 생각해보자. 갑자기 자체적으로 해결할 수 없는 엔진 문제가 발생했다. 이제 여러분이 할 일은 아우디 미국법인의 기술 콜센터에 전화하는 일이다. 이 콜센터는 290 곳이 넘는 미국 전역의 대리점으로부터 매달 8천여 통의 전화를 처리한다. 대부분 기술자들은 전화를 통해 문제를 해결한다. 그러나 아우디의 제품 품질 및 기술 서비스 책임자인 제이미 데니스Jamie Dennis에 따르면 약 6% 정도의 문제는 전문 기술자가 직접 대리점을 방문해야 해결된다. 이는 효과적이지만, 효율적이진 않다. 전문 기술자가 대리점에 도달하려면 두 시간에서 이틀까지 걸린다. 그동안 고객은 기다리고 있는 수밖에 없다.[2]

문제는 전문 기술자에 대한 수요가 쉽게 사라질 수 없다는 점이다.

자동차의 안정성은 한층 강화되었지만 동시에 디지털 측면에서 보다 복잡해지고 있기 때문에 일반 정비사도 IT 전문가가 되어야 한다. 안정성 강화와 복잡성 증대가 복합되면 대부분의 대리점 기술자는 새 모델에서 발생하는 복잡한 기술 문제를 해결하기 쉽지 않다. 이러한 변화는 고객이 자동차를 수리 받기 위하여 때로는 몇 시간이나 몇 일까지 기다려야 하는 이유를 설명해줄 수는 있지만 그렇다고 고객의 번거로움까지 경감해주지는 못한다. 그렇다면 정비사를 훈련할 수 있는 가장 좋은 방법은 무엇인가? 고객의 대기시간을 최소화하기 위해 전문 기술자를 멀리 떨어진 대리점에 배치시킬 수 있는 보다 나은 방법이 있을까?

아우디는 소외된 중간지대에서의 공동 창작을 통해 그 답을 찾았다. 아우디는 아우디 로보틱 텔레프레즌스ART, Audi Robotic Telepresence라는 원격 실제 로봇을 배치했다. ART는 기술자에게 진단 및 수리를 훈련시킬 뿐만 아니라 처음부터 수리에 소요되는 시간을 단축한다. AI를 통한 훈련과 직원 능력 강화가 결합되어 완전히 새로운 프로세스가 만들어지는 것이다. ART 덕분에 전문 기술자는 출장을 가는 대신 자신의 목소리와 얼굴을 원거리에 있는 ART의 스피커와 고화질 화면에서 나오게 할 수 있다. 전문 기술자는 자신의 사무실에서 로봇을 원격 조종할 수 있으며, 로봇은 현장에 있는 기술자가 자동차 엔진을 들여다보는 동안 기술자 바로 옆에서 바퀴로 움직이고, 회전하고, 보고 들으며 재빨리 이동한다. 이동성이 있는 이 로봇에는 다양한 시각 센서가 장착되어 있어 작업이 안전하게 이뤄지도록 하며, 그 결과 옆에서 일하는 작업자와의 신뢰 관계가 형성된다. 게다가 보이지 않는 곳에서 전문가와 기술자 간 시청각 커뮤니케이션 네트워크를 지원하는 AI 덕분에 원거리에서 로봇으로 구현된 기술자와 현장기술자 간 협업이 보다 공고해진다. 이는 여러분이 엔진 마모를 살펴보기 위해 엔진 실린더 쪽으로 보어스코프borescope를 낮출 때, 누군가로 하여금 이 작업을 어깨너머로 지켜보게 하는 것과 같다. 전문 기술자는 현장 기술자의 진단 및 수리 기술이 향상될 수 있도록 실시간 조언을 제공할 수 있다. 대리점의 기술자는 즉각 학습한다. 전문가적 지식이 전국을 횡단하며 즉각 적용되는 것이다. 고객은 보다 빨리 자동차를 수리 받을 수 있다. 이러한 혁신적 솔루션은 전문 기술자, 정비사 그리고 AI 기술 전문가가 함께 달성한 공동 창작을 통해 가능해졌다. 이번 파일럿 프로젝트를 실시하는 동안 표준 프로토콜에 대한 수정이 필요한 경우, 전문 기술자는 효과가 있거나 없는 사항에 관한 지속적인 피드백을 제공했는데, 이러한 과정이 공동 창작의 예이다.

확장 및 지속

프로세스의 재창조의 마지막 단계에서 경영진은 솔루션을 조정하고 계속적으로 개선하여 이를 지속시켜야 한다. 예를 들어 아우디는 2014년 6월, ART를 위한 파일럿 프로그램을 68개 대리점에서 개시했다. 파일럿 프로그램의 성공에 힘입어 아우디는 2016년 말까지 미국 전역의 대리점에 ART 로봇을 배치하겠다는 목표를 세웠다.[3] 또 다른 확장 및 지속의 접근방식으로는 새로운 시스템을 외부 고객에게 공개하기 전에 직원을 대상으로 내부 검증하여 사소한 문제를 미리 해결하는 방법이 있다. 제2장에서 논의했던 스웨덴 은행인 SEB가 바로 이러한 전략을 사용했다. 가상 비서인 아이다를 개발한 SEB는 이 에이전트를 우선 15,000여 명의 직원을 지원하는 헬프데스크에 배치시켜 본 후에야 백만여명에 달하는 은행 고객을 대상으로 서비스를 출시했다. 이러한 전략은 다음 섹션에서 살펴볼 아마존 고Amazon Go가 채택한 전략이기도 하다.

2. 실험: 실험을 상상하다

시애틀에는 들어가서 음료수를 하나 골라 그냥 나오기만 하면 되는 편의점이 있다. 계산대 소리는 전혀 들리지 않는다. 심지어 셀프계산대에서 헤맬 필요도 없다. 대신 카메라가 쇼핑객과 선반에서 꺼내지는 물건을 모니터링한다. 음료수병에 있는 임베디드 센서는 구매자의 휴대전화에 접속하여 계좌에 요금을 청구한다. 즉, 식료품 구매 프로세스가 자동화된 것이다. 이 가게의 이름은 아마존 고Amazon Go이다. 2017년 봄 현재, 아마존 고는 주로 아마존 직원으로 이루어진 제한적 인원에게만 서비스를 제공하고 있다. 이 가게는 아마존 웹사이트에서 바이나우Buy Now 버튼을 클릭하는 것만큼이나 쉽게 실제 점포에서도 쇼핑이 가능하다는 개념을 증명하기 위해 운영되고 있다.[4]

소매부문에서의 야심찬 실험인 아마존 고가 강조하고 있는 점은 하나 더 있다. 아마존은 실험 문화를 장려한다는 점이다. 아마존은 정신 나간 생각처럼 보이는 새로운 아이디어가 보다 발전할 수 있게 한다. 또한 실험을 설계하고 자금을 지원하며 실험을 직접 실시한다. 이 중 대다수가 실패로 돌아가지만 그것은 중요하지 않다. 제프 베조스Jeff Bezos는 "나는 아마존닷컴에서 그동안 수십억 달러에 달하는 실패를 저질렀다. 그러나 실험을 계속하지 않거나 실패를 받아들이지 않는 기업이 사라지기 직전에 할 수 있는 유일한 일은 운에 맡겨보는 것뿐이다."라고 말한다.[5] 베조스는 실험이 놀라울 만큼 강력한 힘을 가지고 있다고 굳게 믿는다(별지 섹션 '통제된 혼돈'을 보면 소매업계에서 실

통제된 혼돈

월마트Walmart의 스토어 No. 8Store No. 8은 하나의 '인큐베이터'로서, 이곳에서는 엔지니어와 혁신가가 로봇공학, 가상 및 증강 현실, 머신러닝 및 기타 인공지능 기술 등의 신기술 중 월마트의 사업과 관련 있는 기술을 시험한다. 2017년 5월에 발표된 스토어 No. 8은 다른 스타트업의 인큐베이터처럼 기업이 아이디어를 실험하고 새로운 컨셉에 대해 시행착오를 겪는 과정을 '피벗pivot'할 수 있도록 돕는다. 2016년 월마트가 30억 달러에 인수한 젯닷컴Jet.com의 창업자 마크 로레Marc Lore에 따르면 스토어 No. 8에서 만들어진 비즈니스와 혁신은 "조직의 다른 부분은 그대로 유지하면서 세계 최대 소매업체가 지원할 것"이라고 한다.[a] 즉, 스토어 No. 8은 대기업의 재정 지원을 받으면서도 대기업의 관료적 문화와는 분리되어 스타트업으로서의 자유를 누리게 된다는 뜻이다. 스토어 No. 8은 외부 스타트업, 벤처 캐피털 및 학계와의 협업을 촉진하여 독점 로봇, 가상 및 증강 현실, 머신러닝 및 인공지능 기술을 개발한다.[b]

월마트 창업자 샘 월튼Sam Walton이 새로운 아이디어를 시험하곤 했

험이 이루어지는 또 다른 사례를 확인할 수 있다).

구축-측정-학습

컴퓨터 비전, 센서 퓨전 및 딥러닝 등 아마존 고를 이끄는 기술은 아직 개발이 완성되지 않은 상태이다. 단적인 예로 아마존 고의 카메라는 고객의 손에 들린 무포장 상태의 과일이나 채소를 추적하는 데 어려움을 겪으며, 모자를 눌러쓰거나 스카프로 얼굴을 가린 고객을 잘 인식하지 못한다. 의도적이든 아니든 이러한 현상때문에 시애틀에서 시험 운영했던 아마존 고의 시스템이 잘못 작동한 경우도 있었다. 그러나 기술을 진보시키는 유일한 방법은 그 한계를 시험해보는 것이다.

던 곳으로 알려진 아칸소Arkansas 센터의 이름을 딴 스토어 No. 8을 보면, 월튼이 점포 관련 데이터를 수집하고 새로운 아이디어를 실험하는 일을 얼마나 높이 샀는지 알 수 있다. 기업의 규모가 클수록, 그리고 디지털 기술이 대부분의 소매업체에 혁명을 일으키기 전에 설립된 기업일수록 신속히 움직여 AI 같은 신기술을 받아들여야 한다. 기업 내부에 인큐베이터를 만든 월마트는 조직 내에 실험 문화를 확산시키는 일이 얼마나 어렵고 중요한지를 인정한 셈이다. 실제로 온라인 소매업체인 젯닷컴을 인수한 것은 기존의 기업 구조에 디지털 문화를 이식하기 위한 시도였다고 볼 수 있다.

이 과정에서 스토어 No. 8은 실험을 장려하는 문화, 베팅의 결과는 엄청나지만 그 누구도 모든 걸 걸고 베팅에 임할 필요는 없는 그런 문화를 만들고 있다.

[a]. Laura Heller, "Walmart Launches Tech Incubator Dubbed Store No. 8," *Forbes*, March 20, 2107, https://www.forbes.com/sites/lauraheller/2017/03/20/walmart-launches-tech-incubator-store-no-8/.

[b]. Phil Wahba, "Walmart Is Launching a Tech Incubator in Silicon Valley," *Fortune*, March 20, 2017, http://fortune.com/2017/03/20/walmart-incubator-tech-silicon-valley/.

따라서 아마존은 품질 관리를 위한 응급조치로서 직원을 고용하여 영상을 확인하고 사진을 훑어보도록 한다. 이를 통해 카메라가 물건을 제대로 추적하고 고객에게 알맞은 금액을 부과하는지를 확인한다(이는 바로 훈련 전문가와 지속 전문가의 업무처럼 보인다. 그렇지 않은가?). 아마존 고는 직원이 프로세스의 일부를 담당하는 자동화 프로세스의 예이다. 아마존 고의 목표는 시스템을 보다 많은 고객에게 공개하기 전에 시스템의 정확성 및 자율성을 확보하는 것이다.

아마존은 새로운 개념을 기업 내부적으로 테스트할 뿐만 아니라 유동인구가 많은 곳에 점포를 열기로 결정했다. 여기에서 핵심은 아마존이 자체 직원을 테스트 시장으로 정했다는 점이다. 직원들은 최소기능제품MVP과 A/B 테스트 기법을 통해 고객의 니즈를 파악하는 아마존의 접근방식을 이미 잘 이해하고 있기 때문에, 이들은 유용한 피드백을 제공할 수 있을 뿐만 아니라 일반 고객과 다르게 기술적 문제가 발생하더라도 아마존을 떠나지 않는다. 아이피소프트의 아멜리아를 AI 비서로 사용한 기업도 이와 비슷한 접근방식을 사용했다. 사소한 문제들이 해결되는 동안 직원들이 먼저 내부적으로 기술을 이용해 보았다. 일정 수준의 품질 관리가 이루어진 이후에야 그 기술을 일반 고객에게 공개하였다.

아마존의 사례를 보면 관리자가 최첨단 AI 기술을 적용하고 훈련 전문가 및 지속 전문가가 이 기술을 이행 및 테스트하기 위하여 얼마나 요령 있게 접근하고 있는지 알 수 있다. 아마존에 실험 문화를 불어넣은 베조스는 혁신을 이루기 위한 비밀병기를 가지고 있다. 그 비밀병기는 소외된 중간지대에서 거부감 없이 일할 수 있는 많은 직원들, 그리고 새로운 영역을 개척할 때 수반되는 불확실성에 잘 대처하는 많은 관리자이다.

아마존의 단계적 실행 전략은 소름 끼치는 프라이버시 침해와 사용편이성이라는 상충되는 교환관계에서 고객이 어느 수준까지를 허용하고 거부할 것인지를 이해하는 데에도 도움이 되었다. 아마존이 아마존 고 매장을 열겠다고 처음 발표했을 때, 많은 기술 관련 발행매체들은 우리가 매장에 들어갈 때 우리의 신원과 모든 움직임이 감시 및 기록되는 상황이 소름 끼칠 수 있다고 지적했다. 그러나 에코Echo와 같은 아마존의 다른 제품을 토대로 미루어보건대, 고객들은 자신이 상황을 통제할 수 있다고 느끼는 경우 감시 상황에 곧 익숙해진다. 예를 들어 에코 이용자는 '알렉사', '아마존', '에코', '컴퓨터' 등과 같이 시작을 알리는 단어를 내뱉지 않는 한, 자신의 대화가 녹음되지 않는다는 점을 알고 있다. 게다가 알렉사 앱은 저장된 대화 로그를 제공하고 고객은 이 기록을 삭제할 수 있다.

에코의 높은 이용률을 보면 사람들이 새로운 기술 규범으로 얼마나 빠르게 전환하고 있는지를 알 수 있다. 이용자가 그 기술을 통해 긍정적 가치를 얻고 있으며 일정 수준의 통제력을 갖고 있다고 느낄 때는 전환 속도가 특히 빠르다. 이와 유사한 사용자 통제력 및 인터페이스 투명성은 결국 아마존 고 매장에서도 제 역할을 할 것이다.

고객들은 온라인에서 고른 물건을 280~1,100평 규모로 예상되는 아마존 고 점포에서 수령할 수도 있고 점포 내에서 직접 쇼핑하면서 전통적 의미의 식료품점을 경험할 수도 있다. 식료품점은 꽤 복잡한 사업이다. 고객이 점포 안에서 경험하는 것들 중 일부를 자동화하고자 한다면 직원은 어떠한 업무에 적합하고, 기계는 어떠한 업무에 적합하며, 직원과 기계의 협업이 어떠한 업무에 가장 효과적일지를 제대로 이해해야 한다. 현재 아마존은 휴먼과 머신의 능력이 가장 효과적으로 배합된 비율을 알아내고자 노력하고 있다. 아마존에 따르면 아마존 고에서는 더 이상 계산대 직원이 필요하지 않겠지만, 총 직원 수는 일반 편의점의 직원 수와 동일할 것이다. 따라서 직원의 어떠한 역할이 새롭게 탄생할 것인지는 두고 보아야 할 것이다.[6]

표준적인 비즈니스 프로세스의 시대는 저물었다. 따라서 기업들은 이제 더 이상 업계 선두주자의 베스트 프로세스 사례를 그대로 복제하겠다는 목표를 세울 수 없다. 그렇기 때문에 실험이 핵심적 역할을 담당하게 된다. 관리자들은 자신의 비즈니스가 가진 독특한 특성에 맞게 프로세스를 설계해야 한다. 그러나 여기에 조건이 하나 있다. 맞춤형 프로세스를 도입하려면 관리자와 리더는 조직내 인력들과 문화를 누구보다 잘 알고 있어야 하며, 그렇게 해야 실험의 이행 방식과 시기를 파악할 수 있다는 점이다. 예를 들어 프로세스 변화에 대해 직원의 동의를 얻기 위하여 리더는 명확한 목표를 제시하고, 실험 과정상의 실수나 실책을 비난해서는 안된다. 사실 과학은 가설을 뒷받침하지 못한 실험을 실패라고 부르지 않는다. 과학은 그것을 데이터라고 부른다.

3. 리더십: 휴먼과 머신이 융합된 문화를 상상하다

상당수 기업의 경영진이 마주하고 있는 큰 과제 중 하나는 책임 있는 AI를 받아들일 수 있는 조직 문화를 만들어야 한다는 것이다. 많은 이들이 본능적으로 기술을 신뢰하지 않을뿐더러 그러한 공포는 일자리 대체에 대한 우려로 인해 더욱 증폭되기 때문에, AI를 받아들이는 조직 문화 조성은 어려운 과제이다. 관리자는 직원이 AI 동료를 보다 편안하게 느낄 수 있도록 소외된 중간지대의 양쪽에서 발견되는 역할 및 상호작용을 잘 활용해야 한다. 후술하겠지만 이 과정에서 훈련 전문가, 설명 전문가 및 지속 전문가의 스킬은 핵심적이다. 그러나 이에 못지 않게 중요한 것은 AI의 증강 기능을 활용하여 조직 내에 긍정적인 경험을 확산시키는 것이다. 직원들에게 여러분이 AI를 도입하는 이유가 특정 업무를 대체하고 프로세스를 새롭게 상상하기 위해서라는 점을 분명히 밝혀야 한다. 또한 AI 툴이 직원을 증강하고, 직원의 일상 업무를 덜 지루하면서도 보다 흥미롭게 만들 수 있다는 점을 증명해야 한다.

한편 오늘날 기업들이 직면하고 있는 현실은 다음과 같다. 자율주행차의 안전 논의에 있어서, 토요타 연구원Toyota Research Institute을 총괄하는 길 프랫Gill Pratt 박사가 지난 2017년 미국 국회의사당에서 국회의원들에게 밝힌 바에 따르면, 사람들은 기계보다는 인간이 저지른 실수를 더 잘 용서하려는 경향이 있다.[7] 우리가 기계에 대해 갖고 있는 신뢰는 비일관적이고 애매모호하다는 연구 결과도 있다. 2009년 연구에 따르면 사람들은 자신이 읽는 주식 보고서가 통계 예측 시스템에 의해 작성되었다고 생각한 경우보다 전문가human의 손에 의해 작성되었다고 생각하는 경우에 보고서의 의견을 더욱 적극적으로 반영하여 예상 주가를 수정했다. 2012년의 또 다른 연구에 따르면 사람들은 컴퓨터 보다는 의사의 의학적 소견이 더 정확하고 윤리적이라고 생각하며, 반대의 증거가 제시되더라도 이 의견을 수정하지 않았다. 2014년 연구는 "사람들은 알고리즘과 인간 예측담당자가 같은 실수를 반복할 때, 인간보다는 알고리즘에 대한 신뢰를 더 빨리 철회한다."고 밝혔다. 같은 해 펜실베니아 대학University of Pennsylvania의 연구자 세 명은 사람들이 기계가 아닌 인간에게 더 많은 신뢰를 갖고 싶어하는 욕구에 대해 '알고리즘 혐오algorithm aversion'라고 이름 붙였다.[8]

알고리즘의 상호작용면에서 가장 선진적인 문화를 보유한 산업을 꼽으라면 아마도 금융 트레이딩 산업이 포함될 것이다. 그러나 여기에서도 알고리즘 혐오가 주요 장애물로 작용하고 있다. 시스테마티카Systematica의 레다 브라가Leda Braga는 2015년, 알고리즘 트레이딩만을 다루는 투자운용사를 설립했다. 브라가는 트레이딩 영역에 인간의 역할이 남아있다는 점은 인정한다. 예를 들어 행동주의 투자자나 공매자는 기업의 지배구조 및 기본사항과 경영진에 대한 깊은 연구를 통해 업무를 수행하기 때문에 이들의 역할은 사라질 수 없다. 브라가는 금융의 미래가 자동화에 있다고 확신한다. 그러나 그 과정에서 시스테마티카의 접근방식은 인간이 기계가 아닌 인간 의사결정자를 더욱 선호할 경향과 같은 걸림돌에 부딪히게 되었다. 브라가는 "시스테마티카의 걸림돌은 알고리즘 혐오이다. 우리는 대부분의 애플리케이션이 인간보다 업무를 더 잘 하더라도 여전히 인간이 우리를 위해 일해주기를 바란다"고 말한다.[9]

물론 알고리즘 혐오 중 일부분은 바람직한 면이 있다. 퓨 센터Pew Center의 최근 연구와 우리의 자체 연구에 따르면, 관리자는 AI가 야기한 복잡한 변화 속에서 회의론과 긍정론 간의 균형을 사려 깊게 잡을 수 있도록 해야 한다.[10] 이러한 균형 잡힌 접근법은 AI 긍정론에 오히려 힘을 실어줄 수 있다. 예를 들어 과거에는 은행 직원이 인종, 성별 및 주소 등을 근거로 편향된 시각을 가지고 대출 신청자에게 부적격 판정을 내릴 수 있었지만, 이제 은행은 보다 완벽한 데이터를 바탕으로 편향 없이 대출을 심사할 수 있다. 의료서비스 기관 또한 AI를 이용하면 의료진이 미처 처리할 수 없었던 일부 업무를 경감하거나 조정할 수 있기 때문에 환자를 원하는 만큼 진료할 수 있고, 그 결과 비용이 절감된다는 점을 깨닫고 있다.

물론 우리는 AI가 할 수 있는 일과 할 수 없는 일이 정확히 무엇인지, 그리고 어떻게 하면 AI를 비즈니스 프로세스에 잘 맞게 적용할 수 있을지를 아직도 알아가는 중이다. 따라서 모든 AI를 똑같이 맹목적으로 신뢰하는 것은 도움이 되지 않는다. 인간의 적절한 판단력은 여전히 AI 이행의 핵심 요소이다.

그러나 소프트웨어 봇에서부터 다관절 로봇 팔에 이르기까지 AI는 이미 다양한 비즈니스 영역에 스며들어 기업의 직무 기술서를 변화시키고 조직도를 재정의했다. 이러한 상황에서 어떻게 하면 신뢰의 문화를 조성하여 직원이 로봇 동료를 신뢰하도록 만들 수 있을까? 한 가지 방법은 본 장의 '실험' 부분에서 논의했듯이 AI를 테스트하고 훈련시키는 것이다. 그런 다음 솔루션이 본격적으로 사용될 준비가 되면 다음과 같은 기본 툴과 기술을 이용해 신뢰와 합리적 사고를 조성할 수 있다.

가드레일 설치

첫번째 방법은 AI 기반 프로세스에 가드레일을 설치하는 것이다. 가드레일을 설치하면 관리자나 경영진은 의도치 않은 결과에 대한 통제력을 가질 수 있다. 마이크로소프트의 챗봇인 테이Tay가 그 예이다. 지난 2016년 트위터Twitter에 도입된 이 봇은 다른 트위터 사용자와의 상호작용을 통해 학습한다. 테이가 훈련을 통해 단 몇 시간 내에 저속하고 인종차별적이며 성차별적인 단어를 트위터에 게재하게 되자, 테이의 개발자는 이러한 단어를 재빨리 웹에서 삭제했다.[11] 마이크로소프트는 이러한 문제를 방지하기 위해 어떠한 보호책을 사용해야 했을까? 키워드 필터나 내용 필터 혹은 감정을 모니터링하는 프로그램이 보호책 역할을 담당할 수 있었을 것이다. 마찬가지로 각 산업에서는 AI에게 허용되는 것과 허용되지 않는 것의 경계를 명확히 할 필요가 있다. 그리고 이러한 경계를 산업 내의 여러 사람과 공유해야 한다. 일반적으로 조직 내에서는 지속 담당자가 AI의 경계, 한계 및 의도치 못한 결과에 대한 질문을 제기하고 AI 시스템을 지속 운영하기 위한 가드레일을 개발한다. 그 결과 가드레일은 AI에 대한 직원의 신뢰를 강화한다.

인간이 설정한 체크포인트 확인

자동화 기술 공학자 중 92%는 로봇을 완전히 신뢰하지 않는다. 인간은 로봇이 무엇을 '생각하고 있는지' 혹은 다음에 무엇을 하고자 하는지에 대해 모르기 때문이다. 즉, 인간에게 로봇은 불가사의한 블랙박스이다. 이 기술 공학자 중 76%는 신뢰 부족을 해결하기 위하여 계측치가 표시된 대시보드와 분석 정보를 제공하는 시각화된 결과값을 활용해야 한다고 제안한다.[12] 이 방법을 활용하면 간단하게 시스템의 불투명성을 줄이고 인간을 로봇과 협업 프로세스내에 계속 둘 수 있다. 이 과정에서는 설명 전문가의 역할이 핵심적이다. AI 시스템의 마인드를 모두 알 수는 없겠지만 AI의 내부 작동원리에 관한 통찰력을 갖는 것은 매우 유용할 수 있다. 설명 전문가는 사람들이 시각화 정보에서 어떠한 정보를 보아야 하는지, 그리고 시스템이 어떠한 정보를 공유하는 것이 중요한지를 파악해야 한다.

'도덕적 크럼플 존' 최소화

우버Uber, 리프트Lyft, 그리고 아마존의 미케니컬 터크Mechanical Turk 등의 서비스에 사용되는 AI 기반 소프트웨어는 관리자의 역할을 증강하고 있다. 이 AI 소프트웨어는 업무를 분배하고 피드백 및 평점을 제공하며, 이용자가 목표 달성도를 추적할 수 있도록 한다. 비즈니스 모델이 확장 가능하고 세계적으로 수십만 명의 직원을 고용하는 기업의 경우, AI를 통한 관리 역량 강화는 필수적인 혁신이다. 그러나 관리자는 관리 업무 중 특정 활동을 AI에게 이양할 수는 있지만, 그러한 활동을 관리해야 하는 기본적 책임까지 이양할 수는 없다.

이러한 이슈는 그 성격이 복잡하기 때문에 관리자는 섬세하고 사려 깊게 AI를 설계해야 한다. AI를 통해 강화된 관리자가 경영진, 직원 및 사회의 관계를 재설정할 때, 기업은 이러한 변화에 수반될 보다 크고, 강력하며, 의도하지 않았을 수 있는 결과를 인지하고 있어야 한다. 우리는 AI를 통해 강화된 관리자가 실패를 하더라도 결코 다른 사람에게 피해를 입히지 않을 새로운 메커니즘을 필요로 한다. 그러나 이러한 메커니즘을 개발하려면 '도덕적 크럼플 존moral crumple zone'의 개념을 먼저 이해해야 한다.

자동차에서 크럼플 존은 충격을 흡수하여 운전자가 심각한 상해를 입지 않도록 설계된 부분이다. 특정 AI 관리 시스템의 경우, 이 시스템이 제대로 작동하지 않으면 그로 인한 충격은 직원과 고객 등 사람이 받게 된다. 그렇게 되면 시스템에 대한 신뢰도는 낮아질 수밖에 없다.

도덕적 크럼플 존은 민족지학자인 매들린 클레어 엘리시Madeleine Clare Elish와 팀 황Tim Hwang이 만든 용어이다. 두 학자의 연구에 따르면, 디지털 세계에서 승차 공유 등의 서비스에 대한 통제력은 다수의 인간 및 비인간 참여자에게 분산되었지만, 책임 소재에 관한 사회적 · 법적 인식은 여전히 개인에게만 머물러있다.

엘리시는 2016년 보고서에서 도덕적 크럼플 존의 실제 사례를 제시했다.[13] 엘리시는 승차 공유 서비스를 불러 자신을 마이애미 공항까지 데려다 달라고 했다. 기사는 지도 앱이 제공한 마이애미 공항행 경로 중 첫번째 옵션을 선택하여 출발했다. 이동 중 엘리시는 잠들었고, 나중에 깨어났을 때는 이 플랫폼에 익숙하지 않은 기사가 이미 그녀를 여객 터미널에서 20분 떨어진 지점으로 데려간 후였다. 엘리시를 다시 공항까지 안내할 의무가 없어졌음에도 불구하고 기사는 앱이 제공하는 승차 요청을 취소하고 일부 구간 동안 그녀에게 무료 승차를 제공했다. 결국 기사는 그녀를 제시간에 맞춰 공항에 내려주었고, 엘리시는 비행기를 놓치지 않을 수 있었다.

이 사례의 승차 공유 서비스는 기사와 고객 모두를 실망시켰지만, 이런 부정적인 경험을 등록할 수 있는 직접적인 방법을 제공하지 않았다. 주요 피드백 기능이라고는 기사와 승객이 서로에게 평점을 내리는 것뿐이었다. 그러나 앱이 부정확한 주소를 알려주고, 기사가 길을 잘 몰랐으며, 엘리시가 잠이 드는 바람에 중간에 경로를 수정할 수 없었던 일련의 상황 가운데 누구에게 책임 소재가 있다고 해야 할까?

엘리시는 다음과 같이 도덕적 크럼플 존을 설명한다:

> 고도로 복잡하고 자동화된 시스템 환경에서 인간은 전체 시스템이 기능하지 않을 때 우연히든 의도적이든 도덕적 · 법적 책임 부담을 가장 크게 지는 일개 구성요소로 전락할 수 있다. 도덕적 크럼플 존이라는 비유는 단순히 책임전가에 관한 내용이 아니다. 이 용어는 자동화된 자율 시스템이 독특하고 체계적인 방식으로 책임을 모면하는 현상에 주의를 환기시키고자 만들어졌다. 자동차의 크럼플 존은 운전자인 인간을 보호하기 위해 만들어졌지만, 도덕적 크럼플 존을 통해 기술은 시스템 자신의 무결성을 보호한다.[14]

알고리즘적으로 관리되는 크라우드 플랫폼의 경우 인간 운영자는 사실은 시스템이 일으킨 문제에 대해서 고객으로부터 부정적인 피드백을 받아야 하는 '책임 스펀지liability sponge'가 될 수 있다. 게다가 운영자는 보험료, 주유비 및 마모 비용 등 자동차에 발생한 대부분의 비용을 책임지는 동시에 승차 제공 자동차에 문제가 생기면 승차 제공 앱을 대신하여 책임을 져야 한다.

이러한 결점을 보완할 수 있는 방법에는 몇 가지가 있다. 첫째, 알고리즘에게 책임을 지우고, 문제의 근본 원인을 파악하여 문제를 해결할 수 있는 방법을 마련하는 것이다. 책임은 직원에게만 있는 것이 아니다. 둘째, 시스템의 일부를 차지하는 직원이 AI의 잘못을 지목할 수 있도록 능력을 부여하는 것이다. 우리가 직원의 판단력과 값진 배경지식을 신뢰한다면 직원들은 서비스에 대한 품질 보증을 제공할 수 있다. 셋째, 평점 시스템이 인간뿐 아니라 알고리즘이나 기계에 대해서도 적용되도록 해야 한다. 넷째, 통제력과 책임 사이의 불일치가 발생하는 지점을 지속적으로 찾아야 한다. 도덕적 크럼플 존과 책임 스펀지를 발생시킬 수 있는 시스템으로 인한 문제를 완전히 해결하기 위해서 기업들은 문화적 가치와 규범을 재정비하는 데에 각고의 노력을 기울여야 한다.

법적, 심리적, 기타 이슈 고려

준법감시 부서와 지속적인 대화를 시작해 보라. AI가 보고서 병합 및 데이터 분류 등의 준법감시 업무를 지원하지만, 동시에 문제점도 야기한다는 점을 알 수 있다. 때때로 적응형 AI 시스템이 예상치 못한 반응을 내놓기 때문이다. 따라서 어떻게 하면 AI를 기존의 리스크 관리 프로토콜에 맞게 적용하고 프로토콜의 어떠한 부분을 강화하여 역동적인 AI가 의사결정을 담당할 수 있게 할 것인지를 알아야 한다. 이 과정에서는 훈련 전문가, 설명 전문가 및 지속 전문가 등 소외된 중간지대의 왼쪽 편에 위치한 역할이 중요하다.

보다 일반적으로 살펴보자. 직원에게 AI 시스템의 결과물을 수정할 수 있는 능력이 부여되면, 직원은 자신이 단지 톱니바퀴의 이가 아닌 프로세스의 주체적 구성원이라고 느끼고 AI를 보다 쉽게 신뢰하게 된다. 한 엔지니어가 유전 생산량을 달성 가능한 적정 수준인 2% 정도만 증가시키려고 한다고 생각해보자. 엔지니어는 AI 소프트웨어의 매개변수를 조정하고 결과값을 면밀히 모니터링하는 등 AI를 통해 목표를 달성하고자 할 것이다. 이 과정에서 엔지니어는 소프트웨어가 의도대로 작동하는지를 확인하는 지속 전문가의 역할을 담당하게 된다. 결국 AI의 도움으로 목표를 달성한 엔지니어는 학습을 통해 AI 시스템을 신뢰하게 된다. 사용자에게 알고리즘에 대한 일정 수준의 통제력을 부여하면 그 사용자는 알고리즘의 우수성을 인정하고 미래에도 계속 AI 시스템을 이용할 가능성이 높다는 점이 연구 결과를 통해서도 밝혀졌다.[15]

그러나 실제로는 알고리즘을 통제하는 것이 언제나 가능하지는 않다. 병상을 환자에게 할당하는 복잡한 업무를 예로 들어보자. 어느 한 기업이 병상의 디지털 모델을 만들어 환자 할당 계획을 세웠다. 일반적으로 효율적으로 운영되는 병원은 어느 시점에서든 70~80%의 병상 사용률을 기록하는데, 이 소프트웨어를 사용하면 그 비율을 90% 이상까지 높일 수 있다. 한 병원의 관리자는 이론상 10~15%의 병상 사용률 증가를 기대하면서 이 소프트웨어를 해당 병원에 적용하였으나, 결과는 0% 개선이었다. 그 이유를 조사해보니 문제는 인간의 다이나믹스에 있었다. 예를 들어 동일한 동에서 오랜 기간 같은 의사와 업무를 수행해 온 간호사는 경험에 기초해 의사 결정을 수행했다. 따라서 AI

가 환자 배치에 관한 추천을 제공하면, 알고리즘의 우수성을 믿지 않는 간호사는 그 추천을 그냥 무시해 버렸다.[16]

관리자는 어떻게 간호사들이 AI를 신뢰하게 만들었을까? 특정 환자를 특정 병상에 배치하는 것이 왜 올바른 선택인지를 단순히 설명했을 뿐이었다(예를 들어 설명 전문가가 소프트웨어 인터페이스 설계에 참여하여 병상 할당에 관한 간략한 설명 및 근거를 수록할 수 있을 것이다). 관리자는 직원이 적절한 설명을 제공받지 못한 경우, 알고리즘의 추천보다 다른 직원의 판단을 더 믿으려고 한다는 사실을 발견했다. 동시에 그 과정에서 병상 할당을 실시하는 담당자에게 재량을 부여하여 의사결정권을 가지도록 해야 한다는 사실도 알게 되었다.[17]

앞서 살펴본 유전 엔지니어 사례에서처럼 AI 시스템에 대한 신뢰를 고양하기 위해 경영진은 AI 시스템의 결과물에 대한 직원의 기여도를 높이고 이를 통해 직원이 시스템 내부 작동과정에 대해 주체의식을 갖도록 해야 한다. 또한 병상 할당 사례에서 볼 수 있듯이, AI가 자신의 의사결정을 설명할 수 있도록 설계되어 있어야 하며 인간은 의사결정에 일정 부문 자율성을 가질 수 있어야 한다. 근본적으로 신뢰에 기초한 프로세스를 개발하려면 시간과 실험이 필요하다. 그러나 여러 사례 연구에 비추어 볼 때, 휴먼, 머신, 그리고 휴먼과 머신의 조합 등 모든 당사자가 서로 신뢰하는 프로세스에서는 모든 당사자의 성과가 개선된다.

4. 데이터: 데이터 공급망을 상상해보자

양질의 데이터는 AI에 있어서 가장 기본적인 요소이다. 즉, 양질의 데이터는 AI를 작동시키는 필수 연료이다. 이 필수적 연료를 공급하기 위해서는 데이터를 하나의 완전한 엔드투엔드 공급망이라고 생각하면 된다. 이러한 가정은 데이터에 대한 근본적으로 새로운 접근법이다. 즉, 각자 분리된 개별 부서가 정적인 프로세스를 통해 데이터를 관리한다고 보지 않고, 한 기업이 역동적이고 전반적으로 데이터 정보를 포착, 정제, 통합, 선별 및 저장한다고 보는 것이다. 데이터는 머신러닝, 딥러닝 및 기타 AI 애플리케이션에 의해 소비되기 때문에 다양성, 품질, 유용성, 규모 면에서 수준이 높아야 한다. 여기에서 반드시 기억해야 할 것은 AI 시스템이 피드백 순환을 통해 훈련을 받기 때문에 알고리즘의 개선은 데이터의 정성적 · 정량적 수준에 달려있다는 점이다. 즉, 시스템의 품질은 시스템 훈련에 사용된 데이터의 품질만큼만 우수하다. 따라서 기업들은 소외된 중간지대에서의 역할 중 데이터를 인식한 후 이를 분석 목적으로 전처리하는 역할에 초점을 맞추어야 한다. 데이터의 편향은 왜곡된 결과나 잘못된 결정 등 심각한 결과를 야기시킬 수 있기 때문에 이러한 역할은 매우 중요하다. 오늘날 AI 애플리케이션을 훈련하는 직원은 작업 시간의 90%를 알고리즘 작성이 아닌 데이터 전처리 및 기능 엔지니어링에 할애한다.[18]

데이터는 경영수칙 중 네 번째 항목이지만, 사실 데이터를 알아야 구체적 조치에 나설 수 있으며 실제 이루어지는 조치야말로 무엇보다 가장 중요한 요소이다. 따라서 앞으로는 우리가 어떠한 조치를 실천해 나가야 할지를 살펴보도록 하겠다.

역동적으로 생각하라

데이터 공급망은 끊임없이 진화하고, 실시간 데이터를 지속적으로 공급받으면서 역동적으로 변화해야 한다. 데이터 인식(센서), 저장, 전

처리, 분석 및 시각화 등을 수행하는 다양한 신기술을 통해 기업은 새로운 방식으로 데이터를 획득하고 소비할 수 있다.

예를 들어 이탈리아의 고성능 오토바이 디자인 회사이자 제조사인 두카티Ducati를 살펴보자. 두카티의 경주용 오토바이인 두가티 코르세Ducati Corse의 담당부서는 경주용 오토바이를 테스트할 수 있는 보다 신속하고 저렴하며 효과적인 방법을 찾던 중, AI를 이용하기로 결정했다. 지능형 테스트 시스템을 구성하는 분석 엔진은 머신러닝뿐 아니라 직관적인 사용자 인터페이스를 제공하는 데이터 시각화 툴을 활용한다. 오토바이에 부착된 100여 개의 IoT 센서는 회전 속도 및 브레이크 온도 등 다양한 실시간 데이터를 제공한다.[19]

이러한 첨단 기술이 모두 합쳐져 테스트 엔지니어는 시스템과 손쉽게 상호작용할 수 있으며, 그 결과 다양한 기상 조건과 다양한 경주 트랙에서의 오토바이 성능을 테스트하고 통찰력을 얻을 수 있다. 이제 엔지니어들은 실제 트랙에서 테스트를 적게 실시하고도 AI를 통해 더 많은 테스트 결과를 얻고 있으며, 그에 따른 시간, 노력 및 비용을 절감할 수 있었다. 또한 다양한 데이터와 모델을 기반으로 시스템은 오토바이의 성능을 보다 정확히 예측했다.

물론 두카티처럼 역동적 데이터 공급망을 개발하려면 막대한 노력과 리소스가 필요하지만, 이러한 프로세스의 재창조는 우선 작은 규모로도 시작해 볼 수 있다. 데이터는 이미 방대하고 더더욱 방대해 지겠지만 기업들은 데이터를 통해 초기의 잘 정의된 소규모 프로젝트를 관리할 수 있도록 해야 한다. 일단 간단한 결과를 목표로 삼고 시작해 보자. 그 과정에서 AI가 실질적 목표 달성에 도움을 줄 것이다.

달력 앱인 템포Tempo가 바로 이러한 접근방식을 택했다. 이 아이폰 앱은 소셜미디어, 이메일, 위치 등 휴대폰의 데이터를 이용하여 사용자에게 어떠한 이벤트가 있는지 '학습'한다. 그 다음 바로 그 이벤트 정보만을 정확한 시간에 아이폰 사용자에게 제공한다. 템포가 관리하는 데이터는 매우 복잡하고 방대하지만 템포는 단지 이벤트 정보만을 제공한다는 단순한 목표를 그대로 유지했다.[20] 만나게 되는 데이터의 규모에 위축되지 말자. 일단은 AI에 관한 단순한 문제부터 시작한 다음, 그 다음 단계로 넘어가자.

접근성과 다양성을 확대하라

소규모 AI 실험의 규모가 커지면 데이터 공급망을 구성하는 데이터가 다양하고 쉽게 접근 가능한 출처로부터 생성되고 있는지를 확인해야 한다.

오늘날 관리자는 자신이 통제하거나 소유하지 않은 데이터에도 접근할 수 있다. 예를 들어 지난 달의 일별 거래내역을 분석하고자 하는 한 지역 식료품 체인은 자신의 데이터베이스에 기록된 숫자 너머를 살펴본다. 이미 많은 기업들이 소셜미디어 사이트에서 대중의 분위기를 파악한다. 또한 날씨, 고객 특성, 관련 뉴스, 그 외에도 관련성 있는 데이터를 추출할 수 있는 사실상 모든 데이터 출처에서 데이터를 분석한다. 때로는 데이터 서비스data-as-a-service 기업 및 모두에게 무료로 공개된 오픈 데이터 출처를 이용하기도 한다.

예를 들어 세계적인 스킨케어 제품 생산업체인 바이어스도르프Beiersdorf는 기업 자체 데이터뿐 아니라 닐슨Nielson과 같은 리서치 회사가 작성한 신디케이트 데이터syndicated data를 이용하여 이사회 임원에게 새로운 제품 및 브랜드 개발에 관한 통찰력을 제공한다. 이는 일종의 강화 기능이라고 볼 수 있다. 바이어스도르프는 이 프로세스를 자동화하여 보다 정확하고 신속하게 통찰력을 얻고자 한다.[21]

기업들은 데이터 출처의 다양성을 높이기 위해 노력하면서 동시에 동안 정보의 흐름에 방해가 될 수 있는 장애물에 대해서도 신경을 써야 한다. 이러한 장애물에는 조직 인프라가 방대한 데이터를 관리할 만큼 충분치 않은 기술적인 것 또는, 기업이 보다 많은 개인정보를 획득 및 공유하는 것에 대해 대중이 거부감을 갖는 사회적인 것일 수도 있다.

속도를 높여라

어떤 데이터는 긴급하다. 갑작스러운 자연 재해에 관한 뉴스 데이터가 그러하다. 이렇게 중요도가 높고 시간에 민감한 데이터는 데이터 공급망에서도 빠르게 움직여야 한다. 반면 느린 데이터는 관련성이 적고 유용성이 훨씬 떨어지는 데이터이다. IT 전문가들은 다양한 속도의 데이터가 섞여 있는 이러한 문제를 풀기 위해 '핫' 데이터에 우선권을 부여했다. 핫 데이터는 접근 빈도가 높은 데이터로 빠른 검색을 위해 고성능 시스템에 저장된다. 반면 세금 기록 등의 '콜드' 데이터는 속도가 상대적으로 덜 빠른 서버에 저장된다.

페이스북은 데이터의 우선순위를 정하고 그에 따라 프로세스를 혁신하는 방법을 잘 알고 있다. 페이스북은 페이스북에 게재된 모든 사진 중 8% 만이 전체 네트워크 트래픽의 82%를 차지한다는 사실을 발견했다. 오래된 사진일수록 이를 찾는 빈도가 줄어들었다. 이에 따라 페이스북은 3단계 데이터 저장 솔루션을 개발했다. 페이스북의 AI 소프트웨어는 사진에 라벨을 붙인 후 그에 맞는 단계에 저장시킨다. 인기가 많은 사진은 고성능 서버에 저장되어 즉각 불러낼 수 있다. 반면 인기가 적은 사진은 보다 느린 에너지 절감형 서버에 저장된다. 이러한 방식을 채택한 후에도 소비자 만족도에 타격이 없었으며 페이스북은 에너지 비용을 절감할 수 있었다.[22]

데이터 발견을 독려하라

독자 여러분은 여러분의 데이터와 어떠한 대화를 하고 있는가? 오직 데이터 애널리스트와 데이터 공학자만이 애널리틱스 툴의 도움을 받고 있지는 않는가? 여러분의 목표는 특히 기술적 지식이 별로 없는 비즈니스 사용자를 포함해 그 누구라도 데이터가 하고자 하는 이야기를 이용하고 통찰력을 얻을 수 있어야 한다.

아야스디Ayasdi는 데이터 공학자뿐 아니라 기술 지식이 없는 비즈니스 리더도 유용하게 사용할 수 있는 소프트웨어를 제공함으로써 데이터 발견 과정을 민주화하고 있다. 아야스디의 고객 중 하나인 텍사스 메디컬 센터TMC, Texas Medical Center는 유방암 환자 데이터와 같이 그 양이 방대한 고차원 데이터 셋을 분석하고자 한다. 아야스디 소프트웨어는 유사한 특징을 보유한 생존자의 유의미한 하부 집합을 수 분내에 파악할 수 있다.[23] 따라서 TMC는 이 도구를 임상 데이터부터 유전자 데이터와 약물 용도변경 데이터의 분석에 이르기까지 다양한 애플리케이션에 사용할 계획이다.[24] TMC의 성공사례와 같이 우리는 데이터 발견을 민주화하는 분석 툴을 찾고자 노력하면 그 노력에 대한 보상을 받을 수 있다는 점을 알 수 있다. 그 과정에서 데이터 실험 개발 및 프로세스의 재상상에 도움을 줄 수 있는 다양한 전문가 직원을 모집할 수 있다.

소외된 중간지대를 채우자

데이터 공급망은 첨단 기술과 고급 정보의 흐름 이상을 필요로 한다. 이에 데이터 공급망을 개발 및 관리하려는 경영진은 소외된 중간지대에서 구체적 역할을 설계해야 한다.

AI의 피드백 과정은 학습과 개선으로 이루어진 역동적이고 선순환적 사이클을 만들어낸다는 사실에 주목하자. 훈련 전문가는 스마트 기계들이 데이터와 알고리즘으로 구성된 이러한 피드백 사이클을 통해 향상될 수 있도록 커리큘럼을 개발해야 한다. 예를 들어 구글의 훈련 전문가는 자연어 처리 시스템의 지역 방언 인식 능력을 개선하기 위해 노력하고 있다. 이 과정에서 훈련 전문가들은 이미 30개 단어에 대해 65,000개의 데이터 포인트를 수집했다. 각 데이터 포인트는 사람들이 특정 단어를 발음하는 여러가지 방식을 의미한다.[25]

데이터 공급망의 편향성을 방지하기 위해 활동하는 AI 피드백 사이클 내의 휴먼 참여자로서 설명 전문가와 지속 전문가도 필요하다. 이미 다수의 AI 프로세스에는 시스템을 개선하기 위한 자체 메커니즘이 포함되어 있다. 예를 들어 웨이즈의 사용자가 추천 경로가 아닌 다른 길로 가고 있을 때 그 정보는 알고리즘을 개선하는 데에 사용되며, 이를 통해 웨이즈는 나중에 더 나은 추천경로를 제시한다. 그렇다 하더라도 편향성 문제는 시스템에 쉽게 침투할 수 있다. 예를 들어 피고인의 미래 범죄 행동을 예측하는 소프트웨어는 흑인 피고인에 대해 편향적 시각을 가지고 있는 것으로 밝혀졌다.[26] 따라서 첨단 AI를 활용하는 기업은 언제나 설명 전문가 및 지속 전문가를 통해 AI 시스템이 제대로 작동하고 있는지를 확인해야 한다. 구글은 데이터 편향 및 기타 관련 이슈를 해결하기 위하여 PAIR^People + AI Research^(피플과 AI 리서치)

이니셔티브에 착수했으며, 오픈소스 툴 셋을 공개하여 조직들이 자신들의 AI 시스템에 의해 사용되는 데이터를 보다 제대로 파악할 수 있도록 했다.[27]

기업들은 *데이터 공급망 책임자*data supply-chain officer를 임명하는 것도 고려해볼 만하다. 데이터 공급망 책임자는 모든 지속 전문가 직무를 감독하는 최고 지속 전문가이다. 데이터 공급망 책임자는 완전한 엔드투엔드 통합형 데이터 공급망을 구축할 책임을 지며 다음과 같은 다양한 이슈를 해결한다. 부서간 데이터를 공유하지 않으려는 데이터 사일로data silo 현상이 어디에서 발생하고 있는가? 데이터 접근을 보다 간소화할 수 있는 방안이 있는가? 활용도가 낮은 데이터는 무엇이며, 가치가 높은 '다크 데이터dark data'를 활용하려면 어떻게 해야 하는가?

새로운 게임

비즈니스 프로세스를 새롭게 상상하는 일은 분명히 쉬운 일이 아니며, 그 과정에서 많은 기업들이 실패를 경험했다. 그러나 이 작업을 성공리에 이끈 수많은 기업들이 존재하는 것도 사실이며, 이들은 괄목할 만한 비즈니스의 성장을 기록했다. 우리의 연구 결과 이 두 그룹의 차이점은 4대 근본 경영수칙의 준수 여부에 있었다. 각 수칙은 우리의 MELDS 프레임워크에 일대일 대응한다. MELDS 프레임워크는 첨단 AI 시스템을 실행하는 과정에서 조직 문화, 직원 훈련 및 직원 신뢰 등 종종 간과되거나 기대되지 않았던 중요한 이슈들도 고려하여 포괄적 접근방식을 제공한다.

보다 자세히 이야기하자면, 프로세스의 재창조을 성공적으로 이끌기 위해서 경영진은 우선 올바른 *사고방식*을 겸비해야 한다. 올바른 사고방식이 있어야 AI 및 실시간 데이터를 통해 주요 불만사항을 관찰 및 해결함으로써 소외된 중간지대에서의 새로운 업무 수행 방식을 상상할 수 있다. 그런 다음, 경영진은 구축, 측정 및 학습을 실시하고 새로운 업무 수행 방식을 테스트 및 수정하기 위하여 *실험*에 집중해야 한다. 그러나 이러한 과정 내내 경영진은 활용된 알고리즘에 대한 신뢰를 어떻게 쌓을 것인지를 고심해야 한다. 이 때 필요한 것이 *리더십*이며, 경영진은 AI를 신뢰하는 문화를 조성함으로써 책임 있는 AI에 대한 인식을 촉진해야 한다. 이를 위해 가드레일 설치 및 도덕적 크럼플 존 최소화에 집중하고, AI 시스템이 이용될 때 발생할 수 있는 법적, 윤리적, 도덕적 이슈를 해결하기 위한 여러 조치를 실시해야 한다. 마지막으로 못지 않게 중요한 것은 프로세스의 재창조를 위해서는 양질의 *데이터*가 필요하며, 기업은 다양한 출처로부터 계속적으로 정보를 제공받을 수 있는 데이터 공급망을 개발해야 한다는 점이다. 이 요소들은 모두 MELDS 프레임워크의 MELD 부분에 해당된다.

다음 장에서 우리는 AI 시대의 인간에게 필요한 새로운 융합 스킬을 알아볼 것이다. 여기서 '융합fusion'이라는 용어는 소외된 중간지대에서 휴먼과 머신의 능력이 결합되어 기업이 프로세스를 새롭게 상상할 수 있게 된다는 의미이다. 이는 MELDS의 핵심적인 *스킬* 부분으로서, 우리는 성공에 필수적인 스킬이 변화함에 따라 미래의 업무 자체가 어떠한 모습으로 변화할 것인지를 알아볼 것이다.

제8장
휴먼+머신 협업의 확장
AI와 협업에 필요한 새로운 융합 스킬 여덟 가지

독자 여러분이 발전소의 유지관리 직원이며, 터빈 내부에 예상치 못한 마모 손상이 발생했다는 통지를 지금 막 받았다고 가정해 보자. 만약 디지털 트윈 개념이 적용된 GE의 프리딕스 소프트웨어가 그러한 통지를 발송한 것이었다면 여러분은 프리딕스의 컴퓨터 음성을 통해 다음과 같은 강력한 경고 메시지를 듣게 될 것이다. "작업자님, 제 임무가 변경되는 바람에 터빈 로터에 손상이 발생하고 있습니다."

여러분이 메시지를 들은 후 상황을 좀 더 자세히 설명해달라고 부탁하면, 컴퓨터는 지난 6개월 간 터빈의 작동 상태를 나타내는 통계수치를 줄줄 읊을 것이다. 또한 손상도가 네 배 증가했으며, 이대로라면 로터의 유효 수명이 69% 감소할 것이라고도 알려줄 것이다. 여러분이 증강 현실 헤드셋을 착용하고 있다면 컴퓨터는 로터의 정확히 어느 위치에서 손상이 발생했는지를 분노에 찬 듯한 빨간 선으로 강조해 보여줄 것이다.

10년 전에는 일상적인 유지보수 점검 과정중에 운이 좋으면 이러한 손상을 알아챌 수 있었다. 가장 최악의 경우는 누구도 손상을 알아채지 못하다가 결국 로터가 고장나고 터빈이 회전을 멈추는 결말이었다. 그러나 이제는 소프트웨어를 통해 모든 것을 디지털 모델로 제작하고 작동 상태를 스캔할 수 있으며, 센서가 시설물의 구성요소 및 시설 전체에 내재되어 있기 때문에 문제를 사전에 파악하여 비용이 많이 드는 대규모 수선 작업이나 혹은 공장 폐쇄에 이르지 않게 된다.

AI를 통해 손상을 파악한 여러분은 다음 단계로서 컴퓨터에게 수리 방법을 질문할 것이다. 시스템은 적절한 유지보수 방안을 제시하는데, 여기에는 로터의 작동 방식을 수정하여 로터에 가해지는 스트레스를 상황에 적응시켜, 자동 감축하는 방안이 포함된다. 이러한 권고사항은 무엇보다도 역사적 데이터, 플릿 데이터 및 기상 예보에 기초하고 있으며, 시스템은 자신의 가정에 관한 95%의 신뢰도를 보인다. 여러분은 최종 결정을 내리기 전에 비용에 관한 질문을 하게 될 것이다. 컴퓨터는 자신의 권고사항을 채택하면 연료비 및 전기비를 절감할 수 있고, 갑작스러운 정전을 예방함으로써 최종적으로 약 1,200만 달러를 절약할 수 있다고 대답한다. 여러분은 컴퓨터와 10분간 대화를 나눈 후 확신을 가지고 시스템에게 해당 권고사항대로 작업을 진행하라고 지시할 것이다.[1]

방금 무슨 일이 벌어진 것일까? GE의 AI 기반 소프트웨어는 일반적 유지보수 작업을 5년 전 유지보수 작업과는 완전히 다른 모습으로 바꾸었다. 이러한 AI는 단지 작업 속도를 빠르게 하는 데에 그치지 않고, 보다 본질적으로는 직원, 관리자 및 경영진으로 하여금 완전히 새로운 방식으로 프로세스를 상상하고 업무의 의미를 다시 생각해 보도록 한다.

우리의 연구에 따르면 이미 많은 사람들은 업무가 완전히 새로운 방향으로 변화하고 있다는 점을 인정하며 받아들이고 있다. 액센츄어 리서치Accenture Research는 세계 경제 포럼World Economic Forum과 함께 일의 미래Future of Work라는 글로벌 설문조사를 실시했다. 조사 결과에 따르면 64%의 직원은 AI와 같은 신기술로 인해 변화의 속도가 빨라지고 있다고 인정한다. 거의 모든 92%의 응답자는 차세대 업무에 필요한 스킬이 지금과 완전히 다를 것이라고 응답했으며, 87%의 응답자는 향후 5년 내에 AI와 같은 신기술이 자신의 업무 경험을 개선할 것이라고 생각했다. 게다가 직원의 85%는 향후 몇 년간 새로운 스킬을 학습하기 위해 여가시간을 할애할 용의가 있으며, 69%는 기업의 디지털 관련 니즈를 충족하기 위해 제공되는 사내 훈련 기회에 높은 가치를 부여한다고 답했다.[2]

그렇다면 차세대 필수 스킬이 과거의 필수 스킬과 거의 관련성이 없는 지금, 앞으로의 필수 스킬은 무엇일까?

우리는 업무경험과 연구를 통해 직원에게 필요할 최소 여덟 개의 새로운 *융합 스킬*(MELDS 프레임워크의 S부분)을 확인했다. 각 융합 스킬은 비즈니스 프로세스에서 휴먼과 머신이 각자 일할 때보다 함께 일하면서 재능을 융합할 때 더 나은 결과를 창출한다. 과거에 존재했던 휴먼-머신 상호작용과 다른 점은 오늘날의 융합 스킬을 통해 머신은 휴먼으로부터, 휴먼은 머신으로부터 학습하여 프로세스 성과를 지속적으로 개선할 선순환이 만들어진다는 점이다.

GE 유지보수 담당자의 경우에서 확인할 수 있듯이 인간에게는 추상화 수준을 넘나들면서 기계에게 스마트한 질문을 던질 수 있는 능력이 필요하다. 이러한 스킬을 *지능적 질의*intelligent interrogation라고 한다. GE

의 디지털 트윈을 활용한 유지보수 담당자의 사례와 같이 독자 여러분 또한 문제가 생긴 로터에 대한 질문에서부터 시작하여 작업, 프로세스 및 재정상 가동시 우려사항에 관한 질문에 이르기까지 질문의 범위를 신속히 넓혀가려고 할 것이다. 이제 여러분은 단순히 로터 전문가가 아니다. 디지털 트윈 덕분에 여러분은 훨씬 복잡한 시스템의 전문가가 되었다. 복잡한 시스템에게 지능적 질의를 제기하기 위해서는 그 어느 때보다 '업무의 진행 과정'에 관한 지식이 필요하다.

우리는 관리자와 직원이 소외된 중간지대에 필요로 하는 직무역량을 설계하고 개발할 때 도움이 될 수 있도록 8가지 융합 스킬을 각각 기술한다(그림 8-1 참고). 이 중 세 가지 스킬을 통해 인간은 기계를 돕고(소외된 중간지대의 좌측), 다른 세 가지 스킬을 통해 기계가 인간을 증강시키며(소외된 중간지대의 우측) 나머지 두 가지 스킬을 통해 사람들은 소외된 중간지대의 양쪽 편을 넘나들며 요령껏 일할 수 있게 된다. 이러한 스킬은 완전히 새로운 형태의 휴먼-머신 상호작용에 적용되지만, 그렇다고 해서 머신러닝이나 프로그래밍 혹은 기타 기술 영역의 전문성이 필요하지는 않다. 오히려 이러한 기본적인 스킬을 특수한 비즈니스 상황에 맞게 적응 및 적용시키고자 노력하는 인간의 사려 깊은 태도가 필요하다.

[그림 8-1] 소외된 중간지대와 관련된 융합 스킬

휴먼과 머신의 협업 활동					
휴먼이 머신을 보완			AI가 휴먼에게 막강한 능력을 부여		
훈련	설명	지속	강화	상호작용	구현
인간성 회복의 시간			지능적 질의		
책임 있는 정규화			봇에 기반한 권한 위임		
판단 통합			완전한 일체화		
상호 연수					
끊임없는 재상상					

융합 스킬 #1: 인간성 회복의 시간

정의: 재창조된 비즈니스 프로세스에서 대인 상호작용, 창의적 활동, 의사 결정 등 휴먼만이 할 수 있는 업무에 할애할 수 있는 시간을 증가시키는 능력

산업화 초기에 인간은 기계의 시간machine time에 따라 일하는 데에 익숙해져야만 했다. 즉, 인간은 조립라인 및 기타 자동화 프로세스의 속도에 맞추어야 했다. 그런 다음 IT와 컴퓨터가 비즈니스 프로세스의 필수적 부분을 구성하기 시작한 1990년대가 도래하자 기계의 시간이라는 개념은 사무실 중심의 시간으로 대체되었다. 미래연구소Institute for the Future의 마리나 고비스Marina Gorbis는 산업화와 디지털 기술이 인간의 노동 시간을 급격히 변화시켰다고 언급했다. 예를 들어 13세기 영국의 농부는 1년에 1,600시간 정도를 일했다. 반면 1990년대 영국의 공장 노동자는 1년에 1,850시간을 일했다. 오늘날 뉴욕의 투자은행가는 거의 3,000시간 정도를 일한다. 고비스의 저술에 따르면 "기계

는 우리의 능력을 확대함으로써 무엇이 가능한지에 대한 기대수준을 끌어올리고 새로운 성과 기준과 니즈를 만들어낸다. 식기세척기가 발명되기 전에 우리는 유리잔이 티 없이 깨끗해야 한다고 기대하지 않았고, 모든 가정에 진공청소기가 보급되기 전에는 바닥이 티끌없이 깨끗해야 한다고 생각하지 않았다. 우리의 도구가 우리를 바꿔놓았다."[3]

그렇다면 휴먼과 머신이 융합되기 시작하는 시기에 시간 개념은 또 어떻게 변하고 있을까? 우리는 시간과 업무에 대한 사고방식을 바꿔놓을 새로운 스킬이 등장하고 있음을 발견했다. 즉, 인간성 회복의 시간 스킬을 통해 인간은 고객 만족도 향상, 복잡한 기계 수리, 창의적이나 아직은 비현실적인 연구 수행 등 보다 인간적인 활동에 스킬을 발휘하여 시간을 할애할 수 있게 된다.

특히 의학은 인간성 회복의 시간 스킬이 막대한 영향을 미칠 수 있는 영역이다. 오늘날 번아웃, 즉 극도의 피로에 시달리고 있는 의료진이 증가하고 있다. 2015년 연구에 따르면 2011년에 적어도 하나 이상의 번아웃 증상을 호소한 의사는 46%였으나, 2014년이 되자 그 비율은 54%로 훌쩍 증가했다. 의사가 극도로 피로하거나 우울해지면 그로 인한 결과는 매우 심각하다. 의사가 데이터 입력 실수 등을 할 가능성이 높아져 무서운 결과가 발생할 수 있다.[4]

피츠버그 대학병원UPMC, University of Pittsburgh Medical Center과 마이크로소프트는 AI가 번아웃 방지에 도움이 될 수 있을지를 살펴보았다. UPMC 재무책임자인 털 헤펜스털Tal Heppenstall은 최근의 번아웃 문제가 디지털 의료 기록의 증가와 관련이 있다고 의심하고 있다. 디지털 의료 기록 때문에 의사들은 환자를 돌보는 대신 데이터 입력에 시간을 소모해야 하기 때문이다. 헤펜스털에 따르면 "의료진이 극도로 피곤

해하는 이유는 자신들이 컴퓨터의 노예라고 느끼기 때문이다. 이대로 놔두어서는 안된다."고 주장한다.[5]

UPMC와 마이크로소프트는 자연어 처리 기능이 있는 AI 툴을 통해 의사와 환자의 대화를 들은 후 일부 정보를 특정 양식과 의료 기록으로 전환시키고자 했다. 이는 마치 환자와의 모든 상담 시간에 옆에서 대화 내용을 기록할 비서를 배석시키는 것과 같으며 현재 이러한 비서를 두고 있는 의사는 거의 없다.

메이요 클리닉Mayo Clinic, 펜실베니아 대학병원Penn Medicine, 카이저 퍼머넌트Kaiser Permanente 및 시그나Cigna의 전문가들은 2016년 인텔 AI의 날Intel AI Day 행사에 모여 AI가 어떻게 의학을 변화시킬 수 있을지를 논의했다. 행사에 모인 패널들은 AI야말로 의사가 지고 있는 단순 반복적 업무 부담을 줄여줄 수 있는 이상적 수단이라는 점에 압도적으로 찬성했다. AI는 엑스레이 및 MRI 판독에도 도움을 줄 수 있다. 이를 통해 의료 기록 속에 숨어 일상적 검사로는 밝혀내지 못했을 심장마비의 가능성을 찾아낼 수 있다. 또한 육안으로는 미처 발견하지 못했으나 암의 징후를 나타낼 만한 반점을 식별할 수도 있다. AI가 가져다준 통찰력을 통해 의사는 시간을 절감하고 환자와의 상호작용에 더욱 집중할 수 있다.[6]

분명히 AI는 업무와 시간에 관한 복잡한 개념을 엄청나게 변화시킬 것이다. 그러나 AI가 가져다준 여분의 시간이 어떻게 쓰일 것인지는 아직 분명하지 않다. AT&T의 AI는 여러 시스템에서 판매 기회를 발굴하여 직원의 잃어버렸던 업무 시간을 찾아낸다. 그 결과 영업사원은 데이터베이스를 뒤지는 대신 고객과의 관계 형성에 더 많은 시간을 쓸 수 있게 되었다. 그러나 관리자와 CEO가 데이터를 작업하는 패러

다임에 계속 머무른다면 업무량은 증가할 가능성이 높다. 의사는 계속 더 많은 환자를 상담할 것이고, 고객서비스 직원은 더 많은 고객 불만과 고객 의견에 대응할 것이며, 정비사는 더 많은 로봇을 수리할 것이다. 약간의 생산성 향상은 있을 것이다. 그러나 관리자와 CEO가 진정한 의미에서 프로세스를 새롭게 상상하고자 한다면 직원의 투입 노동시간에 대비하여 최상의 결과가 나오는 지점이 어디인지를 고민해야 한다. 직원에게 보다 많은 훈련 기회를 제공하면 효과가 있을까? 직원에게 자원 봉사 및 사회적 책임 활동에 참여할 기회를 주어 지역 사회에 공헌하고 회사의 브랜드 가치를 제고하는 것은 어떨까? 끊임없이 생산성의 한계 지점에서 일해야 하는 직원은 업무에 최선을 다하기 어렵다. AI가 휴먼-머신 상호작용의 본질을 변화시키는 오늘날, 인간성 회복의 스킬은 직원의 효과성과 웰빙, 그리고 생산성을 동시에 제고할 수 있는 기회가 우리에게 있다는 사실을 상기시킨다.

융합 스킬 #2: 책임 있는 정규화

정의: 휴먼-머신의 상호작용이 개인과 기업 그리고 사회 전체에 미치는 영향을 고려하여 상호작용의 목적과 대중의 인식을 책임감 있게 형성해 나가는 스킬

우리가 자율주행차 탑승에 얼마나 빨리 익숙해질 수 있는지 생각해 보면 놀라지 않을 수 없다. 여러분은 핸들이 저절로 돌아가는 모습을 처음 보면 오싹한 감정을 느낄 것이다. 그러나 그 모습을 두번째로 보게 되면 순간 모든 것이 자연스럽게 느껴진다. 자율주행차에 탑승해 본 많은 사람들은 주행은 인간이 수행하기에 너무 복잡하고 위험한 작업이라는 결론을 내놓는다. 그러나 불행히도 자율주행차는 아직 널리

상용되지 않았으며 많은 면에서 여전히 오해를 받고 있다.

AI 기술을 사용하는 것과 그 기술을 널리 받아들이고 이해하는 것에는 차이가 있다. 이러한 간극을 줄이는 일이 정규화 스킬의 역할이다. 정규화 스킬은 사람들이 휴먼-머신 협업을 어떻게 이해하고 받아들일지를 책임감 있게 형성해 나가는 기술이다. 일반화normalizing는 로봇이 도로, 병원, 패스트푸드 음식점, 학교 및 요양원 등의 공공 영역에 도입될 때 가장 빛을 발하는 스킬이다. 이 과정에 정규화 스킬을 적용하려면 인간성에 대한 이해, STEM 스킬, 기업가 정신, 홍보 감각, 사회 및 지역사회 문제에 대한 인식 등 다양한 하위 스킬이 전제되어야 한다.

자율주행차는 꽤 오랜 기간에 걸쳐 우리 삶에 서서히 들어오고 있다. 2000년대 초반, DARPA는 로봇 자동차들이 주행 대결을 펼칠 수 있도록 일련의 그랜드 챌린지 대회를 개최하였다. 이러한 시도는 자율주행차를 대중화하기 위해 초기단계의 노력의 일환이었다. 매우 빠른 속도로 자율주행 기술이 발전되고 있는 가운데, 테슬라는 자사 자동차에 자동차 전용 오토파일럿 기능을 장착하였고 아우디는 잭jack이라는 별명을 가진 A7 스포츠 백을 출시하였다. 이런 기능이 탑재된 자동차는 다른 차가 자기 차선에 들어올 수 있도록 속도를 늦추거나 높이는 등 인간만의 특별한 주행 능력을 재현할 수 있도록 프로그래밍되어 있다. 특히 아우디는 일반 대중이 '무인 주행piloted driving' 시스템을 자연스럽게 받아들일 수 있도록 광고 캠페인을 펼치고 있다. 아우디는 무인 주행을 휴먼-머신 협업의 일종으로 홍보한다. 즉, 오늘날 어떠한 차도 언제나 완벽히 스스로 주행할 수는 없다고 인정하는 셈이다. 그러나 이 기술은 언제나 인간을 도울 준비가 되어 있다. 아우디의 국제 창조성 부문International creativity department을 총괄하는 마이클 핀케

Michael Finke는 "과거에 아우디는 무인 주행 영역에서의 활약상을 홍보하기 위해 늘 기술과 성능에만 집중했다. 그러나 이제는 완전히 다른 감정적 측면에서 접근하고 있다."고 말한다.[7]

일반대중이 AI 기술을 받아들이도록(정규화) 하기 위한 노력에 있어서 CEO의 역할이 중요할 것이다. 물론 많은 사람들이 아직도 인간과 기계의 대결이라는 이분법적 사고를 하고 있기는 하지만, 일반대중은 AI에 주로 중립적인 자세를 취하고 있다. 이러한 상황에서는 무인 자동차로 인한 어린이 사망사고 혹은 자율주행 트럭의 위협에 대항하기 위한 트럭 기사들의 파업 등 큰 사건이 하나만 터져도 AI 기술 전반에 대한 신뢰의 위기를 초래할 수 있다. 따라서 CEO는 AI가 가져올 변화로 인해 영향을 받을 집단의 니즈와 우려를 파악하여 저항을 예측하고, 갈등을 완화하기 위한 방법을 찾아야 한다.

새로운 AI를 직원에게 도입할 때도 이 기술이 정규화될 수 있도록 노력해야 한다. 이를 위해 CEO는 업무의 미래에 대해 명확한 견해를 가지고 있어야 한다. 어떤 조직에서든 가장 중요한 자산인 직원은 경영진이 자신들의 우려를 해결하고 그 과정에서 자신들의 발언권이 인정된다고 느끼는 경우에 비로소 AI 기술을 업무에 적용시키기 위한 노력에 동참한다. 한 통신회사의 중역에 따르면 AI가 처음 그 조직에 도입되었을 때 조직의 목표는 AI를 사용하여 기존 직원을 해고하는 것이 아닌, 직원이 보다 성공적으로 일할 수 있게 하는 것이었다고 한다. 그에 따르면 "경영진은 AI를 통해 수입 증대 및 비용 절감을 꾀할 수 있고, 또 그 결과 사업의 성장을 도모하고 경쟁력을 높일 수 있다고 긍정적인 이야기를 해야 한다. 그러므로… 파이의 크기를 크게 하려면 AI에 의해 대체된 직원을 재교육하고, 사업이 성장하는 과정에서 그 직원을 다른 사업 부문으로 이동시켜야 한다."고 말한다.

융합 스킬 #3: 판단 통합

정의: 머신이 자신이 해야 할 일이 무엇인지 확신하지 못할 때 머신의 작동 지침을 결정해줄 수 있는 휴먼의 판단력

기계가 무엇을 해야 할지 확실히 알지 못하거나 자신의 추론 모델에 필수적인 비즈니스 배경 및 윤리적 배경을 알지 못할 때, 인간은 언제, 어디서, 어떻게 개입해야 할지를 똑똑하게 감지할 수 있어야 한다. 캐피털 원Capital One의 데이터 혁신 부문 부사장인 애덤 웬첼Adam Wenchel에 따르면 "머신러닝은 의사결정 과정에서 인간의 오류와 심지어는 인간의 판단력까지 모두 배제하고 있다. 우리는 인간의 판단력을 점점 더 분리시키고 있으며, 이러한 변화는 꽤 오랫동안 진행되어 왔다."고 한다.[8]

웬첼의 팀은 인간의 판단을 다시 프로세스상에 되돌려 놓기 위해 통계적 기술과 소프트 스킬을 모두 적용 및 개발하고 있다. 머신러닝 모델이 진화, 학습, 재훈련을 반복하고 비즈니스의 다른 영역에서 재사용되는 동안 이 팀은 '머신러닝 모델이 단순 규칙 기반 시스템이나 이전 버전 모델로부터 어떻게 달라지는지'를 분석한다. 이렇게 분석에 기반하여 사안을 판단하면 직원은 어디에 가드레일을 설치하고, 어느 지점에서 변칙적 현상을 조사하며, 고객이 관련된 어떠한 지점에 머신러닝 모델을 적용하지 않아야 하는 지를 알 수 있다.

직원이 어떤 일에 대해 도덕적으로 문제가 있거나 정도에서 벗어났다고 직관적으로 느꼈다면, 직원이 이 문제를 인식하고 우려를 공론화할 수 있도록 장려해야 한다. 웬첼에 따르면 심지어 "여러분의 모델이 매우 훌륭한 결과와 정확성을 달성했다고 하더라도" 직원들이 편하게

끼어들어 "저기 말이죠. 지금 우리가 굉장한 정확도를 얻고 있을지는 몰라도, 우리가 어떻게 그러한 정확도에 도달했는지에 대해 좀 우려가 됩니다."라고 말할 수 있어야 한다.[9]

우리가 이 책을 통해 AI의 놀라운 발전상을 줄곧 확인했지만 인공지능은 아직 프레이밍framing problem를 안고 있다.[10] AI는 많은 일들을 제대로 수행할 수 있지만, 여전히 상황이나 사람들을 어떻게 읽고 판단해야 하는지를 완벽하게 알지는 못한다. 그렇기 때문에 모든 재창조된 프로세스에서 인간의 판단과 개입이 핵심 요소를 구성해야 한다. 예를 들어 로얄더치쉘Royal Dutch Shell이 로봇을 카자흐스탄의 외딴 시설로 보내 장비를 모니터링하고 안전 점검을 수행하도록 할 때에도 위험 요소를 감시할 직원의 노하우가 여전히 필요하다. 센사봇Sensabot이라는 이 로봇은 석유 및 가스 기업이 잠재적으로 위험한 환경에서 사용하도록 승인된 최초의 로봇이다. 위험한 환경에서 멀찍이 떨어진 직원은 센사봇을 작동시켜 센사봇이 보낸 영상을 보고 위험에 관한 판단을 내린다.[11] 캐터필러Caterpillar Inc.에서도 마찬가지로 인간의 전문성이 새롭게 상상된 프로세스의 핵심 요소를 여전히 구성하고 있다. 캐터필러에서 새로운 조립라인이 설계될 때 엔지니어들은 AI가 디지털 모델로 구현한 조립라인 사이를 반드시 '걸어' 보아야 한다. 엔지니어는 새로운 조립라인 공간을 가상으로 걸어보면서 조립라인, 서비스 혹은 인체공학적 설계의 이슈를 미리 찾아보고 실제 조립라인이 제작되기 전에 문제를 지적할 수 있다. 그 결과 인간 전문가는 프로세스 초기에 자신의 판단력을 적용하여 애매모호한 사항 및 이슈들을 해결하게 된다.

융합 스킬 #4: 지능적 질의

정의: AI로부터 원하는 통찰력을 얻기 위하여 여러 추상화 수준을 넘나들면서 AI에게 최상의 질문을 던질 수 있는 노하우

매우 복잡다단한 시스템을 어떻게 탐색해야 할까? 데이터의 복잡한 계층간 상호작용을 어떻게 예측할 수 있을까? 인간은 스스로 이러한 문제를 해결할 수 없기 때문에 친절한 AI에게 다음과 같이 물어보아야 한다. "트윈, 너 얼마나 확신해?" "트윈, 너의 추천은 무엇이니?" 지능적으로 질의할 수 있는 스킬을 보유한 GE의 유지보수 전문가들은 AI 시스템의 장점 및 한계를 이해하고 있기 때문에, 올바른 의사결정을 내리기 위해 필요한 정보를 어떻게 수집해야 하는지를 잘 알고 있다. 이 전문가들은 자신의 강점을 살려 일할 뿐 기계의 강점을 따라 하지 않는다. 이 과정에서, 기계는 인간에게 기계를 사용하는 방법을 훈련시킨다. 인간이 기계를 훈련시키는 것과 같은 방식이다. 결국 인간은 자신이 사업상 · 업무상 보유하고 있는 전문성을 바탕으로 로터의 수리 및 교체 여부를 결정하는 것이다.

우리는 조사를 통해 다양한 영역에서 지능적 질의 스킬이 실행되고 있는 모습을 발견했다. 직원은 열차 화물을 최적화할 때, 의약 화합물과 분자의 상호작용을 조사할 때, 그리고 최적의 소매가를 책정할 때 지능적으로 질의하는 스킬을 적용한다. 특히 소매가격 책정은 지능적 질의 스킬이 활용되기에 유용한 사례이다. 소매가격 책정시에는 영업상의 성패를 결정할 방대하고 복잡한 데이터를 많이 사용하기 때문이다.

대규모 리조트에서 소매업장을 운영하는 스티브 슈널Steve Schnur은 레비오닉스Revionics의 AI를 통해 편의점 현장에서 가격을 최적화한다.

심지어 진통제인 애드빌Advil이나 밴드 제품인 밴드에이드Band-Aids의 가격을 조금만 조정해도 막대한 변화가 발생한다. AI, 그리고 AI에게 스마트하게 질문하는 작업자가 없었다면 이러한 결과를 이해하고 궁극적으로는 통제할 수 없었을 것이다. 슈널이 꾸린 팀은 AI 시스템을 이용하여 약 7,000여 제품의 주간 판매보고서를 검토한 후 어떠한 시간대나 조건에서든 최적인 애드빌, 밴드에이드, 탄산음료의 가격을 찾을 수 있다. 슈널이 "애드빌 가격을 올리면 타이레놀 판매량은 어떻게 될까?" 라는 질문을 하면 AI 시스템은 애드빌과 타이레놀의 상관관계를 분석한다. 애드빌과 타이레놀이 오직 상품 재고 관리 단위stock keeping unit로만 분류되어 있음에도 불구하고 AI 시스템은 가장 최근에 애드빌 가격을 25센트 올렸을 때 타이레놀 판매량이 늘었다는 결과를 도출할 수 있다. AI 시스템을 통해 슈널은 다른 방식으로도 가격 책정 방식을 탐색할 수 있다. 즉, 슈널은 "가장 이익이 높은 가격 변경안을 알려줘." 라든지 "가격을 올리면 가장 적게 팔릴 제품이 무엇인지 알려줘"라고 질문하면 되는 것이다. 질문이 스마트할수록 슈널은 통찰력을 더 많이 얻을 수 있고 AI는 전반적인 사업 운영을 보다 잘 그려낼 수 있다.[12]

GE에서 디지털 트윈 소프트웨어가 모델로 제작하는 것은 터빈이나 로터에 국한되지 않는다. 이 소프트웨어는 직원의 능력도 모델링한다. 소프트웨어는 직원의 행동이나 상호작용을 모델링하여 그에 따라 자신의 성능을 최적화할 수 있는 방법을 결정할 수 있다. 그 결과 소프트웨어 및 기계가 더욱 사용자 친화적으로 개선되어 새로운 직원이나 사용자는 이들 기계의 사용법을 보다 신속하게 학습할 수 있다.

업무가 수행될 때마다 디지털 기기가 모든 것을 안내하게 되면 인간은 시스템에게 너무 많은 전문성을 넘겨주기 시작할 지도 모른다. GE 디지털GE Digital의 CEO인 빌 루Bill Ruh는 이러한 가능성을 잘 알고 있으며 인간의 스킬이 녹슬지 않도록 교육을 실시하고 판단력을 발휘해야 한다고 강조한다. 그는 "인간이 모든 업무에 대해 자동화의 가이드를 받아야 하는 상황이 오지 않도록 하려면 인간을 훈련해야 한다. 또한 인간이 양질의 판단력을 발휘할 수 있게 해야 한다. 인간이 업무를 하는 동안 자동화를 마치 목발처럼 사용하듯이 지나치게 의존하지 않도록 인간에게 판단력을 가르쳐야 한다는 아이디어가 대두되고 있다. 이 생각은 앞으로 우리가 다뤄야할 정말 어려운 시나리오가 될 것이다."라고 말한다. 지능적 질의 스킬은 AI의 결과물이 비합리적이거나 특정 데이터 입력값이 결과를 왜곡시킬 가능성이 있을 때 이를 인지하는 능력도 포함한다. 루는 "우리는 기계가 만능이 아니라는 점을 인지해야 한다."고 강조한다.[13]

융합 스킬 #5: 봇에 기반한 권한 위임

정의: AI 에이전트와 잘 협업하여 자신의 능력을 확장하고 비즈니스 프로세스 및 전문 분야에서 막강한 역량을 창출하는 스킬

인간이 일을 할 때 지능형 에이전트를 사용함으로써 봇을 기반으로 한 권한 위임 효과를 누리게 되면 능력 밖의 일도 수행할 수 있다. 여러분이 여러 직원을 거느린 프리랜서나 도급업자라고 상상해보라. 여기서 여러분의 직원은 인간이 아니라 디지털 봇이다. 이를 통해 여러분은 1인 다역 체제에서는 흔하지 않은 CEO급의 행정 및 운영 지원을 받을 수 있다. 블룸버그 베타의 시본 질리스는 2016년에 펴낸 기고문에서 "AI 에이전트들 덕분에 이 모든 일이 가능해진다. 에이전트는 학

습 알고리즘과 분산 노동을 적절히 배합하여 저렴한 가격에 방대한 업무를 수행한다. 이러한 에이전트의 지원을 받으면 우리는 오늘날의 CEO처럼 스마트해 보일 수 있다. 우리의 생산성도 높아질 것이다. 대부분의 지식 노동자는 업무 시간의 절반 이하에 해당하는 시간 동안만 자기 전문 분야의 일, 즉 자신의 고용 목적에 맞는 일을 한다. 나머지 시간 동안 이들은 리서치 업무를 수행하고, 회의 계획을 잡고, 다른 이들과 의견을 조율하며 기타 다른 사무 업무를 수행한다. 그러나 이러한 업무는 기계나 지능형 서비스에 의해서도 쉽게 수행될 수 있다."라고 언급했다.[14]

직원이 업무를 더 잘 수행할 수 있도록 도와주는 봇은 어마어마하게 많다. 클라라Clara와 엑스닷에이아이x.ai는 스케쥴 정리를 도와주는 에이전트이다. 하우디Howdy, 스탠드업 봇Standup bot, 타츠Tatsu, 긱봇Geekbot 등의 봇을 통해 슬랙Slack에서 마치 '비서실장'처럼 활약할 수 있도록 정기 회의를 조직해주는 툴도 있다. 그리드스페이스 시프트Gridspace Sift나 포고Pogo 등의 툴을 사용하면 회의록을 공유하고 핵심 단어를 강조하여 표시할 수 있다. 또한 텍스티오Textio 혹은 IBM의 왓슨 톤 애널라이저Watson Tone Analyzer를 통해 글의 품질을 개선할 수 있다. 심지어 여러분은 돌리오Doli.io 등의 봇으로 하여금 소셜 미디어를 업데이트하거나 사진을 게재하도록 할 수 있다. 그러면 봇은 여러분 대신 직업적, 개인적 면에서 여러분의 브랜드를 구축한다(별지 첨부 'AI를 통한 구직'를 보면 봇에 기반한 권한 위임 스킬이 구직 상황에 적용된 사례를 확인할 수 있다).

심지어 기업 사다리의 최상층에 있는 임원들도 AI 시스템을 활용하여 자신의 한계를 뛰어넘을 수 있다. 세일즈포스Salesforce의 CEO인 마크 베니오프Marc Benioff는 중역과의 정기 회의 때 세일즈포스의 AI 제품인 아인슈타인 포캐스팅Einstein Forecasting에 의존한다. 이 플랫폼은 정교한 모델링 및 예측을 수행하기 때문에 베니오프는 당면한 문제의 정곡을 어렵지 않게 찌를 수 있다. 그에 따르면 "보통 CEO가 회의에 참석하면 회의에 모인 다양한 사람들은 CEO가 믿었으면 하는 것들을 실제로 믿도록 자신들이 말하고 싶은 것만 말한다. 이 때 아인슈타인은 편견 없이 회의에 임한다." 베니오프는 아인슈타인의 객관성을 신뢰한다고 하며, 이러한 객관성 덕분에 임원 회의에서 사내 정치를 최소화하고 매출을 보다 정확히 예상할 수 있었다고 한다. "아인슈타인의 가이드를 받고 나는 진정한 CEO로 거듭났다."고 그는 주장한다.[15]

물론 올바른 툴을 가지고 있는 것과 그 툴을 효과적으로 사용하는 것은 별개의 문제이다. 이슈는 모든 사람이 여러 봇으로 구성된 최적의 포트폴리오를 구성하고 사용하기 위해 필요한 스킬을 가지고 있지 않기 때문에, 그 결과 업무의 효과성과 생산성을 높이기도 쉽지 않다는 것이다.

융합 스킬 #6: 완전한 일체화

정의: 프로세스 결과를 개선하기 위하여 AI 에이전트의 공고한 멘탈 모델을 개발할 수 있는 능력

세계 최초의 로봇에 의한 안과 수술은 2016년 옥스포드 대학의 존 래드클리프 병원John Radcliffe Hospital에서 실시되었다. 세포막이 과도하게 자라 망막 기형이 야기된 환자는 세포막 제거를 해야 하는 상황이었다. 세포막은 두께가 0.01mm 밖에 되지 않아 조금의 실수가 있어도 망막에 손상이 발생할 수 있다. 일반적으로는 심장 박동 사이에 정밀

절개를 조심스럽게 실시하기 위하여 환자의 심박수를 물리적으로 진정시켜야 한다. 그러나 로봇 수술에서 의사는 콘솔 앞에 앉아 조이스틱을 조종하기만 하면 된다. 로봇의 수술 툴은 손 떨림을 제거하도록 설계되었기 때문에 숙련된 의사는 수술을 보다 신속하게 마칠 수 있었고 수반되는 합병증도 거의 없었다.[16]

의사들이 로봇을 통해 접근하기 힘든 장기에 접근하고, 정밀 절제를 실시하며, 과거에는 불가능했던 각도로 봉합술을 마무리할 수 있게 되면서 로봇은 수술 부문에서 혁명을 일으키고 있다. 그러나 이러한 수술의 성공을 위한 열쇠는 여전히 의사와 로봇 작동에 필요한 기술을 학습하는 의사의 역량에 달려 있으며, 이러한 역량은 본질적으로 자신의 수술 실력을 기계라는 신체에 투영시키는 스킬이라고도 할 수 있다.

완전한 일체화는 사용하는 툴이 너무나도 익숙한 나머지 그 툴이 마치 자기 신체나 정신의 연장선상에 있는 것처럼 느껴본 적 있는 사람들에게는 잘 알려진 개념이다. 일체화는 아무 도움 없이 스스로 평행 주차를 할 때(트렁크가 어디까지 닿을지 *그냥 아는 것*이다), 혹은 테니스 라켓을 휘둘러 저절로 공을 치게 될 때 이루어진다. 우리뿐만 아니라 기계도 점점 우리와 일체화되고 있다. 우리가 구글에 검색어를 치기 시작하면 구글은 가장 일반적으로 많이 찾는 검색어 조합을 고려할 뿐만 아니라 우리의 지리적 위치, 과거 검색어 및 기타 요소도 고려하여 자동 완성 기능을 제공한다. 소프트웨어가 우리의 생각을 읽고 있는 듯한 느낌이 든다.

휴먼-머신 융합 시대에 신체적이든 정신적이든 완전한 일체화 스킬은 그 중요성이 더욱 커질 것이다. 인간이 기계의 작업 방식 및 학습 방식에 대한 멘탈 모델을 제작하고 기계가 자신의 상호작용을 업데이트하기 위하여 사용자 행동 데이터를 인식할 때, 비로소 완전한 형태의 새로운 비즈니스 프로세스의 재창조가 이루어질 수 있다. 일체화가 이루어지면 프로세스는 보다 유연하고 적응가능하며 아마도 더욱 재미있어질 수 있다. 이는 아마도 숙련된 파트너와 춤을 추면서 리더와 팀원 역할을 전환하는 것과 유사하다.

킨드레드 AIKindred AI라는 캐나다의 한 스타트업은 일체화 스킬을 바탕으로 로봇을 훈련하여 로봇이 정교한 업무를 초고속으로 수행할 수 있도록 하려고 한다. 킨드레드 AI는 가상 현실 헤드셋을 착용하고 모션 센싱 장치를 쥔 인간 '파일럿'과 시스템을 페어링한다. 인간의 움직임 정보는 곧장 로봇에게 전달된다.[17] 또한 이미 현장 직원이 코봇과 함께 일하고 있는 BMW 공장에서는 인간과 기계가 주변 환경을 적극적으로 감지하여 각자의 움직임을 어떻게 조율하는게 적절할지 학습하고 있다. 이러한 상황에서 로봇은 직원의 신체가 연장된 것처럼 작업을 수행한다.

휴먼과 머신의 일체화를 촉진할 수 있는 유일한 방법은 존재하지 않는다. 그렇기 때문에 관리자와 CEO의 임무가 더욱 어려워진다. 어떠한 접근방식을 택할 것인지는 특정 팀의 니즈에 달려 있으며, 시행착오를 겪으며 일체화 스킬을 발전시켜 나가야 할 것이다. 이에 대한 다양한 접근방식 중 한 가지 예는 NASA의 화성탐사로버Mars Exploration Rovers를 작동시킨 로봇-휴먼 팀에서 찾아볼 수 있다. 이 팀에서 인간은 로봇이 장비, 전력, 시간, 탑재 메모리 및 기기장치의 제약 하에서 임무를 완수할 수 있도록 로봇을 프로그래밍한다. 프린스턴 대학의 민족지학자인 자넷 베르테지Janet Vertesi에 따르면 로봇의 임무 완수 방법을 결정하기 위해서는 우선 해당 팀이 "의사결정 방법을 결정해야 한다."고 한다. 자넷 베르테지가 게재한 글을 보면 실제로 이 로봇-휴먼 팀은 스스로 조직을 짜고, 행동 강령 및 관리 규칙을 만들었음을 알 수 있다.[18]

AI를 통한 구직

봇에 기반하여 권한을 위임하는 스킬은 구직 상황에서도 유용하게 활용된다. 오늘과 같은 AI 시대의 직원에게 한 가지 확실한 점이 있다면, 그것은 바로 일자리 지형이 빠르게 변화하고 있다는 점이다. 5년 전에는 거의 존재하지도 않았던 데이터 공학자 같은 직종이 이제는 각광받는 일자리가 되었다. 또한 데이터 입력 등 단순반복 업무에 집중하는 직종은 일자리 리스트에서 빠르게 사라지고 있다. 그렇다면 사람들은 어떻게 새로운 진로를 추구하고 새로운 훈련 기회를 찾으며, 어떻게 온라인 활동 범위를 넓혀 소셜 미디어에서 개인 브랜드 가치를 제고할 수 있을까? 해답은 봇에 기반한 권한 위임 스킬에 있다.

구인·구직 과정은 숫자 게임과 같기 때문에, 여러분이 링크드인LinkedIn 혹은 웨이드 & 웬디Wade & Wendy와 엘라Ella 같은 전도유망한 AI 기반 구직 비서를 통해 구직 프로세스의 여러 요소를 자동화시켜 놓아야 뒤쳐지지 않는다.

2017년 초에 링크드인은 구직자가 오직 클릭 한 번만으로 일자리에 쉽게 지원할 수 있는 기능을 선보였다. 또한 구인 담당자가 관련 자격을 갖춘 구직자에게 단체 메시지를 간단히 보낼 수 있도록 했다. 한편 웨이드 & 웬디와 엘라 등의 서비스 업체가 제공하는 완전히 다른 차원의 구직 경험은 인터페이스부터 차별화되어 있다. 즉, AI 챗봇을 통해 대화 가능한 서비스가 제공된다. 예를 들어 웨이드는 구직자의 관심사항, 스킬 및 배경에 맞는 일자리를 대신 찾아준다. 웬디는 HR 측에서 딱 맞는 구직자를 모집할 수 있도록 그 과정을 자동화한다.[a] 이와 마찬가지로 엘라는 업무스킬 및 희망 직책에 관해 구직자에게 질문하는 챗봇이

a. Kayla Matthews, "5 Chatbots That Will Help You Find a Job," *Venture Beat*, June 22, 2017, https://venturebeat.com/2017/06/22/5-chatbots-that-will-help-you-find-a-job/.

다. 그런 다음 엘라는 공개적으로 게시되지 않은 일자리를 포함해 조건에 맞는 모든 일자리를 검색한다. 엘라는 시간이 지나면서 검색 조건을 상세히 설정하여 보다 좁혀진 검색 결과를 생성한다. 리 헥트 해리슨Lee Hecht Harrison의 디지털 혁신부문 전무를 역임 중인 션 페일리Sean Paley는 웨이드 & 웬디와 엘라의 장점을 다음과 같이 설명한다. "방대한 데이터의 바다를 헤쳐나가는 프로세스를 자동화함으로써 개인은 커리어 코치와 인터뷰 준비를 한다든지 네트워킹을 하는 등 구직 과정에서 보다 복잡하고 개인화된 부분에 집중할 수 있다."[b] 봇에 기반한 권한 위임 스킬이야말로 인간으로 하여금 구직 상의 보다 인간적인 면에 집중할 수 있도록 하는 스킬의 단적인 예이다.

또한 AI를 통해 구직자는 자신의 커리어를 보다 일관적으로 설명할 수 있다. 제품 마케터인 에스더 크로포드Esther Crawford는 자기 자신을 마케팅 할 수 있는 보다 나은 방식을 찾고 있었다. 크로포드의 봇인 에스더봇EstherBot은 구인 담당자가 질문할 만한 경력, 학력과 심지어는 취미에 이르기까지 여러 주제에 대한 질문에 자동 답변한다. "나는 국제관계학 석사를 취득한 후 어떻게 스타트업의 프로덕트 매니저가 되었는지를 이야기로 풀어나가기 위해 봇을 사용하고 싶었다."[c]고 크로포드는 전한다. 봇 기반 권한 위임 스킬을 가진 사람들은 에스더봇과 같은 AI 에이전트를 언제 어떻게 사용해야 할지를 알고 있으며, 이러한 봇들로 이뤄진 소규모 AI 에이전트 군단을 효과적으로 관리할 수 있다.

b. "Lee Hecht Harrison Introduces Ella-the Career Transition Industry's First AI-Powered Digital Career Agent," *PR Newswire*, February 8, 2017, https://www.prnewswire.com/news-releases/lee-hecht-harrison-introduces-ella-the-career-transition-industrys-first-ai-powered-digital-career-agent-300403757.html.

c. Steven Melendez, "What It's Like to Use a Chatbot to Apply for Jobs," *FastCompany*, April 27, 2016, https://www.fastcompany.com/3059265/what-its-like-to-use-a-chatbot-to-apply-for-jobs.

융합 스킬 #7: 상호 연수

정의: (1) AI 에이전트 옆에서 업무를 수행하면서 AI가 새로운 스킬을 학습할 수 있도록 함 (2) 휴먼이 AI를 통해 개선된 프로세스에서 업무를 잘 수행할 수 있도록 휴먼에게 직업 훈련을 실시

자연어 처리 능력이 있는 아이피소프트의 AI 비서인 아멜리아는 영국 내 한 지방정부의 웹사이트 및 콜센터에서 IT 헬프데스크 담당자, 모기지 중개인, 질의응답 전문가 등 다양한 역할을 담당한다. 하나의 소프트웨어 프로그램이 어떻게 이렇게 다양한 업무를 처리할 수 있을까? 인간 전문가는 명시적 혹은 묵시적 방식으로 아멜리아에게 임무 수행 방법을 훈련시킨다. 이러한 훈련과정을 통해 비로소 아멜리아 혹은 마이크로소프트의 코타나 같은 AI가 다양한 상황에서 업무를 수행할 수 있다. 미래의 업무에 잘 적응하기 위해서는 휴먼-머신 훈련 관계에 기본적으로 뿌리내리고 있는 다이나믹스를 기민하게 이해해야 한다.

예를 들어 기계를 은밀한 방식으로 훈련시키는 바람에 직원이 자신의 업무 중 일부 혹은 전체가 기계 훈련에 사용된다는 점을 명시적으로 알지 못한 경우, 기계와 경영진 모두 불신을 조장하게 된다. 그러나 모범적인 사례에서는 훈련 과정이 휴먼-머신 상호작용에 나타날 수 있는 두려움, 수동성 및 무력감을 없앨 수 있는 일종의 치료약처럼 작용한다. 인간에게 일정 수준의 통제력을 부여하여 자신이 시스템 혹은 프로세스의 향후 성과에 투자하고 있다고 느끼게 한다면 인간은 AI를 공포의 대상이 아닌 동료로 간주하게 될 것이다.

견습apprenticing이라는 융합 스킬은 우리가 전통적으로 기술을 관리하던 방식과 결별한다는 것을 의미한다. 전통적으로 기술 교육은 한 가지 방향으로만 이루어졌다. 즉, 인간은 기계의 사용 방법을 학습했

다. 그러나 AI 시대에서는 기계가 인간으로부터 학습하고, 반대로 인간도 기계로부터 다시 한번 학습한다. 이러한 견습은 고객서비스 담당자, 혹은 AI 에이전트와 함께 일하는 그 누구라도 자신의 디지털 동료인 AI에게 '롤모델' 역할을 하게 된다는 것을 의미한다. 물론 롤모델 관계가 형성되려면 인간은 적절한 기술적 스킬을 갖고 있어야 한다. 또한 설계 때부터 AI를 훈련하기 쉬운 형태로 제작해야 한다. 즉, 휴먼-머신 견습관계에서는 인터페이스가 중요한 역할을 한다.

예를 들어 아멜리아는 인터페이스를 통해 자신을 작동시키는 인간의 디지털 행동양식을 막후에서 관찰한다. 일종의 배경 학습인 셈이다. 이 소프트웨어는 배경 학습을 넘어 수습관계를 보다 더 발전시킨다. 자신이 대답할 수 없는 질문을 동료인 인간에게 넘겨 그 문제가 해결되는 과정을 지켜보기 때문이다. 전통적인 자동화 자산은 시간이 지남에 따라 그 가치가 줄어들지만 지능형 자동화 자산은 그 가치가 끊임없이 높아진다.[19]

물론 융합 관계에서는 기계만을 수습 대상으로 삼지 않는다. AI는 인간을 대상으로 한 수습과정에도 르네상스를 가져왔다. 사실 인간에 대한 훈련은 앞서 언급했듯이 지능형 자동화로 인해 점점 심화되고 있는 제조업에서의 숙련 작업자 부족을 해결하는 데 필수적이다. 영국 견습세Apprenticeship Levy의 자금 지원을 받는 프로그램 등 정부 지원을 받는 공식 프로그램들이 이러한 문제 해결을 위한 시험대가 될 것이다. 임금 총액이 300만 파운드 이상인 기업들은 일정 금액의 세금을 납부해야 하며, 기업들은 납부한 금액인 15,000파운드에 더해 1파운드 당 10%를 바우처로 받을 수 있는데, 이 바우처는 공인된 수습생 훈련과정에 사용해야 한다. 즉, 대금 납부 기업들이 미숙련 노동자를 고용하여 훈련시키면 납부한 세금 이상의 돈을 되돌려 받게 된다. 물론 여기서 해결해야 할 과제는 산업별 · 기업별로 다양한 수습생 훈련과정을 개발하는 일이다.

따라서 각 조직은 그 조직에 맞는 수습생 훈련 프로그램을 세밀하게 계획해야 한다. 한 금융 기술 기업의 최고투자책임자는 AI가 팀 조직 구성원의 역할 분담에 혼란을 가져왔다는 점에 주목한다. 그러나 이 은행은 재창조 과정을 통해 직원, 기계 그리고 경영진 모두가 납득할 수 있는 수습과정을 마련했다. 이 최고투자책임자에 의하면 "우리 은행이 AI 시스템을 관리하기 위하여 데이터 관리, 데이터 공학, 프로그래밍 및 애널리틱스 등 다양한 스킬과 경험을 가진 전문가를 고용하기 시작하자, 여신팀 조직에 속한 시니어 직원의 역할은 여신 산업을 처음 경험하는 신규 고용 인력을 훈련 및 지원하고, 이들의 역할 수행에 필요한 업계 배경지식을 설명해주는 업무를 포함하게 되었다. 뿐만 아니라 이들 시니어 직원은 AI 알고리즘이 효과적으로 학습할 수 있도록 훈련시키는 과정에서도 필수적인 역할을 담당하게 되었다."고 말한다.

수습제도는 휴먼-머신의 협업이 이루어지는 시대의 업무에 관하여 보다 근본적 사실을 일깨워준다. 즉, 이러한 새로운 세상에서 직원에게나 기계에게나 가장 중요한 것은 업무에 정확히 맞는 스킬을 갖는 것이 아니라 그 스킬을 학습할 수 있는 능력이라는 점이다. 이 점에 관해 마이크로소프트의 CEO인 사티야 나델라Satya Nadella는 "모든 것을 다 아는 사람이 되려고 하지 말고, 모든 것을 다 배우는 사람이 되어야 한다."고 강조한다.[20]

융합 스킬 #8: 끊임없는 재상상

정의: 이전의 프로세스를 단순히 자동화하지 않고, 새로운 프로세스와 비즈니스 모델을 완전히 처음부터 창조해내는 엄격한 과정

가장 마지막이지만 아마도 가장 중요한 융합 스킬은 현재의 방식을 새롭게 상상해 낼 수 있는 능력이다. 사실 AI가 업무, 조직 프로세스, 비즈니스 모델 및 산업 전체를 어떻게 변화시킬지 재창조하는 이 스킬이야말로 이 책의 핵심 내용이라고 할 수 있다.

제2부의 서문에서 언급했듯이, 스티치 픽스는 온라인 판매와 주문 이행 프로세스를 새롭게 상상하고 있다. 이와 마찬가지로 캐피탈 원 또한 AI, 클라우드 컴퓨팅, 빅데이터 및 오픈 소스 기술을 지속적으로 사용하는 기업으로 잘 알려져 있으며, 실제로 여러 차례에 걸쳐 큰 성과를 거두었다. 캐피탈 원은 업계 최초로 아마존의 알렉사에서 캐피탈 원의 기능이 활용될 수 있도록 했다. 캐피탈 원의 고객은 알렉사 플랫폼에서 잔고를 확인하고 대금을 치르며 거래를 수행한다. 뿐만 아니라 최근에는 업계 최초로 자체 지능형 고객 담당 챗봇을 도입했다. 이노Eno라는 이름의 이 챗봇은 자연어 처리 기능이 탑재되어 있어 고객과 스마트폰 문자로 대화를 나눌 수 있다. 이와 관련한 애플리케이션은 머신러닝을 활용하여 사기를 의심할 만한 비정상적인 거래가 있는 경우 계좌주에게 이를 경고한다.

캐피탈 원은 AI 분야에서의 우위를 유지하기 위하여 최근 머신러닝 CoECenter of Excellence를 설립했다. 이 CoE에서는 AI를 통해 고객 경험을 새롭게 상상하는 방법을 연구할 것이다. 캐피탈 원의 뉴욕, 버지니아 및 워싱턴 DC 사무소 소속 직원들로 구성된 CoE는 고객의 지출 관

리 개선을 위하여 AI를 어떻게 적용할지를 고민할 것이다. 또한 AI 시스템이 특정 의사결정에 이르게 된 과정을 설명할 수 있는 컴퓨터 프로그램의 개발을 연구할 것이다. 웬첼은 "우리의 목표는 캐피탈 원이 탁월한 머신러닝 기업으로 거듭나도록 하는 것이다."라고 말했다.[21]

캐피탈 원은 금융 서비스 기업에서 기술 기업으로 변모하고 있다. 이 회사의 최고투자책임자인 롭 알렉산더Rob Alexander는 "이제 우리의 비즈니스에서 가장 비중이 큰 두 제품은 소프트웨어와 데이터이다"라고 언급했다. 바로 이러한 혁신이 회사에 근본적 변화를 이끌었다고 생각하는 롭 알렉산더는 "이러한 변화는 새로운 인재 풀, 새로운 사고 방식과 완전히 새로운 운영 모델을 요구한다."고 강조했다.[22]

캐피탈 원이 새로운 AI 시대에 진입할 수 있게 된 이면에는 조직 변화의 힘도 컸다. 단적인 예로 현재 캐피탈 원의 기술 팀 조직은 신속한 성공을 위해 빠른 실패를 목표로 하는 애자일 소프트웨어 개발의 몇몇 원칙을 받아들였다. 또한 '테스트와 학습'이라는 경영 철학은 캐피탈 원의 조직 문화를 관통하는 핵심 원칙이다. 2014년 말, 이 기업은 텍사스주 플라노Plano 캠퍼스에 '가라지Garage', 즉 차고라는 이름의 혁신 센터를 설립했다(차고는 다양한 실리콘밸리 벤처기업의 허름한 탄생 기원을 일컫는 용어이다). 혁신 센터의 직원들은 세부 지시를 받지 않고, 다만 "우리 제품에 대한 고객의 경험을 현격히 개선하라"는 일반적 가이드만 받는다.[23]

프로세스, 직원의 역할 및 스킬셋, 그리고 핵심 비즈니스 자체를 끊임없이 재창조하려는 집념은 첨단 AI 기술을 활용하는 선두기업에서 흔히 찾아볼 수 있다.

한 마디로 끊임없는 재상상 스킬은 지능적 질의 스킬이나 봇 기반 권한 위임 스킬 등 다른 스킬의 토대가 되는 근본적인 스킬이다. 이러한 재창조 능력이 있을 때 인간은 AI 기술로 인해 조직 프로세스, 비즈니스 모델 및 산업 전체가 끊임없이 변화하고 있는 세상에 보다 쉽게 적응할 수 있다.

신경 기회주의에 숨어 있는 기회

휴먼과 머신의 상대적 장점을 융합하여 전보다 더 나은 결과를 창출하는 능력인 융합 스킬 개념은 인지과학 연구와 궤를 같이 한다. 인간이 자기 자신을 보강시키기 위하여 본능적으로 기술을 이용한다는 신경 기회주의neural opportunism 뿐만 아니라 확장 및 구현된 지능 등의 개념들은 인지과학과 관련된 주제이다. 연구를 통해 알 수 있듯이 인간은 도구와 기술을 자신에게 속한 인지의 일부분으로 통합한다.[24] 안경에서부터 자전거와 전투기에 이르기까지 우리가 이러한 도구를 자주, 그리고 전문가 수준으로 사용하게 되면 우리는 이러한 도구를 마치 신체와 정신의 연장선상에 있는 것처럼 느끼게 된다. 인공지능은 이러한 형태의 휴먼-머신의 공생에 또 다른 차원을 제공한다. 다시 말해, 스마트 기계는 자신만이 가지고 있는 장점에 대하여 신경학적으로 기회주의적이다. 즉, 스마트 머신은 설계에서부터 주변 환경의 정보를 수집하고 이를 자신의 인지에 포함시키도록 되어 있다. 따라서 MELDS의 S 부분에 속하는 여덟 가지 스킬은 오늘날의 경제 분석 혹은 기업의 인재 개발 프로그램에서는 거의 논의되지 않는 새로운 형태의 휴먼-머신간의 관계형 역량을 강조한다. 융합 스킬은 인간의 전문성에 관한 새로운 사고방식을 요구하며, 더 나아가 조직 구성원들의 교육 및 재훈련에 대한 전혀 새로운 접근방식을 요구한다.

결론

휴먼+머신 시대에 스스로의 미래를 개척하기

인공지능에 관한 담론 중 상당부분은 어느 날 컴퓨터가 세상을 정복하고 일자리를 대체할 것이라는 두려움에 집중되어 있다. 여기에는 휴먼과 머신이 경쟁 관계에 있고, AI 시스템은 여러 상황에서 우위에 있는 속도, 처리 능력, 지구력을 바탕으로 회사에서 우리의 자리를 즉각 대체할 것이며, 아마도 회사 밖에서도 비슷한 상황이 펼쳐지리라는 가정이 깔려있다.

다수의 경제학 연구의 정량적 결과가 이러한 공포를 고조시켰을 뿐이다. 한 연구 결과에 따르면 "승자의 이익을 패자에게 재분배하는 적절한 재정 정책이 존재하지 않는다면, 스마트 머신은 우리에게 장기적인 절망을 의미할 뿐"이라고 한다.[1] 그러나 이러한 정량적 연구는 주로 광범위한 산업 트렌드에 중점을 두었으며 그 결과 일반적인 업무 프로세스 및 실제 사례의 이면에서 벌어지고 있는 상황을 보지 못했다.

우리는 1,500명의 조사대상 중 450명의 조직을 관찰 및 사례 분석한 결과, 정량적 연구가 미처 포착하지 못한 여러 중요 현상을 파악할 수 있었다. 그 중 하나는 휴먼과 머신이 병합하여 새로운 형태의 직무와 업무 경험을 창출하는 '융합 스킬'이다. 융합 스킬은 '소외된 중간지대'를 구성하는데, 소외된 중간지대 개념은 인간과 기계의 대결 구도를 조장하는 오늘날의 이분법적인 인간 아니면 기계라는 일자리 논의에서 대부분 제외되어 왔던 영역이다. 바로 이러한 소외된 중간지대에서 선두기업들은 자신의 업무 프로세스를 새롭게 상상하여 눈부신 성과 개선을 이루었다. 경영진은 이러한 결과를 달성하기 위하여 소외된 중간지대의 직무를 기존 직원에게 맡기기 위해 재교육을 시행하는 등 필수적인 투자를 단행해야 하며, 이를 통해 조직을 혁신으로 이끌어야 한다.

색다른 일을 하는 것과 일을 색다르게 하는 것

기업들이 어떠한 방식을 통해 새로운 휴먼+머신 시대로 전환할지를 추론하기 위하여 우선 우리는 오늘날 경영진이 자신의 비즈니스에 AI를 어떻게 활용하고 있는지를 이해해야 했다. 본 책의 제1부에서 우리는 제조 및 공급망(제1장), 백오피스 운영(제2장), R&D 및 비즈니스 혁신(제3장), 그리고 마케팅, 영업 및 고객서비스(제4장)에서의 다양한 애플리케이션을 살펴보았다. 이러한 애플리케이션을 연구함으로써 미래를 보다 명확히 그려볼 수 있었으며, 여러 기업들이 각자의 방식으로 새롭게 향상된 업무를 창출하고 경제적 기회와 고용 기회를 제공함으로써 소외된 중간지대를 채우는 모습을 확인할 수 있었다.

특히 우리는 연구를 통해 이러한 새롭게 상상된 직무들이 기존의 업무 유형과 얼마나 다른지를 밝혀냈다. 오늘날 소외된 중간지대의 업무 활동 중 61%는 이미 직원들로 하여금 *색다른 일*do different things을 하고 *일을 색다르게*do things differently 하도록 요구하고 있다. 따라서 기업들은 자신의 프로세스를 새롭게 상상하고 직원에게 새로운 스킬을 훈련해야 하는 엄중한 필요성에 직면하게 되었다. 제5장에서 언급했듯이 *전과 다른 색다른 일*에는 데이터 모델을 훈련시키거나 AI 시스템 성능을 설명하고 책임 있게 지속시키는 일이 포함된다. 또한 제6장에서 언급했듯이 소외된 중간지대에서 직원들은 강화, 상호작용 및 구현 기능을 통해 *일을 전과 다른 방식으로 수행*하여 막강한 능력으로 일을 완수할 수 있게 되었다. 기업은 조직의 현실과 동떨어진 경제 데이터에 의존하기 보다는 새로운 업무의 차별점을 직접 관찰하여 이를 이해하고 인지해야 한다.

그러나 우리가 조사한 기업들 중 극히 일부만이 융합 스킬의 잠재력을 포착하기 시작했으며, 그 결과 비즈니스, 운영 모델 및 프로세스를 혁신적으로 재창조할 수 있었다. GE, 마이크로소프트, BMW, 구글, 아마존 등 이러한 기업들은 AI를 일반적인 자본 투자로 보지 않으며, 시간이 흐름에 따라 AI의 가치가 증가하여 직원의 가치도 향상된다고 여긴다. 실제로 AI를 통해 휴먼과 머신은 각자 잘하는 업무에 매진할 수 있게 되어 생산성 향상, 직원 만족도 개선, 혁신 증가를 이끌어내는 비즈니스 프로세스의 선순환이 이루어졌다. 이러한 기업들은 직무 기술서와 학습 및 재훈련 프로그램을 새롭게 설계하여 업계를 선도하고 있으며, 이 과정은 리더십을 위한 새로운 실천가이드를 통해 계속 유지된다(제7장에서 언급). 이 기업들의 AI 적용이 조속한 성공을 거둔 것을 보면 이들이 옳은 길을 가고 있다는 사실을 알 수 있다.

그러나 긴급한 문제는 대부분의 조직이 소외된 중간지대를 채우는 데 속도가 느리고 결과가 더디게 나타나고 있는 것이다. 미국에서만 약 6백만 개의 일자리가 아직 채워지지 않은 채 남아 있고, 그 중 매달 35만 개의 제조부문 일자리가 자격을 갖춘 노동자의 부족으로 인해 주인을 찾지 못하고 있다.[2] 전 세계적으로 GDP 기준 12대 경제강국의 고용주 중 38%는 구인에 어려움을 겪고 있다고 응답했다.[3] 즉, 현재 문제는 로봇이 일자리를 대체하고 있는 것이 아니라, 직원이 AI와 같은 신기술로 인해 빠르게 진화하는 직무에 필수적인 스킬을 갖추고 있지 않다는 것이다. 기업들이 제조 외의 다른 영역에서도 AI를 적용하여 일을 재창조하게 되면 이러한 문제는 더욱 심화될 것이다. 예를 들어 세계 100대 기업들은 아직까지는 중요하지 않은 스킬 중 1/3 이상이 2020년까지는 매우 중요한 스킬로 등장할 것이라고 예상한다.[4]

제조부문의 디지털 측면에서도 스킬의 격차가 존재한다. 공장의 첨단 기술이 발전하면서 그 곳에서 일하는 근로자도 소프트웨어 지식을 갖춰야 할 필요성이 증대했다. 이러한 필요성을 인지한 지멘스Siemens는 2020년까지 7,000명 이상을 고용하여 협업 로봇, 소프트웨어 엔지니어링, 컴퓨터 공학 관련 지식을 활용 및 훈련하는 업무 포지션에 배치할 예정이다. 그러나 이러한 포지션은 기존의 AI 시대 일자리 전망 보고서에는 포함되지 않을 것이다. AI로 인해 블루칼라와 화이트칼라, 새로운 일자리와 전통적인 일자리의 경계가 불분명해졌기 때문이다. 지멘스 미국법인 CEO인 에릭 스피겔Eric Spiegel에 따르면 "사람들은 IT나 소프트웨어 개발 부문의 일자리를 제조부문 일자리로 간주하지 않을 것이지만, 실제로 이들 일자리는 분명 제조업과 관련이 있다."고 한다.[5]

우리의 진정한 과제는 인간이 기계로 대체될 것이라는 점이 아니라, 인간이 소외된 중간지대에서 점점 증가하고 있는 새로운 직무를 채우기 위하여 더욱 준비를 해야 한다는 점이다. 제8장에서 우리는 휴먼-머신 협업 시대에 중요성이 커지고 있는 융합 스킬들을 자세히 살펴보았다. 또한 인간이 자신의 신체적, 정신적 능력을 확장할 수 있도록 AI 툴과 결합해야 할 필요성이 증대되면서 '신경 기회주의'에 대해 알아보았다.

그러나 안타깝게도 기업가나 정치 지도자가 이 분야에 필요한 만큼의 투자를 하고 있다는 증거는 많지 않다. 미국에서 발간된 2016년 백악관 보고서인 '인공지능, 자동화, 그리고 경제Artificial Intelligence, Automation, and the Economy'에 따르면 미국 정부는 근로자가 변화된 업무 환경에 적응할 수 있도록 지원하는 프로그램에 GDP의 단 0.1% 정도 만을 지출하고 있으며, 심지어 그 수치는 지난 30년 간 감소 추세를 보였다. 주로 폐쇄된 석탄 광산이나 군 기지에서 일하던 사람을 지원하기 위하여 마련된 기존의 연방 재적응 프로그램은 자동화로 인해 일자리를 잃거나 업무가 바뀐 사람들을 지원하려는 목적으로 재편되지 않았다.[6] 다른 나라의 사정은 조금 달랐다. 일본과 중국은 AI 교육 및 인재 훈련을 국가의 장기적 AI 전략으로 삼고 이에 대한 강력한 의지를 보이고 있다. 예를 들어 중국 국무원State Council은 중국을 2020년까지 선두적인 AI 국가들과 어깨를 나란히 하도록 만들고, "2030년까지는 세계 으뜸의 인공 지능 혁신 센터"로 만들겠다는 목표를 천명했다.[7] 이러한 개발 계획에는 "휴먼과 머신의 협업이 주요 생산 및 서비스 방식이 될" 경제 지역의 인력 재훈련을 위한 대규모 투자를 단행한다는 내용도 포함되어 있다.[8]

이제는 비즈니스를 새롭게 상상해야 할 때

AI는 비즈니스에 빠르게 확산되고 있다. 그에 따라 대부분의 논의는 AI의 기회와 리스크에 관한 질문을 가장 먼저 다루고 있다. 오늘날 기업가들은 중대한 결과를 몰고 올 의사결정에 직면해 있다. 우리 저자들의 바램은 이 책이 AI가 비즈니스에 실제 적용되는 과정에 크게 도움이 되었으면 하는 것이다.

수년간 많은 연구자들은 인간과 경쟁할 수 있는 인공 지능의 창조를 꿈꿨다. 그러나 대신 AI는 인간의 능력을 확장하는 하나의 도구로 발전하고 있다. 반대로 인간은 AI 시스템이 인간의 능력을 보다 더 확장해줄 수 있도록 AI 시스템을 보다 나은 도구로 진화시키고 있다. 인간의 역사상 도구가 인간에게, 그리고 인간이 도구에게 이처럼 즉각적인 반응을 보인 적은 없었다. 우리가 융합 스킬과 소외된 중간지대를 통해 살펴보았듯이, 진정한 기회는 업무를 보다 인간답게 만들고, 보다 인간다운 접근 방식을 통해 비즈니스를 새롭게 상상하고, 인간이 보다 효과적으로 일할 수 있도록 막강한 능력을 부여하는 데에 있다.

휴먼과 머신의 협업에 기초한 우리의 관점은 새로운 접근 방식과 더불어 비즈니스 및 비즈니스 프로세스의 재창조를 요구한다. AI를 통해 기업가는 고객과 직원이 원하는 것을 그 어느 때보다 더 잘 이해하게 되었다. 휴먼-머신 협업에 맞게 배치된 AI 및 프로세스를 통해 조직은 고객과 직원의 니즈를 고려하여 기업과 사람에게 모두 도움이 될 수 있는 솔루션을 탄생시킬 수 있다.

본 책의 궁극적인 목표는 비즈니스 리더, 관리자, 그리고 직원들이 프로세스 대전환의 세번째 물결에 대비할 수 있도록 이들에게 필수적인 툴을 제공하는 것이다. 이 책의 모든 장에서 논의한 바와 같이 새로운 시대는 인간과 기계에게 소외된 중간지대를 채울 것을 요구한다. 보다 구체적으로, 인간과 기계는 새로운 형태의 협업을 통해 새로운 역할을 맡아 함께 일함으로써 소외된 중간지대를 채워 나가야 한다. 이를 위해 우리는 경영진이 어떠한 방식으로 조직 변화를 단행하여 업무 프로세스의 재창조를 장려하는 조직 문화를 만들어야 하는지, 그리고 그 과정에서 학습 플랫폼과 지속적인 직원 재훈련에 어떻게 투자해야 하는지를 살펴보았다. 물론 이러한 작업은 AI 기반 비즈니스 역량을 개발, 유지 및 관리하기 위해 필수적인 융합 스킬에 우선 적용되지만, 윤리적으로 판단하기 어려운 기술적 문제를 의사결정하는 데 필요한 기타 소프트 스킬, 즉 무형의 스킬에도 적용된다.

MELDS 접근방식에서 알 수 있듯이 AI의 성공적인 실행을 위해서는 기술 자체에만 집중하기 보다는 그 이상을 보아야 한다. MELDS에서 리더십 부분은 어떤 AI 이니셔티브든지 직원과 고객, 그리고 기타 이해관계자를 고려하면서 언제나 사람을 중심에 두어야 한다는 점을 기본적으로 강조한다. 예를 들어 AI가 업무환경에 도입되면 경영진은 다음과 같은 질문을 통해 AI가 야기할 여러 결과를 평가해야 한다. 직무 요구사항이 어떻게 진화할 것인가? 직원 대체 현상이 발생하는 경우, 보다 넓은 관점에서 인력을 고려하여 이를 어떻게 균형 있는 방식으로 접근할 것인가? 업계 전문성을 유지하기 위해 어떠한 인재 투자가 필요할까? 그리고 어떠한 직원에게 상담 및 재훈련을 제공할 것인가?

또한 정부 규제, IEEE 등이 제안한 윤리적 설계 표준, 그리고 일반적 여론도 고려해야 한다. 앞서 논의했듯이 기업은 AI 시스템에 편향성이 없음을 확인해야 하고, AI 시스템이 특정 결정을 내린 이유를 이해 및 설명할 수 있어야 한다. 또한 경영진과 관리자는 기계의 단독 결정 사항으로 위임된 사안과 인간의 개입이 필요한 사안을 파악해야 하고, 이를 결정하는 과정에서 책임소재를 명확히 해야 한다. 경우에 따라서는 전체 의사결정 과정에 대한 투명성을 필수적으로 확보해야 할 수도 있다.

마지막으로 기업들은 유럽의 일반 데이터 보호 규정 등 새로운 법 제도 및 지역 정책에 발맞추어 AI 기술을 발전시켜 나가야 한다. 특히 AI 시스템이 개인 데이터를 통해 기본적인 인구 통계를 넘어 유례없는 수준의 통찰력을 도출할 수 있게 되면서, 여러 지역별로 다양한 방식을 통해 개인 데이터에 대한 특별한 관심을 기울여야 한다.

앞서 언급된 사안들은 지극히 중대한 이슈들로서, 많은 사람과 기업, 산업, 그리고 국가의 운명이 이 사안의 해결방안에 달려 있다. AI를 통해 비즈니스와 조직을 새롭게 상상하게 되면서 보다 나은 미래를 열고 인류의 일과 생활을 개선시킬 수 있는 막대한 잠재력이 탄생했다. 이러한 잠재력은 기업의 성과를 개선할 뿐만 아니라 지구의 핵심 자원을 보다 잘 활용할 수 있는 지속가능한 솔루션을 실행시키며, 기업이 소비자 및 직원과 파급력있는 새로운 서비스를 공유하고 새로운 형태의 상호작용을 할 수 있도록 한다.

인재를 증강하기 위해 AI를 사용하고 그 결과 비즈니스 프로세스를 새롭게 상상한 기업은 점진적인 성과 향상을 이루면서 점차 업계 선두로 나서게 되었다는 점이 우리의 연구를 통해 밝혀졌다. AI를 사용하면서 전통적 의미의 자동화만을 목표로 하는 기업은 약간의 성과 개선을 경험할 수는 있겠지만 그러한 효과는 곧 끝나게 될 것이다. 우리는 향후 10년 내에 승자와 패자의 차이가 확연히 나타날 것이라고 예상한다. 그리고 이러한 성패의 차이는 한 조직의 AI 사용 여부가 아닌 AI 사용 *방법*에 의해 결정될 것이다.

바로 이 때 인간적인 요소가 전면에 등장한다. 앞서 이야기했듯이 AI는 인간에게 강력한 도구를 제공하여 인간은 막강한 능력을 가지고 업무를 할 수 있게 되었다. 그 과정에서 AI는 일을 다시 인간다운 일로 탈바꿈시킨다. 즉, AI로 인해 인간이 주어진 시간에 기계처럼 일하지 않고 더욱 인간답게 일할 수 있게 된다.

우리는 AI 시대, 비즈니스 대변혁의 정점에 있다. 오늘날 우리의 행동에 따라 미래의 모습이 달라진다. 저자는 본 책이 독자 여러분에게 미래의 기회와 도전과제를 잘 이해할 수 있는 렌즈와 여러분의 업무에 AI를 적용하기 위한 로드맵을 제공하였기를 바란다. 인간이 AI를 책임감 있게 적용하고 일을 끊임없이 새롭게 상상한다면 지능형 머신의 이점을 누릴 수 있고, 사실 누릴 수밖에 없다. 이제는 휴먼 대 머신이라는 구닥다리 같은 대결구도를 버리고 휴먼 *그리고* 머신이라는 흥미진진한 신세계를 받아들일 때다.

저자 후기

AI 시대의 스킬을 위한 우리의 약속

우리가 저자로서 *휴먼+머신*을 펴낸 목적은 AI가 비즈니스, 정부 및 경제에 몰고올 변화를 사람들이 잘 헤쳐나갈 수 있도록 돕는 것이다. 우리는 조직이 올바른 접근방식으로 인공지능을 관리한다면 인류의 업무 및 생활 방식을 크게 향상시킬 혁신이 이루어질 것이라고 굳게 믿고 있다. 뿐만 아니라 소외된 중간지대에서 무궁무진한 새로운 형태의 일자리가 탄생할 것이라고 믿는다.

그러나 우리는 AI가 많은 사람들에게 실직, 혼란과 같은 문제를 야기할 것이라는 점도 인정한다. 따라서 우리는 필수적으로 *모든* 이들에게 소외된 중간지대의 업무 수행에 필수적인 교육, 훈련 및 지원을 제공해야 한다. 이를 지원하고자 우리는 본 책의 판매를 통해 거둔 *순수 로열티를* AI 시대의 일원이 되기 위해 필수적인 융합 스킬을 개발하려는 사람을 대상으로 한 *교육 및 재훈련 프로그램에 기부할 것*이다.

미주

서문

1. DPCcars, "BMW Factory Humans & Robots Work Together at Dingolfing Plant," YouTube video, 25:22 minutes, Posted March 2, 2017, https://www.youtube.com/watch?v=Dm3Nyb2lCvs.
2. Robert J. Thomas, Alex Kass, and Ladan Davarzani, "Recombination at Rio Tinto: Mining at the Push of a Button," Accenture, Sept 2, 2015, www.accenture.com/t20150902T013400_w_/us-en_acnmedia/Accenture/Conversion-Assets/DotCom/Documents/Global/PDF/Dualpub_21/Accenture-Impact-Of-Tech-Rio-Tinto.pdf.

제 1 장

1. Nikolaus Correll, "How Investing in Robots Actually Helps Human Jobs," *Time*, April 2, 2017, http://time.com/4721687/investing-robots-help-human-jobs/.
2. Will Knight, "This Factory Robot Learns a New Job Overnight," *MIT Technology Review*, March 18, 2016, https://www.technologyreview.com/s/601045/this-factory-robot-learns-a-new-job-overnight/; Pavel Alpeyev, "Zero to Expert in Eight Hours: These Robots Can Learn for Themselves," *Bloomberg*, December 3, 2015, https://www.bloomberg.com/news/articles/2015-12-03/zero-to-expert-in-eight-hours-these-robots-can-learn-for-themselves.
3. Knight, "This Factory Robot Learns a New Job Overnight."
4. "Company Information: History of iRobot," http://www.irobot.com/About-iRobot/Company-Information/History.aspx, accessed November 2, 2017.

5. H. James Wilson, Allan Alter, and Sharad Sachdev, "Business Processes Are Learning to Hack Themselves," Harvard Business Review, June 27, 2016, https://hbr.org/2016/06/business-processes-are-learning-to-hack-themselves; author interview with Andreas Nettsträter, February 8, 2016.
6. Steve Lohr, "G.E., the 124-Year-Old Software Start-Up," *New York Times*, August 27, 2016, https://www.nytimes.com/2016/08/28/technology/ge-the-124-year-old-software-start-up.html.
7. Charles Babcock, "GE Doubles Down on 'Digital Twins' for Business Knowledge," *Information Week*, October 24, 2016, http://www.informationweek.com/cloud/software-as-a-service/ge-doubles-down-on-digital-twins-for-business-knowledge/d/d-id/1327256.
8. Ibid.
9. Tomas Kellner, "Wind in the Cloud? How the Digital Wind Farm Will Make Wind Power 20 Percent More Efficient," GE Reports, September 27, 2015, http://www.gereports.com/post/119300678660/wind-in-the-cloud-how-the-digital-wind-farm-will/.
10. Author interview with Joe Caracappa, October 13, 2016.
11. Leanna Garfield, "Inside the World's Largest Vertical Farm, Where Plants Stack 30 Feet High," *Business Insider*, March 15, 2016, http://www.businessinsider.com/inside-aerofarms-the-worlds-largest-vertical-farm-2016-3.
12. "Digital Agriculture: Improving Profitability," Accenture, https://www.accenture.com/us-en/insight-accenture-digital-agriculture-solutions.

제 2 장

1. Jordan Etkin and Cassie Mogilner, "Does Variety Increase Happiness?" *Advances in Consumer Research* 42 (2014):53–58.
2. Author interview with Andrew Anderson, CEO of Celaton, September 29, 2016.
3. Richard Feloni, "Consumer-Goods Giant Unilever Has Been Hiring Employees Using Brain Games and Artificial Intelligence—And It's a Huge Success," *Business Insider*, June 28, 2017, www.businessinsider.com/unilever-artificial-intelligence-hiring-process-2017-6.
4. Author interview with Roger Dickey, Founder of Gigster, November 21, 2016.

5. "IPsoft's Cognitive Agent Amelia Takes on Pioneering Role in Bank with SEB," IPsoft press release, October 6, 2016, http://www.ipsoft.com/2016/10/06/ipsofts-cognitive-agent-amelia-takes-on-pioneering-role-in-banking-with-seb/.
6. Sage Lazzaro, "Meet Aida, the AI Banker That NEVER Takes a Day Off: Swedish Firm Reveals Robot Customer Service Rep It Says Is 'Always at Work, 24/7, 365 Days a Year,'" *Daily Mail UK*, July 31, 2017, http://www.dailymail.co.uk/sciencetech/article-4748090/Meet-Aida-AI-robot-banker-s-work.html.
7. "Darktrace Antigena Launched: New Era as Cyber AI Fights Back," Darktrace press release, April 4, 2017, https://www.darktrace.com/press/2017/158/.
8. Linda Musthaler, "Vectra Networks Correlates Odd Bits of User Behavior That Signal an Attack in Progress," *Network World*, January 9, 2015, https://www.networkworld.com/article/2867009/network-security/vectra-networks-correlates-odd-bits-of-user-behavior-that-signal-an-attack-in-progress.html.

제 3 장

1. Bill Vlasic, "G.M. Takes a Back Seat to Tesla as America's Most Valued Carmaker," *New York Times*, April 10, 2017, https://www.nytimes.com/2017/04/10/business/general-motors-stock-valuation.html.
2. "A ll Tesla Cars Being Produced Now Have Full Self-Driving Hardware," Tesla press release, October 19, 2016, https://www.tesla.com/blog/all-tesla-cars-being-produced-now-have-full-self-driving-hardware.
3. Isaac Asimov, *Fantastic Voyage* II: *Destination Brain* (New York: Doubleday, 1987), 276–277.
4. Arif E. Jinha, "Article 50 Million: An Estimate of the Number of Scholarly Journals in Existence," *Learned Publishing* 23, no. 1 (July 2010):258–263.
5. Author interview with Shivon Zilis, January 31, 2017.
6. Author interview with Colin Hill, CEO of GNS Healthcare, February 12, 2016.
7. Ibid.
8. Margaret Rhodes, "Check Out Nike's Crazy New Machine-Designed

Track Shoe," *Wired, July* 20, 2016, https://www.wired.com/2016/07/check-nikes-crazy-new-machine-designed-track-shoe/.
9. Author interview with Scott Clark, CEO of SigOpt, November 22, 2016.
10. Author interview with Colin Hill, CEO of GNS Healthcare, February 12, 2016.
11. Author interview with Brandon Allgood, CTO of Numerate, July 7, 2016.
12. Ibid.

제 4 장

1. Phil Wainewright, "Salesforce Captures the Limits of AI in a Coca-Cola Cooler," *Diginomica*, March 7, 2017, http://diginomica.com/2017/03/07/salesforce-captures-the-limits-of-ai-in-a-coca-cola-cooler/.
2. "Transitioning to a Circular Economy," Philips, https://www.usa.philips.com/c-dam/corporate/about-philips-n/sustainability/sustainabilitypdf/philips-circular-economy.pdf.
3. Jordan Crook, "Oak Labs, with $41M in Seed, Launches a Smart Fitting Room Mirror," *TechCrunch*, November 18, 2015, https://techcrunch.com/2015/11/18/oak-labs-with-4-1m-in-seed-launches-a-smart-fitting-room-mirror/.
4. "The Race for Relevance, Total Retail 2016: United States," PwC, February 2016, http://www.pwc.com/us/en/retail-consumer/publications/assets/total-retail-us-report.pdf.
5. "Staffing Is Difficult," Percolata, http://www.percolata.com/customers/staffing-is-difficult, accessed October 24, 2017.
6. "Bionic Mannequins Are Watching You," *Retail Innovation*, April 2, 2013, http://retail-innovation.com/bionic-mannequins-are-watching-you; and Cotton Timberlake, Chiara Remondini and Tommaso Ebhardt, "Mannequins Collect Data on Shoppers Via Facial-Recognition Software," *Washington Post*, November 22, 2012.
7. H. James Wilson, Narendra Mulani, and Allan Alter, "Sales Gets a Machine-Learning Makeover," *MIT Sloan Management Review*, May 17, 2016, sloanreview.mit.edu/article/sales-gets-a-machine-learning-makeover/.
8. Pierre Nanterme and Paul Daugherty, "2017 Technology Vision Report,"

Accenture, https://www.accenture.com/t20170125T084845__w__/us-en/_acnmedia/Accenture/next-gen-4/tech-vision-2017/pdf/Accenture-TV17-Full.pdf?la=en.

9. A. S. Miner et al. "Smartphone-Based Conversational Agents and Responses to Questions about Mental Health, Interpersonal Violence, and physical Health," *JAMA Internal Medicine* 176, no. 5 (May 2016):619–625.
10. Mark Wilson, "This Startup Is Teaching Chatbots Real Empathy," *Fast-Company*, August 8, 2016, https://www.fastcodesign.com/3062546/this-startup-is-teaching-chatbots-real-empathy.
11. Ibid.
12. Laura Beckstead, Daniel Hayden, and Curtis Schroeder, "A Picture's Worth A Thousand Words . . . and Maybe More," *Forbes*, August 5, 2016, https://www.forbes.com/sites/oracle/2016/08/05/a-pictures-worth-a-thousand-words-and-maybe-more/.

제 2 부 서문

1. Robert J. Thomas, Alex Kass, and Ladan Davarzani, "Recombination at Rio Tinto: Mining at the Push of a Button," Accenture, Sept 2, 2015, www.accenture.com/t20150902T013400_ _w_ _/us-en_acnmedia/Accenture/Conversion-Assets/DotCom/Documents/Global/PDF/ Dualpub_21/Accenture-Impact-Of-Tech-Rio-Tinto.pdf.
2. James Wilson, "Rio Tinto's Driverless Trains Are Running Late," *Financial Times*, April 19, 2016, https://www.ft.com/content/fe27fd68-0630-11e6-9b51-0f b5e65703ce.
3. H. James Wilson, Paul Daugherty and Prashant Shukla, "How One Clothing Company Blends AI and Human Expertise," *Harvard Business Review*, November 21, 2016, https://hbr.org/2016/11/how-one-clothing-company-blends-ai-and-human-expertise.

제 5 장

1. Melissa Cefkin, "Nissan Anthropologist: We Need a Universal Language

for Autonomous Cars," *2025AD*, January 27, 2017, https://www.2025ad.com/latest/nissan-melissa-cefkin-driverless-cars/.

2. Kim Tingley, "Learning to Love Our Robot Co-Workers," *New York Times*, February 23, 2017, https://www.nytimes.com/2017/02/23/magazine/learning-to-love-our-robot-co-workers.html.
3. Rossano Schifanella, Paloma de Juan, Liangliang Cao and Joel Tetreault, "Detecting Sacarsm in Multimodal Social Platforms," August 8, 2016, https://arxiv.org/pdf/1608.02289.
4. Elizabeth Dwoskin, "The Next Hot Job in Silicon Valley Is for Poets," *Washington Post*, April 7, 2016, https://www.washingtonpost.com/news/the-switch/wp/2016/04/07/why-poets-are-flocking-to-silicon-valley.
5. "Init.ai Case Study," Mighty AI, https://mty.ai/customers/init-ai/, accessed October 25, 2017.
6. Matt Burgess, "DeepMind's AI Has Learnt to Become 'Highly Aggressive" When It Feels Like It's Going to Lose," *Wired*, February 9, 2017, www.wired.co.uk/article/artificial-intelligence-social-impact-deepmind.
7. Paul X. McCarthy, "Your Garbage Data Is a Gold Mine," *Fast Company*, August 24, 2016, https://www.fastcompany.com/3063110/the-rise-of-weird-data.
8. John Lippert, "ZestFinance Issues Small, High-Rate Loans, Uses Big Data to Weed Out Deadbeats," *Washington Post*, October 11, 2014, https://www.washingtonpost.com/business/zestfinance-issues-small-high-rate-loans-uses-big-data-to-weed-out-deadbeats/2014/10/10/e34986b6-4d71-11e4-aa5e-7153e466a02d_story.html.
9. Jenna Burrell, "How the Machine 'Thinks': Understanding Opacity in Machine Learning Algorithms," Big Data & Society (January–June 2016):1–12, http://journals.sagepub.com/doi/abs/10.1177/2053951715622512.
10. Ibid.
11. Kim Tingley, "Learning to Love Our Robot Co-Workers," *New York Times*, February 23, 2017, https://www.nytimes.com/2017/02/23/magazine/learning-to-love-our-robot-co-workers.html.
12. Isaac Asimov, "Runaround," *Astounding Science Fiction* (March 1942).
13. Accenture Research Survey, January 2016.
14. Vyacheslav Polonski, "Would You Let an Algorithm Choose the Next US President?" World Economic Forum, November 1, 2016, https://www.weforum.org/agenda/2016/11/would-you-let-an-algorithm-choose-the-next-

us-president/.

15. Mark O. Riedl and Brent Harrison, "Using Stories to Teach Human Values to Artificial Agents," in 2nd International Workshop on AI, Ethics, and Society, Association for the Advancement of Artificial Intelligence (2015), https://www.cc.gatech.edu/~riedl/pubs/aaai-ethics16.pdf.
16. Masahiro Mori, translated by Karl F. MacDorman and Norri Kageki, "The Uncanny Valley," *IEEE Spectrum*, June 12, 2012, https://spectrum.ieee.org/automaton/robotics/humanoids/the-uncanny-valley.

제 6 장

1. Margaret Rhodes, "So. Algorithms Are Designing Chairs Now," *Wired*, October 3, 2016, https://www.wired.com/2016/10/elbo-chair-autodesk-algorithm/.
2. Dan Howarth, "Generative Design Software Will Give Designers' Superpowers," *Dezeen, February* 6, 2017, https://www.dezeen.com/2017/02/06/generative-design-software-will-give-designers-superpowers-autodesk-university/.
3. "Illumeo: Changing How We See, Seek and Share Clinical Information," Philips, http://www.usa.philips.com/healthcare/product/HC881040/illumeo.
4. "Upskill Raises Series B Funding from Boeing and GE Ventures," Upskill.io press release, April 5, 2017, https://upskill.io/upskill-raises-series-b-funding-from-boeing-ventures-and-ge-ventures/.
5. Nicolas Moch and Michael Krigsman, "Customer Service with Amelia AI at SEB Bank," *CXO Talk*, August 15, 2017, https://www.cxotalk .com/video/customer-service-amelia-ai-seb-bank.
6. Peggy Hollinger, "Meet the Cobots: Humans and Robots Together on the factory floor," *Financial Times*, May 4, 2016, https://www.ft.com/content/6d5d609e-02e2-11e6-af1d-c47326021344?mhq5j=e6.
7. Will Knight, "How Human-Robot Teamwork Will Upend Manu-facturing," *MIT Technology Review*, September 16, 2014, https://www.technologyreview.com/s/530696/how-human-robot-teamwork-will-upend-manufacturing/.
8. AutomotoTV, "Mercedes-Benz Industrie 4.0 More flexibility-Human Robot Cooperation (HRC)," YouTube video, 2:38 minutes, November 25, 2015,

https://youtu.be/ZjaePUZPzug.
9. Peggy Hollinger, "Meet the Cobots: Humans and Robots Together on the Factory Floor," *Financial Times*, May 4, 2016, https://www.ft.com/content/6d5d609e-02e2-11e6-af1d-c47326021344?mhq5j=e6.
10. Interview with Richard Morris, Vice President of Assembly and Logistics, BWW Manufacturing Company, accessed at Advanced Motion Systems, Inc. "Universal Robots on BMW Assembly Line-ASME," YouTube video, April 7, 2014, https://WWW.youtube.com/watch?v=CROBmw5Txl.
11. Michael Reilly, "Rethink's Sawyer Robot Just Got a Whole Lot Smarter," *MIT Technology Review*, February 8, 2017, https://www.technologyreview.com/s/603608/rethinks-sawyer-robot-just-got-a-whole-lot-smarter/.
12. Cassie Werber, "The World's First Commercial Drone Delivery Service Has Launched in Rwanda," *Quartz*, October 14, 2016, https://qz.com/809576/zipline-has-launched-the-worlds-first-commercial-drone-delivery-service-to-supply-blood-in-rwanda/.
13. Jessica Leber, "Doctors Without Borders Is Experimenting with Delivery Drones to Battle an Epidemic," *Fast Company*, October 16, 2014, https://www.fastcompany.com/3037013/doctors-without-borders-is-experimenting-with-delivery-drones-to-battle-an-epidemic.
14. Wings For Aid website, https://www.wingsforaid.org, accessed October 25, 2017.

제 7 장

1. Shoshana Zuboff, *In the Age of the Smart Machine: The Future of Work and Power* (New York: Basic Books, 1989), 13.
2. Autoline Network, "The ART of Audi," YouTube video, 1:04:45, August 22, 2014, https://youtu.be/Y6ymjyPryRo.
3. Sharon Gaudin, "New Markets Push Strong Growth in Robotics Industry," *ComputerWorld*, February 26, 2016, http://www.computerworld.com/article/3038721/robotics/new-markets-push-strong-growth-in-robotics-industry.html.
4. Spencer Soper and Olivia Zaleski, "Inside Amazon's Battle to Break into the $800 Billion Grocery Market," Bloomberg, March 20, 2017, https://www.bloomberg.com/news/features/2017-03-20/inside-amazon-s-battle-to-

break-into-the-800-billion-grocery-market.

5. Izzie Lapowski, "Jeff Bezos Defends the Fire Phone's Flop and Amazon's Dismal Earnings," *Wired*, December 2, 2014, https://www.wired.com/2014/12/jeff-bezos-ignition-conference/.
6. Ben Fox Rubin, "Amazon's Store of the Future Is Delayed. Now What?" *CNET*, June 20, 2017, www.cnet.com/news/amazon-go-so-far-is-a-no-show-now-what/.
7. Steven Overly, "The Big Moral Dilemma Facing Self-Driving Cars," *Washington Post*, February 20, 2017, https://www.washingtonpost.com/news/innovations/wp/2017/02/20/the-big-moral-dilemma-facing-self-driving-cars/?utm_term=.e12ae9dedb61.
8. Matthew Hutson, "Why We Need to Learn to Trust Robots," *Boston Globe*, January 25, 2015, https://www.bostonglobe.com/ideas/2015/01/25/why-need-learn-trust-robots/Nj6yQ5DSNsuTQlMcqnVQEI/story.html.
9. Aaron Timms, "Leda Braga: Machines Are the Future of Trading," *Institutional Investor*, July 15, 2015, http://www.institutionalinvestor.com/article/3471429/banking-and-capital-markets-trading-and-technology/leda-braga-machines-are-the-future-of-trading.html.
10. Accenture Research Survey, January 2017; and Lee Rainie and Janna Anderson, "Code-Dependent: Pros and Cons of the Algorithm Age," Pew Research, February 8, 2017, http://www.pewinternet.org/2017/02/08/code-dependent-pros-and-cons-of-the-algorithm-age/.
11. Jane Wakefield, "Microsoft Chatbot Is Taught to Swear on Twitter," BBC, March 24, 2016, http://www.bbc.com/news/technology-35890188.
12. Craig Le Clair et al., "The Future of White-Collar Work: Sharing Your Cubicle with Robots," *Forrester*, June 22, 2016.
13. Madeline Clare Elish, "The Future of Designing Autonomous Systems Will Involve Ethnographers," *Ethnography Matters*, June 28, 2016, https://ethnographymatters.net/blog/2016/06/28/the-future-of-designing-autonomous-systems-will-involve-ethnographers/.
14. Madeleine Clare Elish, "Letting Autopilot Off the Hook," *Slate*, June 16, 2016, www.slate.com/articles/technology/future_tense/2016/06/why_do_blame_humans_when_automation_fails.html.
15. Berkeley J. Dietvorst et al, "Overcoming Algorithm Aversion: People Will Use Imperfect Algorithms If They Can (Even Slightly) Modify Them, https://poseidon01.ssrn.com/delivery.php?ID=9391240670920270670040141220950711

22024055052015007029075097084030114081117071005117010 025040030 028099033029108085078084110085058032042047078116106068114072091 072007017066053119084126001064066091030110015091108011105082068 097088118126016099093096024091&EXT=pdf.
16. Conversation with Bill Ruh, CEO for General Electric Digital, April 11, 2017.
17. Ibid.
18. Accenture client work and Accenture Research case example research findings (estimate)
19. Nicholas Fearn, "Ducati Corse Turns to IoT to Test MotoGP Racing," *Internet of Business*, March 8, 2017, https://internetof business.com/ducati-corse-races-iot/.
20. Anthony Ha, "Salesforce Acquires Smart Calendar App Tempo, AppWill Shut Down on June 30," *Tech Crunch*, May 29, 2015, https://techcrunch.com/2015/05/29/salesforce-acquires-tempo/.
21. "Nielsen Breakthrough Innovation Report, European Edition," Nielsen, December 2015, http://www.nielsen.com/content/dam/nielsenglobal/eu/docs/pdf/Nielsen%20Breakthrough%20Innovation%20Report%202015%20European%20Edition_digital_HU.pdf.
22. Mike Rogoway, "Facebook Plans 'Cold Storage' for Old Photos in Prineville," *Oregonian*, February 20, 2013, http://www.oregonlive.com/silicon-forest/index.ssf/2013/02/facebook_plans_cold_storage_fo.html.
23. "Illuminating Data," Texas Medical Center, August 24, 2014, http://www.tmc.edu/news/2014/08/illuminating-data/.
24. George Wang, "Texas Medical Center and Ayasdi to Create a World-Class Center for Complex Data Research and Innovation," Ayasdi, November 13, 2013, https://www.ayasdi.com/company/news-and-events/press/pr-texas-medical-center-and-ayasdi-to-create-a-world-class-center-for-complex-data-research-and-innovation/.
25. Khari Johnson, "Google's Tensorflow Team Open-Sources Speech Recognition Dataset for DIY AI," *VentureBeat, August* 24, 2017, https://venturebeat.com/2017/08/24/googles-tensorflow-team-open-sources-speech-recognition-dataset-for-diy-ai/.
26. Adam Liptak, "Sent to Prison by a Software Program's Secret Algorithms," *New York Times*, May 1, 2017, https://www.nytimes.com/2017/05/01/us/politics/sent-to-prison-by-a-software-programs-secret-algorithms.html?_r=0.
27. Tim Lang, "Why Google's PAIR Initiative to Take Bias out of AI Will

Never Be Complete," *VentureBeat*, July 18, 2017, https://venturebeat.com/2017/07/18/why-googles-pair-initiative-to-take-bias-out-of-ai-will-never-be-complete/.

제 8 장

1. GE Digital, "Minds + Machines: Meet the Digital Twin," YouTube video, 14:18 minutes, November 18, 2016, https://www.youtube.com/watch?v=-2dCz3oL2rTw.
2. "Harnessing Revolution: Creating the Future Workforce," Accenture, https://www.accenture.com/gb-en/insight-future-workforce-today.
3. Marina Gorbis, "Human Plus Machine," The Future of Human Machine Interaction, Institute for the Future, 2011, http://www.iftf.org/uploads/media/Human_Plus_Machine_MG_sm.pdf.
4. Dan Ariely, James B. Duke, and William L. Lanier, "Disturbing Trends in Physician Burnout and Satisfaction with Work-Life Balance," *Mayo Clinic Proceedings* 90, no. 12 (December 2015): 1593–1596.
5. Wes Venteicher, "UPMC Turns to Artificial Intelligence to Ease Doctor Burnout," *TribLive*, February 16, 2017, http://triblive.com/news/healthnow/11955589-74/burnout-doctors-microsoft.
6. Bob Rogers, "Making Healthcare More Human with Artificial Intelligence," *IT Peer Network at Intel, February* 17, 2017, https://itpeernetwork.intel.com/making-healthcare-human-artificial-intelligence/.
7. Conner Dial, "Audi Makes Self-Driving Cars Seem Normal By Putting a T-Rex at the Wheel," *PSFK*, September 16, 2016, https://www.psfk .com/2016/09/audi-t-rex-ad-campaign-makes-self-driving-vehicles-seem-normal.html.
8. "AI Summit New York," *AI Business*, 2016, http://aibusiness.org/tag/ai-summit-new-york/.
9. Ibid.
10. Murray Shanahan, "The Frame Problem," Stanford, February 23, 2004, https://plato.stanford.edu/entries/frame-problem/.
11. Manoj Sahi, "Sensabot Is the First Inspection Robot Approved for Use by Oil and Gas Companies," *Tractica*, October 18, 2016, https://www.tractica.com/robotics/sensabot-is-the-first-inspection-robot-approved-for-use-by-

oil-and-gas-companies/.

12. Author interview with Steve Schnur, December 7, 2016.
13. Author interview with Bill Ruh, April 11, 2017.
14. Shivon Zilis, "Machine Intelligence Will Let Us All Work Like CEOs," *Harvard Business Review*, June 13, 2013, https://hbr.org/2016/06/machine-intelligence-will-let-us-all-work-like-ceos.
15. Julie Bort, "How Salesforce CEO Marc Benioff Uses Artificial Intelligence to End Internal Politics at Meetings," *Business Insider*, May 18, 2017, www.businessinsider.com/benioff-uses-ai-to-end-politics-at-staff-meetings-2017-5.
16. "Surgeons Use Robot to Operate Inside Eye in World's First," *The Guardian*, September 9, 2016, https://www.theguardian.com/technology/2016/sep/10/robot-eye-operation-world-first-oxford-john-radcliffe.
17. Will Knight, "How a Human-Machine Mind-Meld Could Make Robots Smarter," *MIT Technology Review*, March 2, 2017, https://www.technologyreview.com/s/603745/how-a-human-machine-mind-meld-could-make-robots-smarter/.
18. Janet Vertesi, "What Robots in Space Teach Us about Team-work: A Deep Dive into NASA," *Ethnography Matters*, July 7, 2016, http://ethnographymatters.net/blog/2016/07/07/what-robots-in-space-teach-us-about-teamwork/.
19. Pierre Nanterme and Paul Daugherty, "Technology for People: The Era of Intelligent Enterprise," Technology Vision 2017, https://www.accenture.com/t00010101T000000__w__/at-de/_acnmedia/Accenture/next-gen-4/tech-vision-2017/pdf/Accenture-TV17-Full.pdf.
20. Justin Bariso, "Microsoft's CEO Just Gave Some Brilliant Career Advice. Here It Is in 1 Sentence," *Inc.com*, April 24, 2017, https://www.inc.com/justin-bariso/microsofts-ceo-just-gave-some-brilliant-career-advice-here-it-is-in-one-sentence.html.
21. Sara Castellanos, "Capital One Adds 'Muscle' to Machine Learning Effort," *Wall Street Journal*, March 2, 2017, https://blogs.wsj.com/cio/2017/03/02/capital-one-adds-muscle-to-machine-learning-effort/.
22. Darryl K. Taft, "Capital One Taps Open-Source, Cloud, Big Data for Advantage in Banking," *eWEEK*, June 13, 2016, http://www.eweek.com/cloud/capital-one-taps-open-source-cloud-big-data-for-advantage-in-banking.
23. Gil Press, "3 Dimensions of Digital Transformation at Capital One Fi-

nancial Services," *Forbes*, June 25, 2015, https://www.forbes.com/sites/gilpress/2015/06/25/3-dimensions-of-digital-transformation-at-capital-one-financial-services/#61620c4478c4.

24. Andy Clark, *Supersizing the Mind: Embodiment, Action, and Cognitive Extension* (New York: Oxford University Press, 2008).

결론

1. Seth G. Benzell, Laurence J. Kotlikoff, Guillermo LaGarda, Jeffrey D. Sachs, "Robots Are Us: Some Economics of Human Replacement," NBER Working Paper No. 20941, Issued in February 2015
2. Anna Louie Sussman, "As Skill Requirements Increase, More Manufacturing Jobs Go Unfilled," *The Wall Street Journal*, September 1, 2016, https://www.wsj.com/articles/as-skill-requirements-increase-more-manufacturing-jobs-go-unfilled-1472733676
3. Analysis of IMF and Indeed.com data by George Washington Uni- versity economist Tara Sinclair, http://offers.indeed.com/rs/699-SXJ-715/images/Indeed%20Hiring%20Lab%20- %20Labor%20Market%20Outlook%20 2016.pdf.
4. 2017 Accenture Research analysis, https://www.accenture.com/us-en/_acnmedia/A2F06B52B774493BBBA35EA27BCDFCE7.pdf. See also, World Economic Forum, *Future of Jobs Report*, http://reports.weforum.org/future-of-jobs-2016/.
5. Kristin Majcher, "The Hunt for Qualified Workers," *MIT Technology Review*, September 16, 2014, https://www.technologyreview.com/s/530701/the-hunt-for-qualified-workers/.
6. "Artificial Intelligence, Automation, and the Economy," The White House, December 20, 2016, https://www.whitehouse.gov/sites/whitehouse.gov/files/images/EMBARGOED%20AI%20Economy%20Report.pdf.
7. Datainnovation.org, https://www.datainnovation.org/2017/08/how-governments-arepreparing-for-artificial-intelligence/.
8. The State Council of the People's Republic of China, http://english.gov.cn/policies/latest_releases/2017/07/20/content_281475742458322.htm.

감사의 말

*휴먼+머신*을 저술하는 과정은 매우 흥미진진한 여정이었다. 거의 2년 전 보스턴의 코플리 플라자에서 커피 한 잔을 마시면서 잉태된 이 책에는 경영진, 기업가, 직원, AI 전문가, 기술 전문가, 경제학자, 사회과학자, 정책 입안가, 미래학자, 벤처 투자자, 교육 전문가, 학생 등과의 대화를 통해 알게 된 수천 건의 경험이 담겼다. 우리는 이 책의 핵심 주제를 함께 논의하고 만들어 나가면서 토론까지 하기 위해 전 세계 곳곳에서 귀중한 시간을 할애해 준 수많은 분들에게 큰 빚을 지고 있다.

*휴먼+머신*을 어떠한 책으로 만들 것인가에 관한 비전에 함께 고민해준 수많은 동료들(특히 스마트 머신을 자주 사용하는), 스마트한 우리 팀에게 이 책을 저술하는 데 큰 도움을 주어서 감사하다고 말하고 싶다.

유능한 연구자이자 협업 파트너였던 케이트 그린Kate Greene은 이미 오래 전부터 우리와 함께 AI R&D를 연구했다. 우리는 이 프로젝트 내내 그녀가 보여준 헌신과 학제간 경계를 뛰어넘는 사고방식에 대단한 경의를 표하고 싶다. 또한 데이빗 라비에리David Lavieri와 프라샨트 슈클라Prashant Shukla는 매주 우리와 일하면서 '소외된 중간지대'를 포함한 핵심 아이디어의 연구 기반을 탄탄하게 준비했다.

프랜시스 힌터만Francis Hintermann과 그의 액센츄어 리서치팀은 이번 프로젝트를 위해 세계 최고 수준의 전문성과 끊임없는 지원을 보내주었다. 폴 누네스Paul Nunes는 매우 초기단계부터 이 책의 아이디어를 지지해주었으며, 이 책이 만들어지는 핵심 단계마다 예리하고 실용적인 코멘트를 남기면서 훌륭한 검토자의 역할을 담당했다. 공정하고 안전하며 책임 있는 AI에 관한 설문조사 및 사례 연구를 설계할 때 큰 도움을 제공하여 저술 초반에 핵심적인 역할을 담당했던 앨런 알터Allan Alter에게도 특별히 감사를 보내고 싶다. 마크 퍼디Mark Purdy, 라단 다바르자니Ladan Davarzani, 애이티나 펩스Athena Peppes, 필립 루씨에Philippe Roussiere, 스베냐 팔크Svenja Falk, 라그하브 나살래이Raghav Narsalay, 마두 바지라니Madhu Vazirani, 시빌 버주앙Sybille Berjoan, 맘타 카푸르Mamta Kapur, 르네 바이른Renee Byrnes, 토머스 카스타그니노Tomas Castagnino, 캐롤라인 리우Caroline Liu, 로렌 핑클스타인Lauren Finkelstein, 앤드류 캐버노Andrew Cavanaugh, 닉 예나코Nick Yennaco 등 다른 많은 연구자들도 적절한 연구 결과와 통찰력을 통해 우리의 사고를 보다 풍부하게 해주었다.

또한 허버트 사이먼Herbert Simon, 존 매카시John McCarthy, 마빈 민스키Marvin Minsky, 아서 새뮤얼Arthur Samuel, 에드워드 파이겐바움Edward Feigenbaum, 요셉 바이젠바움Joseph Weizenbaum, 죠프리 힌턴Geoffrey Hinton, 한스 모라벡Hans Moravec, 피터 노빅Peter Norvig, 더글러스 호프스태터Douglas Hofstadter, 레이 커즈와일Ray Kurzweil, 로드니 브룩스Rodney Brooks, 얀 르쿤Yann LeCun, 앤드류 응Andrew Ng 등 AI가 나아갈 길을 개척하고 다양한 작업을 통해 우리에게 영감과 지식을 불어넣어준 여러 선지자

와 개척자들에게도 특별한 감사를 보낸다. 뿐만 아니라 니콜라 모리니 비안지노Nicola Morini Bianzino, 마이크 서클리프Mike Sutcliff, 엘린 숙Ellyn Shook, 마크 카렐-빌리아드Marc Carrel-Billiard, 나렌드라 물라니Narendra Mulani, 댄 엘론Ean Elron, 프랭크 미르캄프Frank Meerkamp, 애덤 버든Adam Burden, 마크 맥도널드Mark McDonald, 시릴 버탤러Cyrille Bataller, 산지브 보라Sanjeev Vohra, 루먼 차우더리Rumman Chowdhury, 리사 뉴버거-페르난데즈Lisa Neuberger-Fernandez, 다동 완Dadong Wan, 산제이 포더Sanjay Pod-der, 마이클 빌츠Michael Biltz 등 통찰력과 영감을 제공해준 우리의 동료들에게도 큰 감사를 표하고 싶다.

이번 책을 저술하는 여정 내내 우리는 다양한 출판 및 마케팅 전문가들로부터 조언을 받았다. 이분들은 우리가 전달하고자 하는 메시지를 잘 다듬을 수 있게 도와주었다. 초반에는 앤더슨 리터러리 에이전시Anderson Literary Agency의 길스 앤더슨Giles Anderson 덕분에 출판 제안서의 윤곽을 짜고 잘 맞는 출판사 및 플랫폼을 찾을 수 있었다. HBR 출판사HBR Press의 제프 키호Jeff Kehoe, 켄지 트래버스Kenzie Travers, 데이브 리벤스Dave Lievens는 우리에게는 마치 출판계의 가이드 같은 존재로, 시작부터 강력한 지원을 제공해 주었을 뿐만 아니라 우리가 수정작업을 거치는 동안에도 지혜와 조언을 아끼지 않았다.

이 책과 독자들은 편집 및 마케팅 분야의 귀재인 록산 테일러Roxanne Taylor, 제프 프랜시스Jeff Francis, 샤리 웬커Shari Wenker, 엘리스 코닐Elise Cornille, 아누네하 메와왈라Anuneha Mewawalla, 피터 서Peter Soh, 에드 매니Ed Maney, 그웬 해리건Gwen Harrigan, 캐롤라인 모나코Carolyn Monaco, 질 토텐베르그Jill Totenberg, 클레어 휘서먼Clare Huisamen 등의 수혜자라고 해도 과언이 아니다. 이 분들은 어떻게 *휴먼+머신*의 주제에 대해 독자와 소통하고 공감대를 형성할지에 관해 깊이 생각해볼 수 있도록 토대를 마련해 주었다. 데이브 라이트Dave Light는 이 책이 만들어지는 초기 단계부터 구성 및 장의 흐름에 대해 유용한 조언을 해주었으며, 필요한 편집 리소스가 준비될 수 있도록 하였다. 또한 앨든 하야시Alden Hayashi에게도 감사하고 싶다. 앨든은 함께 일하기에 매우 훌륭한 편집 전문가로서, 우리가 원고를 쓰고 수정하는 작업 내내 핵심적인 역할을 담당했다.

또한 우리는 이 책의 저술에 도움을 주었을 뿐만 아니라 액센츄어가 진정한 의미의 휴먼+머신의 과정을 밟아나갈 수 있도록 비전과 리더십을 보여준 액센츄어 CEO 피에르 낭텀Pierre Nanterme에게 특히 감사를 보낸다. 언제나 우리 곁에서 지원을 아끼지 않고 통찰력을 제공해 준 액센츄어 최고전략책임자 겸 액센츄어 리서치 대표 오마르 애보쉬Omar Abbosh의 공로도 인정하지 않을 수 없다.

개척자 정신을 가진 많은 고객들은 AI를 통해 자신의 비즈니스와 업무 방식을 '새롭게 상상'하기 위하여 액센츄어를 믿고 따라주었다. 이 분들에게도 감사하다. AI 시대의 진정한 개척자인 고객 덕분에 우리는 이 책의 아이디어를 연구할 뿐만 아니라 이 책의 개념을 적용하고 결과를 직접 관찰할 수 있는 특권을 누릴 수 있었다.

마지막으로 개인적으로 감사를 보내고 싶은 분들이 있다.

폴: 나의 아내 베스Beth에게 진심으로 감사한다. 나는 인간의 잠재성에 대한 아내의 열정과 헌신을 보면서 언제나 큰 영감을 받고 있으며 결국 그 영감을 바탕으로 이 책의 핵심 전제를 형성할 수 있었다. 엠마Emma, 제시Jesse, 조니Johnny, 루시Lucy는 내가 삶의 균형을 잘 맞출 수 있게 도와주었다. 즉, 아이들은 내가 저녁이든 주말이든 휴가 때이든

저술에 매진할 수 있도록 기다려주면서도, 필요할 때면 나를 책에서 떼어내고는 늘 나를 웃게 해주었다. 나의 아버지에게도 감사를 보내지 않을 수 없다. 인간을 사랑하고 기술과 씨름하며 보내기를 좋아하는 아버지 덕에 내가 지금 이 길을 걷고 있다.

짐: 언제나 나를 지지해주는 가족에게 감사하고 싶다. 마감 기한이 다가오자 수잔Susan과 브룩Brooke은 1950년대 SF영화에 나오는 우스운 로봇 목소리를 흉내내면서 내 얼굴에서 미소가 사라지지 않게 노력해 주었다. 인간 상상력의 최첨단이 담긴 작품을 사랑하는 벤자민 윌슨Benjamin Wilson의 독서 열정은 언제나 나에게 영감을 주었다. 나의 부모님인 벳시Betsy와 짐Jim 두 분에게 늘 나를 사랑하고 격려해주셔서 감사하다고 말하고 싶다.